MORNINGSTAR
GUIDE TO MUTUAL FUNDS

这样买基金就赚钱

晨星教你如何配置基金
（第2版）

FIVE-STAR STRATEGIES FOR SUCCESS, 2ND EDITION

[美] 克里斯汀·本茨 Christine Benz 著　凌波 译

中国青年出版社
CHINA YOUTH PRESS

图书在版编目（CIP）数据

这样买基金就赚钱：晨星教你如何配置基金：第2版 /（美）克里斯汀·本茨（Christine Benz）著；凌波译.
—北京：中国青年出版社，2020.8
书名原文：Morningstar Guide to Mutual Funds: Five-Star Strategies for Success, 2nd Edition
ISBN 978-7-5153-6084-3

Ⅰ.①这… Ⅱ.①克… ②凌… Ⅲ.①基金—投资—基本知识 Ⅳ.①F830.59
中国版本图书馆CIP数据核字（2020）第114546号

Morningstar Guide to Mutual Funds: Five-Star Strategies for Success, 2nd Edition
Copyright © 2007 by Christine Benz. All rights reserved.
Published by John Wiley & Sons, Inc., Hoboken, New Jersey.
This translation published under license with the original publisher John Wiley & Sons, Inc.
Simplified Chinese translation copyright © 2020 by China Youth Press.
All rights reserved.

这样买基金就赚钱：
晨星教你如何配置基金：第2版

作　　者：〔美〕克里斯汀·本茨
译　　者：凌　波
策划编辑：肖颖慧
责任编辑：于　宇
文字编辑：张祎琳
美术编辑：张　艳
出　　版：中国青年出版社
发　　行：北京中青文文化传媒有限公司
电　　话：010-65511270/65516873
公司网址：www.cyb.com.cn
购书网址：zqwts.tmall.com
印　　刷：大厂回族自治县益利印刷有限公司
版　　次：2020年8月第1版
印　　次：2020年8月第1次印刷
开　　本：787×1092 1/16
字　　数：268千字
印　　张：25
京权图字：01-2020-0567
书　　号：ISBN 978-7-5153-6084-3
定　　价：79.00元

版权声明

未经出版人事先书面许可，对本出版物的任何部分不得以任何方式或途径复制或传播，包括但不限于复印、录制、录音，或通过任何数据库、在线信息、数字化产品或可检索的系统。

中青版图书，版权所有，盗版必究

前 言

众所周知,如果你能明智地进行投资,就可以增加自己的财富,但是,我们很容易忽视投资对我们本身的教训。金钱是一个很难讨论的话题。当涉及我们的财务时,情绪会产生深远影响,这使我们大多数人都会回避对储蓄或投资方式的深刻思考。当然,我们可能会向朋友们吹嘘自己买到了一只暴涨的股票,或者讲述一个错失IPO机会的故事,但即使是与我们最亲近的人,我们也很少开诚布公地谈论我们的整体理财经验。这是非常令人遗憾的。最终,通过作为投资者对自身的了解,将会进一步促进对自我的了解。

我知道这对我来说正是如此。我从小就开始投资共同基金。在我十几岁的时候,我父亲就给我买了100股邓普顿成长基金(Templeton Growth Fund)。他向我展示了该基金的招募说明书和年度报告,并解释说,我现在成为报告中列出的每家公司的一小部分所有者。这是一个很棒的介绍——不仅介绍了共同基金,而且介绍了成人活动的世界。我并不是说我第二天就不再阅读《男孩的生活》,而是去阅读《华尔街日报》,但是,这已经将我引入了投资之路。随着时间的流逝,我阅读了有关投资的更多信息，尤其是有关共同基金的信息。我特别注意了约翰·邓普顿爵士的建议，阅读了他的年度报告，并观看了他参加路易斯·鲁凯瑟（Louis Rukeyser）主持的财经节目《每周华尔街》（*Wall Street Week*）。简言之，我已经开始成为一名投资者。

随着时间的流逝，我意识到，从邓普顿成长基金最初的一些基金份额中获得的真正教训不是共同基金的运作方式，而是负责任的成年人的行为方式。实际上，我的父亲向我展示了投资是他为了养家糊口而做的事情。他并没有频繁地买进和卖出热门股票，他每个月都会有计划地拨出一点资金来建设美好的未来，他想让我知道我也可以这样做。他告诉我，就其本质而言，投资是一种负责任的行为。它是为了给自己和亲人提供更有保障的未来，它延迟了现在消费的即时满足感。这个信息与电视中的信息（鲁凯瑟的财经节目中的信息）完全不同，电视节目将投资描绘成了精英人士的专属活动。这同样也能表明，被曲解的投资得到了无数商业广告的支持，它们吹捧着从消费中获得的即时满足感！

幸运的是，自从J. R.尤因（J. R. Ewing）[①]成为在电视上能看到的唯一一位进行投资的人以来，我们对投资的集体态度已经有所改善——我想补充一下，这种说法会伤害一些人的感情。在《金钱杂志》（*Money magazine*）的带领下，个人金融新闻业的兴起为更多的受众打开了投资之门。任何时候，从来没有个人投资者可以拥有比今天更多的资源。如果有

[①] J. R.尤因（J. R. Ewing）是美剧《家族风云》（*Dallas*）中的人物，该剧主要讲述达拉斯石油富商J. R.尤因家族的恩怨史，从1978年到1991年一共播出了14季。——译者注

的话，挑战已经从寻找信息变为了理解过量信息！

特别是20世纪90年代，人们对投资市场的兴趣陡增。遗憾的是，这并不都是成熟的或有充分理由的兴趣。在很大程度上，巨大的市场回报驱使人们将消费的即时满足感换成了看似容易的投资致富的即时满足感。我拥有一个许多投资者所不具备的优势：超过20年的投资经验，尽管几乎所有的投资金额都不多。不过，我已经习惯于基金的上涨和下跌；我经历过了许多下跌的市场，并领悟到了，坚持到底终有回报。从约翰·邓普顿的著作中，我尤其认识到，投资绝不会像互联网推动的牛市所展现出的那样容易。邓普顿作为投资者取得了巨大的成功，但他始终强调谦卑的重要性，并认识到即使进行了深入研究，你的股票仍有可能会亏损。他反复警告说，即使是你研究最深入的股票，其价值也可能会下跌30%、50%，甚至70%或以上。他还指出，快速获得大量财富的投资者通常也是快速失去财富的人。在20世纪90年代后期科技泡沫破裂之后，他的话得到了印证。

即使从2000年至2002年市场损失惨重，但我们这一代人作为投资者仍在取得进步。我们正在吸取重要的教训，不仅涉及投资，而且还涉及我们如何亲自应对收益和挫折。通过这样做，我们为取得更好的结果奠定了基础。熊市不应使你对市场失去信心。相反，它们应被视为不可阻挡的市场周期的一部分。当然，它们会损害投资者的投资组合，但同时也会带来机遇。其中的考验在于你是否有毅力抵挡不可避免的下跌趋势，并发掘它们创造的价值。奇怪的是，许多人抱怨没能赶上20世纪90年代的牛市，但这些人在进入市场之后却放弃了更具价格优势的股票。显然，通往投资成功之路需要一门学问，不过知易行难。

幸运的是，你不必独自面对这个问题。通过持有邓普顿基金获得的经验教训，我深刻认识到了耐心和应对下跌市场的益处。通过在晨星公司与一群真正喜欢投资并不断进取的人一起工作，我学到了更多。在艰难的市场中，与聪明的人交流思想有很大益处。遗憾的是，许多投资者别无选择，只能独自面对，很少有朋友或同事愿意与他们讨论自己的财务状况。在加入晨星之前，我当然也是这样。在高中甚至大学里，我很少能够找到一起交流投资知识的同伴。我记得在研究生院度过了一个漫长的夜晚，浏览个人理财杂志，试图弄清令人困惑的共同基金世界，以便能为我的家人制订一项理财计划。能够加入一个投资者社区真是一种乐趣。

现在，这个机会向所有人开放了。本书邀请你加入投资者社区，在这里你将能够更好地了解如何选择基金，以及顶级基金经理与其他基金经理之间的区别。你将学到我们多年来学到的最有价值的经验——从如何阅读基金文件到如何组建一个平衡的投资组合。简言之，你将获得入门指南，这是通向成功投资的必由之路。

即使你是一位经验丰富的投资者，我也认为本书中有很多内容可以帮助你提高投资技能。希望你也能每天参与在晨星公司的网站上进行的投资讨论。在我们的编辑和读者中，你会发现一群独立的思想者，他们一起交流投资想法，以帮助人们做出更好的投资决策。这是一个生动有趣的讨论过程，随着参与者（包括出版物上的和网络上的）的成长，这种讨论也在不断进化。我很珍惜从我们的作者和读者那里学到的有关投资机会的知识，但我更欣赏他们在探索过程中产生的思想和火花。他们帮助我在表现良好的市场中稳步前进，在表现不佳的市场中站稳脚跟。

为了取得更好的投资成绩和更大的财务自由，请加入我们的投资旅程。我认为你在此过程中会学到很多投资知识，并且可能会学到一些关于你自己的知识。也许你甚至会用这本书将你生活中的年轻人引领到投资世界，并使他们踏上自己的投资旅程。总之，祝你一切顺利。

唐·菲利普斯

晨星集团董事、总经理

How to pick
Mutual funds

引 言

我们已经在新千年中走过了5年，如果大多数共同基金投资者都想回到5年以前，这并不能责怪他们。共同基金公司也是如此，从任何角度来看，过去的5年对于基金行业来说都是一段艰难时期。

首先，那些在20世纪90年代后期，在股市上涨的光辉岁月里一直高涨的基金，随着科技股的崩盘而暴跌。随着熊市蔓延到科技行业之外，几乎没有股票基金能够避免亏损，即使是那些没有大量投资于科技或互联网领域的股票基金也未能幸免。尽管一些债券基金的表现还算不错，但股市暴跌导致产生了许多愤怒的投资者，他们从基金中撤出了很多资金。在成长型股票上涨过程中受益最大的那些基金公司（以骏利基金为例）遭受了巨额资金外流。

当事情似乎不会变得更糟时，基金行业却进一步陷入了困境。就在2003年夏天股市重新站稳脚跟之际，艾略特·斯皮策（Eliot Spitzer）登场了。当年9月，纽约总检察长指控几只共同基金存在不正当行为，并采取了进一步行动，这引发了一场全面的丑闻事件，基金行业被推上了风口浪尖。一些最大的基金公司，以及许多鲜为人知的公司，均被指控违反行业规定或者违反法律，并因而受到了公众的谴责。结果，基金行业在业绩困境的基础上雪上加霜，它们受到了更深的怀疑——甚至共同基金可以被信任吗？在这种氛围下，对冲基金开始获得资产和媒体的关注。一些普通投资者开始猜测这些投资工具——曾经被视为富人和精英的专属领域——是否也能成为他们的一个更好的选择。

因此，当我们在2005年春季着手修订此书时，我们意识到一个新的重要问题出现了：共同基金是否仍然值得你去花时间研究？在晨星公司，我们坚信答案是肯定的。而且，不要认为我们只是渴望掩盖问题的行业吹鼓手。远非如此。甚至在丑闻爆发之前，我们对任何我们认为存在问题的基金都持高度批评态度，例如：那些价格过高的基金，或者我们认为表现不佳的基金，或者那些业绩斐然但采用了有问题的投资策略的基金。然后，当指控开始生效时，对于监管机构指控的那些滥用股东信任的基金公司，我们采取了强硬态度。我们建议投资者考虑卖出违规基金经理管理的所有基金份额，除非这些基金公司能够披露案件的所有事实并采取切实可行的具体措施来解决问题并改善其企业文化，否则不再考虑购买他们的基金。这种批评并不意味着我们会对有问题的基金公司产生兴趣。

但事实是，对于绝大多数投资者而言，共同基金（以及交易所交易基金）仍然是实现长期投资目标的最佳工具。一方面，基金行业内的几家最大且最好的公司丝毫没有被牵连到丑闻当中。另一方面，许多遭受丑闻困扰的公司已经清除了违规人员和违规业务。举个例子，行业中最杰出的三家公司普特南、骏利和联博（Alliance）都更换了高层管理人员，并进行了彻底的改革。但是，要想弥补丑闻造成的损害以及解决长期存在的一些问题（例如：较高的成本和普遍倾向于将营销目标置于合理的投资原则之上），还有许多工作要做。不过，为了获得有才能的基金经理以及各种不同风格的股票和债券，对于所有投资者来说，包含合适的基金和ETF的投资组合仍然是最佳选择。

是的，你可以自行购买个股和债券，并且值得注意的是，由于晨星公司提供有关股票和基金的信息，因此，出于内在利益考虑，我们不应该让你远离股票。的确，持有几只股票当然没有错。但是，要想持有仅由个股和债券组成的多样化的投资组合，并适当地对其进行监控和跟踪，这将需要大量的资金、丰富的投资知识以及投入大量的时间和精力，而这些是绝大多数人所不具备的。同时，尽管对冲基金似乎很诱人，但它们要求的最低投资金额远远超出了大多数人的承受能力，并且通常不允许你随意提取资金。此外，与共同基金或股票相比，在购买对冲基金时，为了做出明智的决定，投资者需要研究对冲基金的详细信息，这对于普通投资者而言可能是一项难以胜任的工作。

因此，一般而言，共同基金才是投资正途。但并不是每只基金都值得你投资。你该如何找到合适的基金呢？这就是本书可以帮助你完成的工作。在接下来的内容中，我们会向你展示不同基金采用的各种投资风格，讨论不同基金公司的优势和劣势，说明如何建立一个不仅回报率更高而且适合你的基金投资组合。我们还会解决你可能遇到的一些其他问题，例如：如果基金经理离职，你该怎样做？你应该购买指数型基金吗？债券基金应该起到什么作用？如何进行国际投资？等等。

此时，你可能还想提出一个更具体的问题：我们是谁？问得好。晨星公司由乔·曼斯威托（Joe Mansueto）于1984年创建，他至今仍是我们的首席执行官，目的是为普通投资者提供当时几乎无法获得的东西：每只共同基金的详细信息和公正的评估。从那时起，我们也涉足了其他领域，但是，共同基金分析仍然是我们的核心业务之一，而且"我们代表普通投资者"这一信念从未动摇。

目前，我们约有25位共同基金分析师，他们会访谈投资组合经理，访问基金公司，检查基金的财务文件，并调查我们的基金投资组合和历史业绩的数据库，以尽可能提供最深入、最有用的基金研究。我们希望本书能够以详尽且易于理解的形式向你提供我们在过去几年中积累的投资知识，并可以将本书作为投资指南，帮助你在未来应对棘手的理财问题。

目 录

前　言　003

引　言　009

第一部分　如何挑选共同基金　021

第1章　了解你的基金持仓　023

了解晨星风格箱（Morningstar® Style Box™）/ 027

使用股票型基金风格箱 / 030

使用债券型基金风格箱 / 032

使用晨星分类系统 / 034

检查行业权重 / 038

检查持股数量 / 039

检查交易行为 / 040

投资者检查清单：了解你的基金持仓 / 043

第2章　正确看待基金业绩　045

了解总回报率 / 047

正确地看待回报率 / 049

利用指数作为基准 / 050

使用同类群组作为比较基准 / 053

了解追逐回报的风险 / 055

专注于长期回报率 / 056

检查税后回报率 / 057

投资者检查清单：正确看待基金业绩 / 058

第3章　了解基金风险　061

评估投资风格的风险 / 064

评估行业风险 / 066

评估个别公司风险 / 067

评估过去的波动性 / 068

进行直觉检查 / 069

使用标准差 / 070

使用晨星风险评级 / 072

使用晨星评价（星级）/ 074

投资者检查清单：了解基金风险 / 077

第4章　了解你的基金经理　079

了解基金管理风格 / 083

评估经验的质量和数量 / 085

评估基金公司的资源 / 086

评估股东友善度 / 088

寻找适合你的基金公司 / 091

投资者检查清单：了解你的基金经理 / 119

第 5 章　控制成本　121

避免后视镜陷阱 / 124

比较费用比率 / 128

了解销售费用 / 129

注意隐性成本 / 133

关注税收效率 / 135

投资者检查清单：控制成本 / 138

第二部分　如何建立投资组合　141

第 6 章　为你找到合适的核心股票基金　143

确定核心股票基金 / 146

了解价值型基金 / 147

了解相对价值型基金 / 149

了解绝对价值型基金 / 152

了解收入导向价值型基金 / 154

知道何时进行价值投资 / 155

了解成长型基金 / 157

了解收益型基金 / 158

了解收入型基金（Revenue-Driven Funds） / 160

了解蓝筹成长型基金 / 161

了解何时进行成长投资 / 162

了解混合型基金 / 163

知道何时进行混合型投资 / 166

在特定风格基金与灵活基金之间做出选择 / 167

在主动型基金和被动型基金之间做出选择 / 170

将ETF（交易所交易基金）作为指数型基金的一个选择 / 176

投资者检查清单：为你找到合适的核心股票基金 / 180

第7章 超越核心：使用特定股票基金　183

在投资组合中使用外国基金 / 185

在投资组合中使用小盘基金 / 197

明智地使用行业基金（或根本不使用）/ 201

在投资组合中使用房地产基金 / 205

在投资组合中使用大宗商品基金 / 207

投资者检查清单：超越核心：使用特定股票基金 / 208

第8章 为你找到合适的核心债券基金　211

了解利率风险 / 214

了解信用质量风险 / 216

购买核心债券基金 / 218

确定市政债券基金是否适合你 / 222

投资者检查清单：为你找到合适的核心债券基金 / 228

第9章 超越核心：使用特定债券基金　231

使用高收益债券基金 / 233

使用超短期债券基金 / 235

使用通货膨胀指数债券基金 / 237

使用银行贷款基金 / 238

使用国际债券基金 / 239

使用新兴市场债券基金 / 241

使用多部门债券基金 / 242

投资者检查清单：超越核心：使用特定债券基金 / 243

第三部分　如何创建投资组合　245

第 10 章　让投资组合匹配你的投资目标　247

评估你的投资目标和投资期限 / 250

估计回报率 / 252

评估你的储蓄率 / 253

利用这些数值进行资产配置 / 254

弥补不足 / 255

避免市场择时陷阱 / 256

投资者检查清单：让投资组合匹配你的投资目标 / 258

第 11 章　把你的投资组合计划付诸实践　261

为非核心资产留出空间 / 265

为短期目标建立投资组合 / 266

为中期目标建立投资组合 / 268

为长期目标建立投资组合 / 271

至少要知道持有多少只基金 / 272

避免资产重叠 / 274

投资者检查清单：把你的投资组合计划付诸实践 / 278

第 12 章　简化你的投资生活　　279

坚持基本原则 / 282

调查一站式基金 / 283

指数型基金 / 284

取其精华，去其糟粕 / 286

写下每笔投资的理由 / 287

将你的投资集中在单个基金公司或单个基金超市 / 288

设置自动投资 / 289

投资者检查清单：简化你的投资生活 / 290

第 13 章　明智地寻求投资建议　　293

建立自己的投资目标 / 296

了解不同类型的理财顾问 / 296

检查已往是否有违规记录 / 297

评估经验水平 / 298

了解咨询成本 / 299

询问投资风格 / 300

权衡无形资产 / 300

投资者检查清单：明智地寻求投资建议 / 301

第四部分　如何监控你的投资组合　303

第 14 章　安排定期检查　305

对投资组合进行季度检查 / 308

对投资组合进行年度检查 / 310

投资组合再平衡 / 314

投资者检查清单：安排定期检查 / 316

第 15 章　知道何时卖出　317

评估弱势基金 / 320

了解基金经理离职的原因 / 321

评估投资策略变更 / 322

关注基金家族的增长、合并或收购 / 324

评估监管问题 / 325

关注持续上升的费用比率 / 326

密切关注资产增长 / 327

评估你自己的需求 / 330

评估你的税收状况 / 331

投资者检查清单：知道何时卖出 / 332

第 16 章　在动荡的市场中保持冷静的头脑　333

在熊市中投资 / 336

在牛市中投资 / 342

通货膨胀时期的投资 / 344

保持简单 / 345

投资者检查清单：在动荡的市场中保持冷静的头脑 / 346

第五部分　有关共同基金的更多信息：常见问题　349

1. 晨星公司如何对共同基金进行评级 / 351
2. 当我的基金评级下降时该怎么办 / 354
3. 如何使用晨星风格箱 / 356
4. 如何购买我的第一只基金 / 358
5. 我的基金经理离职了该怎么办 / 363
6. 我应该购买新基金吗 / 365
7. 我应该购买即将关闭的基金吗 / 366
8. 我应该购买一只表现不错的基金吗 / 369
9. 我应该购买下跌中的基金吗 / 372
10. 如果我的基金持有上头条新闻的股票该怎么办 / 373
11. 如何减少税金 / 374
12. 如何确定基金最适合应税账户还是避税账户 / 378
13. 如何找到最佳的基金超市 / 380
14. 如何阅读基金招募说明书 / 383
15. 关于附加信息说明书，我需要了解什么 / 388
16. 如何阅读基金的股东报告 / 389

致　谢　397

HOW TO PICK
MUTUAL FUNDS

第一部分
如何挑选共同基金

HOW TO PICK
MUTUAL FUNDS

第 1 章

了解你的基金持仓

我们大多数人都不会仅仅因为一所房子的外观看起来漂亮就决定购买它。我们首先要进行彻底的检查。我们需要检查它的炉灶，检查屋顶是否漏水，检查地基是否有裂痕等。

共同基金投资也需要类似的详细调查。在投资基金之前，你对基金的研究不能浅尝辄止，仅停留在表面。仅仅知道该基金的过往表现出色，还不足以让你放心地用自己的资金去进行高风险的投资。你需要了解其投资组合的内部情况或者其投资方式。你必须弄清楚基金持有什么资产，以便知道它是否真正适合你。

基金投资组合中的股票和债券非常重要，晨星公司（Morningstar, Inc.）的分析师为研究它们投入了大量的时间。这些分析师会经常讨论那些知名基金经理打算买些什么，并在办公室里通过邮件交流相关新闻。我们的分析师会检查股票基金或债券基金的投资组合，与基金经理讨论他们挑选这些资产时采用的策略，并且检查投资组合的最新变化。了解基金的持仓可以帮助你了解其过去的表现，为其未来的业绩表现设定切合实际的预期，并弄清该基金将如何与你持有的其他基金相互配合才能使投资组合产生更好的收益。

从最基本的水平来看，基金可以持有股票、债券、现金（通常是货币市场证券）或这三者的组合（基金可能还持有其他证券，包括其他基金和股票/债券混合型证券，但让我们先从基础谈起）。如果基金投资于股票，那么它可以集中投资于美国公司，也可以集中投资于外国公司。如果该基金持有美国公司，那么它可能会投资于像通用电气（General Electric）或微软（Microsoft）这样的巨型公司，也可能会寻找那些我们大多数人从未听说过的微型公司。如果基金投资于债券，那么它可能只专注投资于那些由财务状况稳定并且偿还债务概率很高的公司发行的债券，或者它可以冒险投资于由前景不明朗的公司发行的高收益债券。基金经理的投资方式对基金业绩具有很大的影响。例如：如果你的基金经理将大部分投资组合投向了单个不稳定的领域（如：科技股），那么你的基金可能会产生较高的回报，但你也很可能产生亏损。从历史上看，股票的回报率要高于现金或债券。因为当你投资现金时承担的风险最小，所以这些货币证券的回报率也往往低于股票或债券。

基金的名称并不总是能够表明基金持有哪些资产，因为基金通常具有通用的名称。以两个有趣的基金名称为例，它们分别是骏利奥林巴斯基金（Janus Olympus）和美洲世纪Veedot基金（American Century Veedot）。如果仅看到它们的名字，你将很难意识到前者专注于快速成长的中盘股和大盘股（例如：Yahoo!和eBay），而后者则是一家使用计算机模型来挑选股票的基金公司，它可能持有任何类型的股票，只要这些股票在未来有可能产生强劲的表现就可能被选中。

基金的招募说明书①也不一定对识别基金的投资范围有很大帮助。基金招募说明书中确实包括有关谁在管理基金以及基本投资参数的一些信息，但招募说明书通常会使用非常宽泛的术语，以便基金经理可以自由选择合适的投资。

在招募说明书中，还需要基金说明其投资目标——用一个或两个词描述其基本目标，例如："成长""股票收益""成长收益"等。你可能会认为这些所谓的招募说明书目标可以帮助你弄清楚基金的投资风格，但实际上，一些基金在其招募说明书中列出了相同的投资目标，但它们可能会采取截然不同的投资方法，并最终获得截然不同的回报。例如：宙斯盾价值基金（Aegis Value Fund）和联博大盘成长基金（AllianceBernstein Large Cap Growth）在招募说明书中列出的目标都是"成长"。但是，前者主要投资于合理定价的小盘股，而联博基金则主要投资于快速成长的大盘股。当在2000年至2002年遭遇熊市打击时，宙斯盾基金的年回报率为18%，而同期的联博基金却亏损了26%。

■ 了解晨星风格箱（Morningstar® Style Box™）

晨星公司希望帮助投资者根据基金真正持有的资产来选择基金（而不

---

① 向美国证券交易委员会（SEC）提交的法律文件，列出了投资的基本内容。——作者注

是根据基金的名称、它们自己的分类或者最近的表现），正是出于这种愿望，晨星公司在20世纪90年代初开发了投资风格箱。投资风格箱提供了给定基金投资组合的快速直观的概要信息，它是一个包括九种投资风格的九宫格，可以显示大部分基金投资组合的投资风格定位[①]。虽然投资者不必持有一只涵盖其风格箱中的各类资产的基金，但该工具可以帮助你了解自己的投资组合是否实现了多样化。如果你所有的基金都集中在风格箱的一个角落，那么就是一个危险信号，你应该将你的赌注更加分散地进行分配。风格箱还可以帮助投资者跟踪基金是否改变了其投资方式，因为每次收到新的投资组合报告时，我们都会更新每只基金的风格箱位置。如果你之所以会购买某只基金，是因为你想在投资组合中添加快速发展的科技股和电信股，但该基金却突然投资了一些小型制造公司，那么你会看到这种变化反映到该基金的风格箱中。

　　对于股票型基金来说，风格箱体现了驱动其业绩的两个关键因素：基金所投资股票的市值规模和基金的投资风格。快速成长的公司，投资者愿意为其支付更高的价格；缓慢成长的公司则以较低的价格交易，或者是两者的结合。市值规模和投资风格这两个因素构成了股票型基金风格箱的两个坐标轴（见图1.1）。对于债券型基金而言，风格箱主要关注债券型基金表现的两个关键因素：对利率变化的敏感性以及所投资债券的信用质量。这两个因素构成了债券型基金风格箱的两个坐标轴（见图1.2）。一旦确定

---

① 想要查看基金当前的投资风格箱，请访问晨星公司的网站（www.morningstar.com），并输入基金的名称或股票代码。——作者注

了股票型基金在市值规模和投资风格方面的坐标，以及债券型基金在利率敏感性和信用质量方面的坐标，我们就可以利用风格箱的九宫格直观地显示投资者的基金所处位置。

风险水平	投资风格			平均市值
	价值型	混合型	成长型	
低 〇	大盘价值型	大盘混合型	大盘成长型	大
中 〇	中盘价值型	中盘混合型	中盘成长型	中
高 ●	小盘价值型	小盘混合型	小盘成长型	小

图1.1　晨星股票型基金风格箱是一个九宫格，可以快速清晰地显示股票型基金的投资风格

风险水平	久期			信用质量
	短期	中期	长期	
低 〇	高等短期	高等中期	高等长期	高
中 〇	中等短期	中等中期	中等长期	中
高 ●	低等短期	低等中期	低等长期	低

图1.2　晨星债券型基金风格箱是一个九宫格，可以快速清晰地显示债券型基金的投资风格

■ 使用股票型基金风格箱

为了弄清一个基金投资组合落入股票型基金风格箱的哪个方格，我们首先分析该投资组合中的每只股票。我们首先将投资组合中的每只股票按7个地区进行分类：美国、拉丁美洲、加拿大、欧洲、日本、除日本外的亚洲和澳大利亚/新西兰。

将股票归为一个地区后，我们便可以继续评估该股票相对于同一地区内其他公司的规模大小。我们先确定该股票在该地区内是小盘股、中盘股还是大盘股，并由此开始评估过程。用投资术语来说，股票规模通常被称为总股本或市值。市值听起来更像是一个技术术语，但并不难理解——本质上，它是一家公司所有股票的当前价值总额。因此，如果某只股票的价格为30美元，并且有100万股在市场上流通，那么该公司的市值就是3000万美元。我们认为，在该地区市值最大的70%属于大盘股；接下来的20%是中盘股；市值最小的10%是小盘股。尽管小盘股只占每个地区市场的10%，但实际上它们的数量要比大盘股多得多。

确定了股票的地区和规模类别之后，我们再将注意力转向其投资风格。投资爱好者通常将股票分为两个主要类别，即成长型股票和价值型股票，并且经常将自己定位为成长型投资者和价值型投资者。了解这两种风格之间的区别对于理解为何选择某只基金至关重要。

成长型股票通常会获得强劲的收入或收益增长，因为它们拥有热门的新产品或服务。由于市场期望这些快速增长的公司能获得良好的收益，而收益增长又通常会推高股价，因此，相比缓慢成长的股票，投资者愿意为快速成长的股票支付更高的价格。

相反，价值型股票看起来像成长型股票的不那么成功的兄弟。这些公司的收益通常增长缓慢（如果有的话），而且它们经常处在容易出现荣枯周期的行业之中。那么，为什么有人会为这些不那么成功的股票费心呢？答案是，因为它们很便宜。主要投资于价值型股票的基金经理愿意忍受疲弱的收益增长，因为他们认为市场对公司的未来过于悲观了。如果情况好于市场预期，那么逢低买入股票的基金将会获利。

一些公司显示了成长和价值的混合特征——我们称之为核心股票。当前，许多医药股都符合核心股票条件。从历史上看，这些公司极具成长性，由于新药的推出以及婴儿潮一代的衰老增加了市值需求，因此，推动了高额利润，进而又推高了股票价格。但是，最近一些备受关注的药品问题以及关于新产品乏善可陈和药品价格管制的频繁报道，使得医药股价格受到了打压。

为了将股票分类为成长股、价值股或核心股，我们需要检查10个独立的因素，包括股息收益率、市盈率（公司的当前股价除以其每股收益）以及历史收益增长率和预期收益增长率。

对每只股票的投资风格进行分类后，我们将根据大多数股票在风格箱的位置来对整个投资组合进行分类。基金中的股票权重越大，它在确定基金投资风格时起到的作用就越大。例如：占投资组合10%的股票比占2%的股票更能决定该基金的风格定位。

如果基金将大部分资产都投向了具有强劲成长特征的股票，那么它就会落入我们风格箱的"成长型"一列；那些在价值股上的集中度较高的基金将会落入我们的"价值型"一列；既持有成长股又持有价值股的基金，或者主要投资于所谓的核心股票的基金，将落入我们风格箱的"混合型"一列。

■ 使用债券型基金风格箱

债券型基金风格箱与股票型基金风格箱一样，也是一个九宫格。股票型基金风格箱拥有成长/价值坐标轴和小盘/大盘坐标轴。但是，债券型基金风格箱的两个坐标轴分别是利率敏感性[或久期（duration）①，这将在下面的讨论中进行定义]和信用质量。与股票型基金风格箱不同，我们不是通过研究每只股票来得出债券投资组合的风格箱定位，而是通过计算投资组合的加权平均值来得出（加权平均意味着，在我们的计算中，投资组合中的重仓股比轻仓股具有更大的权重）。

了解债券型基金的利率敏感性可以帮助你确定在利率上升或下降时它将做出多大反应。当利率上升时，这通常会使现有债券的价格降低，尤其是那些期限较长的债券，因为投资者宁愿购买具有更高利息或收益率的新

---

① 久期（duration）这一概念最早由经济学家麦考雷（F. R. Macaulay）于1938年提出。他在研究债券与利率之间的关系时发现，到期期限（或剩余期限）并不是影响利率风险的唯一因素，事实上票面利率、利息支付方式、市场利率等因素都会影响利率风险。基于这样的考虑，麦考雷提出了一个综合以上四个因素的利率风险衡量指标，并称其为久期。——译者注

债券,也不愿被锁定在收益率较低的长期债券之中。当利率下降时,情况则正好相反。与新的、收益率较低的债券相比,投资者宁愿购买收益率更高的现有债券。这种需求会推高现有债券的价格。

为了便于衡量债券型基金的利率敏感性,我们要借助一个被称为久期的数字。久期是一个相当棘手的概念,它被定义为债券持有人从债券获得利息和本金的平均时间。由于它是对时间的一种量度,因此,久期以年为单位。根据一般经验,利率每变化1个百分点,都会使基金获得或损失一定数量的价值。例如:久期为8年的债券型基金,如果利率上升1个百分点,则很容易使其损失8%的价值。就我们的固定收益风格箱而言,我们将平均久期小于3.5年的债券型基金归类为短期;将久期在3.5年至6年之间的债券型基金归类为中期;将久期在6年或以上的债券型基金归类为长期(我们使用略有不同的框架来对市政债券基金的利率敏感性进行分类。久期小于4.5年的市政债券基金为短期;久期在4.5年至7年之间的为中期;久期为7年或以上的为长期)。

债券投资组合的平均久期可以帮助我们在风格箱的横坐标上确定基金定位。为了确定其在纵坐标上的位置,我们需要检查投资组合中的债券的平均信用质量。穆迪(Moody)和标准普尔(Standard & Poor's)等第三方机构会对债券的信用质量进行评估。通过查看债券的信用质量,你可以了解债券发行人将会继续向债券持有人支付利息的可能性,这是你在寻求固定收益时需要考虑的重要因素。晨星公司将平均信用质量为AAA或AA的债券型基金归类为高质量债券型基金,将平均信用质量低于AA但大于或等于BBB的债券型基金归类为中等质量债券型基金,将平均信用质量在BBB以下的债券型基金归类为低质量债券型基金。

有了投资组合的利率敏感性和平均信用质量,我们就可以在风格箱中确定该基金的位置。

■ 使用晨星分类系统

尽管晨星风格箱很有用,但这只是该基金最新投资组合的简单分类。当你希望选择一只具有特定作用的基金时(例如:你由于需要稳定的定期收益而添加一只高质量的债券基金),你需要确定它实际上长期以来一直能够发挥这种作用。这正是我们将基金归入晨星基金分类时需要牢记的。我们根据过去三年的风格箱定位来确定基金类别(基金公司需要每季度向股东提供其基金的投资组合清单,但有些基金组合可以更加频繁地提供该清单)。单个投资组合可能只是反映了暂时的异常情况——也许由于基金所持有的股票表现非常好,因此,随着股价上涨,它们已从小盘股成长为中盘股。但是,由于基金的类别划分是基于三年的投资组合定位,因此,你可以更好地了解基金的典型投资方式。

你会看到我们针对美国和外国股票基金的分类系统与我们的风格箱紧密相关。在美国股票方面,我们有与风格箱的九个方格相对应的九种类别,其范围包括从左上角的大盘价值型基金到右下角的小盘成长型基金。同样,我们为多样化的外国股票基金提供了基于风格箱的五种类别(即不集中在单个地区的类别），其范围包括从外国大盘价值型基金到外国小盘/中盘成长型基金。（由于美国的外国股票基金不像国内基金那样多，因此，我们没有与风格箱的所有九个方格相对应的外国股票类别。）我们还划分出了一些特定的股票基金类别，例如：卫生保健基金、日本基金和能源基金等。晨星公司将基金共分为大约50个类别（见图1.3）。

多样化的美国股票基金	大盘价值型基金	中盘成长型基金
	大盘混合型基金	小盘价值型基金
	大盘成长型基金	小盘混合型基金
	中盘价值型基金	小盘成长型基金
	中盘混合型基金	
国际股票基金	欧洲股票基金	外国大盘混合型基金
	拉丁美洲股票基金	外国大盘成长型基金
	多样化新兴市场股票基金	外国大盘价值型基金
	多样化太平洋股票基金	外国中盘/小盘成长型基金
	亚太股票基金（不包括日本）	外国中盘/小盘价值型基金
	日本股票基金	
特定行业股票基金	通信行业基金	贵金属行业基金
	金融行业基金	房地产行业基金
	健康行业基金	科技行业基金
	自然资源行业基金	公共事业行业基金
混合型基金	保守配置型基金	熊市基金
	温和配置型基金	可转换债券基金
特定债券基金	高收益率债券基金	新兴市场债券基金
	多部门债券基金	银行借款基金
	国际债券基金	
普通债券基金	长期债券基金	短期债券基金
	中期债券基金	超短期债券基金
政府债券基金	长期政府债券基金	短期政府债券基金
	中期政府债券基金	

市政债券基金	国家长期市政债券基金	加州中期/短期市政债券基金
	国家中期市政债券基金	纽约长期市政债券基金
	国家短期市政债券基金	纽约中期/短期市政债券基金
	高收益市政债券基金	佛罗里达州市政债券基金
	单州长期市政债券基金	马萨诸塞州市政债券基金
	单州中期市政债券基金	明尼苏达州市政债券基金
	单州短期市政债券基金	新泽西州市政债券基金
	加州长期市政债券基金	俄亥俄州市政债券基金
		宾夕法尼亚州市政债券基金

图1.3 晨星基金分类系统

在债券方面，我们的分类也与风格箱系统相关。例如：高收益债券类别（所谓的垃圾债券基金的发源地）囊括了落入风格箱的低信用质量一列中的大多数基金。同时，我们的长期政府债券类别包括那些购买较长久期的美国国债和机构债券的所有基金。

当依靠基金名称和招募说明书中的投资目标不能分辨出基金风格时，晨星基金分类系统可以起到和风格箱一样的作用。它们可以帮助你弄清基金的实际投资风格，从而让你知道如何在自己的投资组合中使用该基金。如果你正在寻找优质的核心股票基金，则可以在大盘混合类别中开始搜索。通常，这类基金会投资于那些规模最大、历史最悠久的美国公司，并购买那些具有成长和价值特征的股票。因此，在各种市场和经济条件下，大盘混合型基金往往都是不错的选择。尽管它们可能不会经常在众多基金中领跑，但它们也不容易被远远甩在后面（我们会在第二部分中详细讨论这个主题）。

相比基金招募说明书中的投资目标，你更容易通过根据不同晨星类别的基金来建立一个多样化的投资组合。仅根据招募说明书中的目标来建立投资组合的投资者,他们在持有以下3只基金时可能就会认为自己拥有了一个多样化的投资组合,即德雷福斯优选价值基金(Dreyfus Premier Value,招募说明书以增长为目标)、美洲基金美国投资公司基金(American Funds Investment Company of America,成长收益)和USAA股票收益基金(USAA Income Stock,股票收益)。这样实现多样化了吗?并非如此。根据它们的晨星类别,并考虑到它们的潜在持股,这3只基金实际上都是大盘价值型基金。

如你所料,不同风格的基金在各种市场和经济环境下的表现往往会有所不同,这就是为什么风格箱和分类系统能如此方便。基金类别有助于你了解它在各种市场环境下的表现。根据经验,大盘价值型基金被认为是最安全的类别,因为大型公司通常比小型公司更稳定[尽管像世界通讯公司(Worldcom)和安然公司(Enron)这样的巨型公司也会发生破产事件]。在下行市场中,当投资者担心整体市场的股票价格可能过高时,大盘价值型基金持有的那些得到合理定价的股票则不会产生太大跌幅。

然而,属于小盘成长型的基金通常是风险最高的。单一产品或服务的成功可能会成就或摧毁一家小型公司,由于小盘成长股经常以高价交易,如果该公司的一种产品或服务未能如市场所期望的那样成功,它们可能会遭受灾难性的暴跌。但是,这些基金可以在上行市场中产生可观的收益:2004年,小盘成长型基金的平均回报率为45%(有关投资风格和风险之间的关系,请参见第3章)。

■ 检查行业权重

检查基金的风格箱和基金分类对你了解基金有很大帮助，但仍可能无法了解全部内容。并非所有具有相同风格箱定位的基金都会有相同的表现，甚至属于同一类型的基金也可能表现各异。例如：马斯科成长基金（Marsico Growth）和富达OTC基金（Fidelity OTC）都属于大盘成长型的热门基金。然而，它们倾向于持有不同种类的大盘成长型股票。在20世纪90年代后期，富达OTC基金经常将其一半以上的资产投资于与科技相关的股票，这一比例曾经一度达到了75%。马斯科成长基金也投资了相当数量的科技股，但这部分仓位最高也不会超过其投资组合的40%。

这两种投资方式究竟有何不同！1999年，当投资者偏爱科技股时，配置较大权重的科技股是有利的。当年，富达OTC基金的飙升幅度达到了惊人的73%，而马斯科成长基金获得了53%的收益。53%的收益本身就是一个令人惊喜的回报率，但是，如果你在年初向每只基金各投入10000美元，那么到1999年年底时，你在富达OTC基金的投资收益将会比在马斯科成长基金的投资收益多出2000美元。但是，如此强劲的收益也可以证明其存在一个致命的弱点，而这正是在富达OTC基金上演的一幕。当科技股在2000年崩盘时，富达OTC基金亏损了26%，而马斯科成长基金亏损了16%。这个故意的寓意并不是说像富达OTC基金这种重仓科技股的基金自然就是一项不好的投资，而是说，如果你的基金倾向于在某些行业押大赌注，那么你的基金遭受损失的可能性也更大。

晨星公司根据基金投资于12个行业中的股票分别占整个投资组合的百分比来计算基金的行业风险。我们还可以将这12个行业归类为三个超级行业：信息、服务和制造业（见图1.4）。我们开发了更广泛的分类系统，因为我们的超级行业中的各个行业在不同股票市场环境中的表现往往非常相似。例如：在最近的2000年至2002年的市场下跌中，我们信息超级行业中的每个行业（硬件、软件、电信和媒体）都遭受了重大损失。如果你的投资组合中的所有基金都将其持股大量集中在某个特定的超级行业，则可能有力地表明，你的投资组合需要增加其他超级行业的风险敞口。同样，如果你的工作与科技相关，你需要让自己的投资组合在信息超级行业之外增加风险敞口，因为你的大部分经济利益（通过工作获得的）已经与信息行业相关。

信息经济	服务经济	制造业经济
软件	卫生保健	消费品
硬件	消费服务	工业材料
电信	商业服务	能源
媒体	金融服务	公共事业

图1.4　晨星的行业细分。将12个行业归类为代表整个经济的3个超级行业

■ **检查持股数量**

要想了解某只特定基金的状况，了解其持股数量可能与我们已经讨论的所有其他因素一样重要。你的基金持有20只股票还是数百只股票，它们

的表现会有很大的差异（由于美国证券交易委员会的法规限制了基金在单一股票上的资产比例，因此，基金投资组合中很少会出现少于20只持股的情况）。例如：富达反向基金（Fidelity Contrafund）和骏利二十基金（Janus Twenty）都属于我们的大盘成长型基金。但是，骏利二十基金通常只持有不到30只股票，而富达反向基金则将资金分散在500只以上的股票当中，前者的业绩表现可能比后者的波动幅度更大。如果骏利二十基金之中占总资产15%的最大持股在某一周或某一年里表现不佳，那么整个基金的表现也将会很糟糕。然而，富达反向基金的最大持股仅占到总资产的2.6%，如果它遇到麻烦，则不会对该基金的总回报产生太大影响。

债券基金的持有数量往往对其表现的影响较小。但是，在所有其他条件都相同的情况下，相比集中持有较少债券的债券基金来说，持有更多债券的债券基金波动性可能会更小。如果债券基金既投资于低质量债券又仅持有较少的债券，那么其风险将会特别高。这是有道理的，因为该基金的命运取决于少数几只高风险债券。

■ 检查交易行为

除了检查风格箱、分类、行业和持股数量之外（好多因素），在判断基金的投资风格时，基金的换手率也是一个重要因素。在基金提交给股东的报告中要求包括换手率，换手率可以衡量投资组合在过去一年中发生了多大变化，并显示出基金经理通常的持股期限。例如：换手率为100%的基金，平均的持股期限为一年；换手率为25%的基金，平均的持股期限为四年。

换手率是一项非常简单的计算，要想计算其数值，基金的会计人员只需要将基金的卖出或买入资产总额（以较小值为准）除以该年的每月平均资产即可。

基金的换手率可以帮助你了解基金经理的投资风格。它可以告诉你基金经理是否倾向于买入并持有，挑选股票并长期持有它们，而不是频繁地买进和卖出。为了给你提供比较基础，股票基金的平均换手率约为100%。我们认为，当基金的换手率低于25%或以下时，其换手率就显得过低了。

关注基金的换手率还可以帮助你了解基金的风险水平。保持低换手率的基金经理经常采用低风险策略，而高换手率的基金经理则可能比较激进且风险更大。这又回到了投资风格方面：根据经验，你的基金经理越看重价值，他（她）对投资组合中的持股就会越有耐心。同时，以成长为导向的基金经理经常采用高换手率策略。

高换手率不仅有可能提高基金的风险水平，还可能给投资者带来税收影响。基金经理在盈利状态下卖出股票就会产生应税收益，并且基金必须将所有资本收益分配给其股东（前提是该基金经理不能通过另一只股票的亏损来抵销这项收益）。如果你是在应纳税账户中持有基金，而不是在诸如401(k)或个人退休账户（IRA）之类的避税账户中持有基金，那么你必须就这项资本收益缴纳税款。如果基金的换手率很高，那么税收影响可能会削减你原本可以获得的收益。

似乎还不止以上这些影响，高换手率的基金会比低换手率的基金产生更高的交易成本。当我们说交易成本时，我们不仅指该基金支付给其经纪商以执行交易的金额（尽管这些费用也可以削减你的收益）。而且，我们还指大型基金在买卖股票时可以"推动市场"这一事实。比如说像富达反向基金这样的大型基金，如果想要快速地让其一只重仓股离场。由于富达反向基金的离场会导致市场出现大量股票供应，因此，在其出清头寸时，它可能不得不接受越来越低的价格。基金进行此类交易的次数越多，其平均买卖价格的吸引力就越小，其股东的利润就越少（我们也许不应该特别地选择富达反向基金，尽管它拥有庞大的资产基础和采用高换手率的投资方法，但它的表现却很出色。但总的来说，拥有庞大的资产基础，又同时采用高换手率的投资策略，这样的基金是在进行一场处于不利地位的战斗）。

出于所有这些原因，我们认为，如果你将大部分资产投入到一些换手率较低的基金，则可以大大提高投资组合获得长期良好业绩的概率。图1.5列出了一些我们最喜欢的基金。购买股票基金时，需要寻找那些换手率低于50%（最好是更低）的基金。

一般而言，相比债券基金，换手率对于股票基金来说是一个更重要的因素。部分原因是许多债券基金采用短期交易策略，从而提高了其换手率，但这并没有实质性地影响其风险水平、税收效率或交易成本。

基金名称	基金分类	换手率（%）
精选美国基金	大盘混合型	3
美盛价值基金	大盘混合型	4
特威迪-布朗全球价值基金	外国小盘/中盘价值型	8
海港国际基金	外国大盘价值型	12
奥克马克精选基金	大盘混合型	14
快船基金	大盘价值型	16
FPA派拉蒙基金	小盘价值型	16
Ariel增值基金	中盘混合型	19
费尔霍姆基金（Fairholme Fund）	中盘混合型	23
美洲基金欧洲太平洋成长基金	外国大盘混合型	25

图1.5 十大低换手率基金

■ 投资者检查清单：了解你的基金持仓

▶ 使用基金的晨星风格箱作为直观指南，了解基金的持仓情况和未来的预期表现。

▶ 在建立多样化的投资组合时，你需要寻找那些属于不同晨星类别的基金。

▶ 在晨星的大盘混合型基金中挑选核心基金，这不会让你太过离谱。

▶ 利率敏感性有限并且信用质量高的债券基金，其风险要小于那些具有较长久期和/或较低信用质量的债券基金。

▶ 检查基金相对于同类基金的行业权重，以查看该基金是否在特定的市场领域配置了过多的资产。

▶ 专注于重仓股的基金可能在这些重仓股表现好的时候产生巨大收

益，但如果它们表现不佳，也一定会产生更多亏损。

▶ 将你的大部分投资组合投入到低换手率的基金，这些基金通常风险较小，税收效率更高并且交易成本较低。

HOW TO PICK
MUTUAL FUNDS

第 2 章

正确看待基金业绩

现在我们可以继续讨论大多数投资者最初关心的问题：这只基金赚了多少钱？这理所当然是人们首先想到的问题。人们投资是为了赚钱，而回报率会告诉你该基金在过去的收益情况。历史回报率有助于销售基金，这就是为什么金融杂志或报纸上的共同基金广告经常利用山形图表来显示基金的回报率。

尽管难以置信，但基金的历史回报率并不见得能够预测其未来回报率（良好收益的最佳预测指标是什么？较低的成本。在第5章中我们将详细讨论低费率的重要性）。尽管如此，基金的历史回报率还是可以提供一些关于是否值得持有该基金的线索。在本章中，我们将讨论基金的回报率数字从何而来，以及如何检查基金的回报率是否令人满意。

■ 了解总回报率

为了弄清广告、基金公司报告、报纸以及晨星公司的网站上的回报率数字，你首先应该知道的是，这些数字是基于一些常用的惯例计算出来的。首先，这些数字被称为总回报率，因为它们反映了两个方面：基金所持有的股票或债券的市场收益（或亏损）（通常称为基金的资本收益）以及从这些投资中获得的利息收入。利息收入来自基金持有的股票所支付的股息和债券所支付的利息。这些资本回报率和收入回报率相加构成了总回报率。例如：先锋惠灵顿基金（Vanguard Wellington）是一只畅销基金，它在2004年获得了11.17%的总回报率，该回报率是由8.10%的资本回报率（该基金持有的股票和债券在一年的投资过程中获得的增值）加上3.07%的收入回报率（该基金当年从股票中获得的股息加上债券的息票利率）。

总回报数字是在假设股东将所有收益分配都用于再投资的情况下计算的。法规要求共同基金向其股东分配或派发他们所收到的几乎所有收益（来自股票的股息或债券的利息）。他们还必须分配通过卖出股票或债券获得的所有收益。如果你选择将这些股息收益和资本收益分配进行再投资，并且大多数投资者都会这样做，那么你将不会在邮件中收到这些收益分配的支票，而是直接将你的收益分配用于购买更多的基金份额。如果你决定提取资金，那么你的基金回报可能低于那些进行再投资并购买更多基金份额的人。

下面是与基金总回报数字有关的另一项重要惯例：一年以上的总回报数字通常表示为年化回报率，而不是累计回报率（晨星公司向投资者显示了过去3年、5年和10年的每种基金的年化回报率）。两者有什么区别呢？基金的累计回报率是在一定时间范围内的总额（以百分比表示）。例如：如果你向某只基金投入了10000美元，并在接下来的3年内获得了100%的累计回报率，那么在该3年期结束时你将获得20000美元。然而，年化回报率类似于一定时间范围内的平均回报率，只是要考虑到复合收益。例如：年化回报率表明，如果你在持有基金的第一年就获得了收益，那么在第二年初你将会有更多的资金去进行投资。在2005年初，奥克马克精选基金（Oakmark Select Fund）3年期的年化回报率为8.19%。该基金实际上从未在2002年、2003年或2004年真正地获得过那份收益金额；反而，在2002年亏损了12.5%，在2003年获得了29%的收益，并在2004年获得了9.7%的收益。但是，如果你在2002年初购买了该基金，并在接下来的三年内一直持有，那么你每年的收益率（也就是你的年化回报率）将达到8.19%。

■ 正确地看待回报率

关于回报率棘手的事情是，很难凭空评估它们。举个例子：假设你持有一只基金，它在过去3年中的年均回报率为10%。你对自己的成绩到非常满意——也就是说，直到你在与同事的闲聊中了解到，他的基金的年均回报率为13%。

不过，尽量不要对自己太苛刻。你挑选基金的能力也许要比这些回报数字所展示的更好。在没有比较背景的情况下——除非你知道你和你的同事分别持有哪种风格的基金——这些数字毫无意义。你可能持有一只遥遥领先于同类基金的大盘价值型基金。同时，你的同事持有一只炙手可热的小盘价值型基金。他的回报率可能看起来很高，但他的基金实际上可能远远落后于那些小盘价值型基金竞争对手。

要了解某只基金的表现如何，你需要进行相关的比较，使用适当的标准，例如：股票或债券指数或者一组投资于同一类证券的基金，即你在第1章中了解的晨星分类。

■ 利用指数作为基准

指数是判断基金业绩的最常见标准或基准。在你阅读基金的股东报告时，你总是会看到该基金与指数的比较，有时甚至是与不止一个指数的比较。指数只是一篮子证券，包括股票或债券。

在让别人举例说出一种股票市场指数时，他们的答案最有可能是道琼斯工业平均指数（Dow Jones Industrial Average）。你无法回避道琼斯指数，它经常是夜间新闻的股市报道中的主要指数。尽管我们对道琼斯指数很熟悉，但它对你的共同基金来说并不是一个很好的业绩基准，因为它的覆盖范围非常狭窄，它只包括30家大型公司的股票。大多数股票基金持有更多类型的股票，而不仅仅是专注于市场上最大的公司。

相反，你在投资界最常听到的指数是标准普尔500指数（Standard &

Poor's 500），该指数包括500家主要的美国公司。由于标准普尔公司①为该指数选择的股票覆盖了一系列行业，因此，标准普尔500指数的成份股的覆盖范围要比道琼斯指数更加广泛。因此，对于许多专注于大型知名美国股票的基金来说，这是一个合理的衡量标准。

虽然标准普尔500指数被广泛使用，但它并非对于每只美国股票基金都称得上是一个良好的基准。尽管它包含500只股票，但其设计目的是使市值（流通股总市值）最大的公司（例如：微软和通用电气）占据该指数的最大比例。结果，这些公司往往会影响指数的表现。在这些巨头表现出色的日子里，标准普尔500指数同样也会表现出色。

这就是你不能将主要投资于小盘股的基金（例如：第三大道小盘股价值基金）与标准普尔500指数进行比较的原因所在。小盘股只占标准普尔500指数的很小一部分，因此，如果看到一家小型公司的股票表现非常接近于该指数，那将会是令人惊讶的。2004年，第三大道小盘股价值基金上涨了21%，而标准普尔500指数的涨幅仅是它的一半。1998年，该基金实际上亏损了，而该指数却上涨了29%。这些不同的回报率反映出，小盘股和大盘股经常走出独立行情。在20世纪90年代后期，大盘股获得了巨额收益，而小盘股却取得了相对平庸的收益；然后在21世纪初，大盘股碰到了瓶颈，小盘股又开始有所表现。

---

① 标准普尔公司（Standard & Poor's）由亨利·瓦纳姆·普尔（Henry Varnum Poor）创立于1860年，是普尔出版公司和标准统计公司在1941年合并而成的世界权威金融分析机构，总部位于美国纽约市。——译者注

同样，将像骏利海外基金（Janus Overseas）这样的外国股票基金与标准普尔500指数进行比较也没有多大意义。该基金只持有少量美国股票，而且主要投资外国债券。而且，甚至没有理由根据标准普尔500指数来评估债券基金，因为该指数只包括股票。

那么，应该使用哪些指数来进行适当的比较呢？标准普尔500指数可能是大盘股票基金使用最广泛的评估基准，但只包含小盘股的罗素2000指数通常用于评估小盘股票基金的业绩。跟踪国际股票的摩根士丹利资本国际欧洲、澳大利亚、远东指数（通常称为MSCI EAFE）是评估外国基金业绩的最常见基准。同时，应税债券基金通常会使用雷曼兄弟综合债券指数（Lehman Brothers Aggregate Bond Index）来评估其业绩。数十种其他指数进一步对股票和债券市场进行了细分。例如：它们可能专注于低价的大盘股或快速成长的小盘股，世界各地（比如，欧洲或环太平洋地区）的股票或技术股票。图2.1列出了主要指数及其所跟踪市场的简要信息。

晨星公司还拥有自己的指数系列，该指数系列与其美国股票风格箱相对应。除了广泛的市场指数（晨星美国股票市场指数）之外，我们还提供与风格箱的九个方格相对应的指数（例如：晨星中盘价值指数），与三种投资风格相对应的指数（例如：晨星美国价值指数）以及与三种市值相对应的指数（例如：晨星大盘股指数）。你可以到晨星公司的网站的主页查看这些指数的业绩表现及其成份股。

道琼斯工业平均指数：	通过对30家公司的股票价格求和，然后将这个总和除以经过多年调整后的道指除数得出，道指除数是考虑了股票分拆对30家公司价格的影响。
标准普尔500指数：	通过对500只被广泛持有的股票进行市值加权计算得到的指数，通常被用作整体股票市场的代表。标准普尔会根据市场规模、流动性和行业群体表现来选择500只成份股。
罗素2000指数 （Russell 2000）：	一种经常被引用的小盘股指数，用于跟踪罗素3000指数中最小的2000家公司的回报率。
雷曼兄弟综合债券指数：	广泛的债券市场基准，包括政府、公司债券，抵押支持和资产支持的债券。
道琼斯威尔希尔5000指数 （Dow Jones Wilshire 5000）：	对最活跃的美国股票经过市值加权计算后得到的指数。它衡量了整个美国市场的表现。
MSCI全球指数：	是摩根士丹利资本国际公司所编制的证券指数。衡量了23个国家和地区的股票市场表现，分别是：澳大利亚、奥地利、比利时、加拿大、丹麦、芬兰、法国、德国、中国香港、爱尔兰、意大利、日本、马来西亚、荷兰、新西兰、挪威、葡萄牙、新加坡、西班牙、瑞典、瑞士、英国和美国。
MSCI EAFE：	欧洲、澳大利亚和远东地区的摩根士丹利资本国际指数，被广泛接受为国际股票业绩表现的基准。它代表了美国和加拿大以外的许多世界主要市场。

图2.1　主要指数及其跟踪内容

■ 使用同类群组作为比较基准

指数可能会有用，但我们在第1章中讨论过的同类群组（例如:晨星分类）是评估你的基金回报率的更好方法。这是因为晨星分类可以让你将自己基金的业绩表现与其他具有相同投资方式的基金进行比较。指数可能是合适的基准，因为它可以跟踪与你的基金持股类型相同的股票，但指数本身并不是一种投资选择。你不是在基金与指数之间选择投资品种，而是在基金与基金之间选择投资品种。

如果你要评估的是一家投资于低价大盘股的基金，则需要将它与其他大盘价值型基金进行比较。或者将仅购买拉丁美洲股票的基金与仅在拉丁美洲投资的基金进行比较。投资者要想查找基金的类别，可以访问晨星公司的网站并输入基金的名称或代码，或在《晨星共同基金》（*Morningstar Mutual Funds*）杂志中查看（可以在大多数公共图书馆中找到）。

有了关于基金的准确同类群组或分类的信息，你就可以更好地判断基金业绩。假设你在2004年持有普信全球科技基金（T. Rowe Price Global Technology）。到了当年底，你可能会感到失望，因为你的基金虽然获得了10%的收益，但落后于标准普尔500指数。按照该基准衡量，你的基金表现不佳。但该基金相对于同类基金却表现更好：普信全球科技基金是一只主要投资于科技股的特定基金产品，这类基金在2004年仅获得了大约4%的平均收益。

普信全球科技基金在2004年落后于标准普尔500指数，这一事实并不能反映该基金的质量，因为那一年科技股表现相对较弱。像普信全球科技基金一样，大多数科技行业的基金都只专注于该行业。当能源股或金融股活跃的时候，他们不能随意买进这些股票。因此，将此类基金与广泛覆盖各种行业的指数进行比较，就无法了解你的基金的实际业绩表现。但是，将该基金与其相同类别进行比较，你就会知道它其实表现得还不错。

■ 了解追逐回报的风险

当你的基金处于亏损或落后于其他类型的基金时，你可能会感到沮丧，即使相对于同类基金而言，它的表现还不错。这种挫败感可能导致投资者犯下最常见且代价最高的错误，即追逐回报。他们购买表现活跃的基金类别中的热门基金，当一个基金或基金群组变得沉寂之后，他们便卖出这只基金，并跳转到另一只热门基金或基金类别。问题在于，当你注意到热门的基金类别并决定调仓换股时，该类别可能已准备冷却下来。同时，你曾经持有的落后基金可能正在蓄势待发。简言之，从来没有哪种明确的信号能够表明当前处于一个大好时机，你可以去购买某一种风格的基金或换成另一种风格的基金。因此，在不同风格的基金之间不断跳转，往往会错失机会。

晨星公司自己的研究结果支持逆势交易的理念，而非追逐热门回报率。通过跟踪资金流动和基金销售，我们发现投资者经常在错误的时间买进或卖出。当每个人都在买进某种类型的基金时，通常表明这类基金将要下跌。同时，那些投资者希望从中撤出资金的基金类别通常将会反弹。科技基金在1999年迅猛上涨，投资者纷纷大量投入新资金。然后，这些基金在2000年崩盘了。相反，投资者在1999年对小盘价值基金几乎没有兴趣，但是，这些基金从2000年至2004年脱颖而出。

我们建议建立一个覆盖各种基金类型的投资组合，而不要在不同基金类型之间不断转换。这样，无论市场表现如何，你的投资组合中至少有一部分基金可能表现良好。这样做既不吸引人，也不是热门方式，但我们知道，没有更好的其他方法能够提高你成为成功的长期基金投资者的概率（在第三部分中，我们将会介绍如何建立你的投资组合，不仅要适合你的投资目标，而且也不太可能因为市场变化而陷入困境）。

■ 专注于长期回报率

你可以在《晨星基金投资者》（*Morningstar Fund Investor*）或《晨星共同基金》等出版物中（许多公共图书馆订阅了这些刊物）或者晨星公司的网站上查看该基金的回报率与其类别的平均回报率的对比。但是，你应该考虑哪些回报率呢？是该基金在过去3个月、过去10年还是其他期限内的回报率呢？

由于研究表明，频繁地在不同基金之间买进和卖出并不会成功，因此，你需要成为一名长期投资者，并着眼于过去5年和10年的基金回报率。将这些回报率与该类别中其他基金的回报率进行比较，才能清楚地了解其业绩水平。尽管我们不排除一只基金在某个时期其价格低于面值，但我们没有理由购买一只在大多数时间都低于其面值的基金。

我们还要查看一下该基金在自然年状态下与其同类基金的回报率比较。不要沉溺于那些相对于同类基金不平均的逐年回报率，毕竟，以自然年为评估基准时，一些出色的基金经理的业绩表现会看起来有些难看。但是，关注基金在几个自然年份内的相对回报率可能是一种方便的筛选方法，能够帮助你识别出那些由于近几年表现强劲而看起来不错，但从总体上考虑却不会选择的产品。在2000年至2002年这个明显的熊市中，许多所谓的熊市基金（做空股票的基金）的业绩飙升。但是，通过查看自然年的逐年回报率可以发现，在这种连胜之前，这些基金曾经是很糟糕的投资品种。

最后，投资者需要查询该基金的现任基金经理在该基金的任职时间。也许该基金在每个时期都有着可观的长期收益，但帮助实现这些巨大收益的人员已经退休或转到了另一只基金。在这种情况下，该基金的长期记录可能与将来的业绩表现无关。

■ 检查税后回报率

你是否将你的基金与适当的同类基金进行了比较？已完成。是否验证了在各种时间周期内相对于同类基金该基金的回报率都要更高吗？已完成。但是，如果你打算将在一个应纳税账户中持有基金，那么在评估其历史回报率时，你还有一些工作要做。

那是因为你通常会看到的总回报率数字不包括需要从你的回报中扣除的税金。当基金向股东分配股息收益或资本收益时，你（股东）必须为这些收益分配缴纳税款（无论你是否会真正地收到）。而且，缴纳税金当然会减少你的实得收益。

由此产生的差异可能很大。截至2005年1月，长叶合伙人基金（Longleaf Partners Fund）的10年年化回报率为14.60%——这不算低。范坎彭-康斯托克基金（Van Kampen Comstock）的10年年化回报率甚至更高，为14.90%。但是，如果你去除税金，情况就完全不同了。长叶合伙人基金的税后回报率为12.54%，而范坎彭-康斯托克基金的税后回报率则小得多，仅为10.50%。如果你在应税账户中进行投资，则长叶合伙人基金绝对是两者中的更好选择。

好消息是，你很容易就能查到一只基金对于投资者的税收影响有多大。证券交易委员会现在要求基金披露股东缴纳税款后的回报率。如果你不是通过401(k)退休计划账户或个人退休账户购买的基金，而是通过应税账户，那么你就需要弄清税后回报率究竟是多少，因为这对你来说至关重要。你可以在该基金的股东报告中找到该基金的税后回报率，也可以通过访问晨星公司的网站并输入基金名称或股票代码来查看这些数据。在这里，你可以获得基金的原始税后回报率，还可以看到该数字与其晨星类别中的同类基金的比较。现在，许多基金公司也会在其网站上报告税后业绩（税后回报率假设使用最高的所得税率。如果你的税率等级较低，则分红需要缴纳的税款将会更少，因此，你的税后回报率将高于报告中的数字）。

■ 投资者检查清单：正确看待基金业绩

▶ 查看基金的回报率与适当的比较基准之间的比较（指数型基金或具有相似投资风格的同类基金），以确定其回报率是高是低。

▶ 采用买入并持有的策略，而不是追逐热门基金。

► 检查基金在多个时间周期内的业绩表现，时间越长越好。

► 关注基金的逐年回报率，以了解其业绩的持续性。

► 在购买之前需要确认那位获得良好回报记录的基金经理仍在职。

► 如果你要在应税账户购买基金，需要注意该基金的税后回报率（可在其年度股东报告中找到）。

第 3 章

了解基金风险

市场上有这样一种说法,投资者会受到两种情绪的驱使,即贪婪和恐惧。我们在第2章讨论了贪婪。本章我们将探讨一下对亏损的恐惧。令人遗憾的是,在2000年至2002年期间,产生了自大萧条以来最糟糕的熊市,大多数投资者不得不直面这种恐惧。

在20世纪90年代后期,股市似乎势不可挡,投资者很难相信股市会下跌。许多投资者知道自己的投资可能会遇到麻烦,他们认为,只要咬紧牙关就可以熬过艰难时期。毕竟,在20世纪90年代,所谓的市场调整通常只会持续一到两个季度,然后市场又重回升势。

尽管许多市场观察者警告说,某些市场板块,尤其是科技股和电信股的价格高得离谱,但很少有投资者会预期到2000年至2002年市场下跌的恶劣程度。从2000年3月的顶点到2002年9月,市场指数下跌了38.2%,很多激进的基金品种甚至遭受了更为严重的损失。在2000年3月,如果将10000美元投资于一般水平的大盘成长型基金,其本金将缩水至4393美元,而那些投资于科技基金的投资者则会看到自己的投资从10000美元缩水至1680

美元。损失惨重!

不难看出,那些只是账面亏损,在你卖出之前,你并没有真正形成亏损。但是,这种账面亏损会使投资者彻夜难眠,并经常导致他们在亏损时卖出基金。他们担心市场会恶劣到什么程度,并且担心是否会血本无归。投资者知道,市场在过往曾经重回升势,但身处市场洪流之中时,他们很难保持这种想法。结果,人们经常在市况最坏的时候卖出基金,这将会使他们的账面亏损变成实际亏损。

为了帮助你避免买进那些让你彻夜难眠的基金,请记住,产生可观的短期收益的基金也容易遭受巨大亏损。你不可能在获得巨额回报的同时却不承担着大量的风险,我们曾目睹过那些专注于网络股的基金在20世纪90年代后期的飞速攀升,以及随之而来的崩盘。我们在第1章中讨论的一些工具,可以帮助你详细地分析基金的投资组合,并帮助你了解该基金是否存在尚未发现的风险。通过衡量基金的历史波动率[①]也可以帮助你了解一只基金的风险可能高到何种地步。

■ 评估投资风格的风险

在第1章中,我们讨论了一些可用于分析基金投资的工具:晨星风格箱以及分类、行业、集中度和换手率。在判断基金所承担的风险种类以及判断其是否适合你时,这些是需要考虑的关键因素。

---

① 标准差、晨星风险和晨星评级™(星级评价)。

为了确定一只基金会承受多大风险，晨星投资风格箱是一个好方法。从长远来看，处于晨星投资风格箱左上角的大盘价值型股票基金的波动性往往最小，它们的业绩波动幅度小于其他类型的股票共同基金。而处于风格箱右下角的小盘成长型基金，则通常是波动性最大的类型（见图3.1）。

三年期标准差
美国股票基金

投资风格			
价值型	混合型	成长型	市值
15.30	14.76	16.02	大盘
15.53	16.16	17.41	中盘
17.03	17.80	19.98	小盘

三年期标准差
应税债券基金

久期			
短期	中期	长期	质量
3.07	5.28	6.73	高
3.93	5.55	6.37	中
7.19	7.49	11.52	低

图3.1 标准差（对波动性的一种衡量方式）显示了过去3年中哪种投资风格的风险最大（和最小）。数字越高，该风格箱中的基金越不稳定

相比那些持有合理定价的大盘股的基金（例如：先锋惠灵顿基金）而言，持有具有成长倾向的小盘股的基金[①]，其上下波动可能更加剧烈。范瓦格纳新兴成长基金可能会在长期产生更高的回报，但其表现往往会更加不稳定。投资者可能必须经过相当疯狂的波动才能获得这些回报。

同样，我们的债券风格箱显示了你的固定收益基金可以承受多大的风险。一般而言，债券风格箱中最安全的方格是位于左上角的方格，这里包括利率敏感性有限和高信用质量的基金。如果利率上升，此类基金所持债

---

① 例如：范瓦格纳新兴成长基金（Van Wagoner Emerging Growth）。——作者注

券的价格不会下跌太多，它们专注于政府和高质量的公司债券，这意味着债券发行人在未来无法支付利息的风险很小。处于债券风格箱的这个方格中的基金的风险通常仅仅略高于货币市场基金。同时，风险最高的方格位于风格箱的右下角。但是，只有少数几只基金占据着这个方格——债券基金倾向于承担信用风险或利率风险，通常不会同时承担这两种风险。

你还可以使用风格箱来确定某只基金的风险是否可能高于同类基金。例如：如果你正在查看处于小盘成长型方格的科技基金，那么你应该知道它的波动性可能高于大盘股方格中的基金。这是因为，在所有其他条件相同的情况下，小盘股比大盘股的波动性更大。

■ 评估行业风险

除了考虑基金的投资风格之外，还应该关注其行业配置，以便能够评估当某个市场板块下跌时对该基金的影响程度。早在1999年就开始关注行业风险的投资者可谓受益匪浅。他们可以看到，富达场外交易基金（Fidelity OTC）作为一只大盘成长型基金，尽管其回报率高于另一只大盘成长型基金马斯科成长基金，但它也更容易受到某个股票行业低迷的影响。

正如第1章所提到的，富达场外交易基金的前任基金经理在科技股上押了大赌注，这使其在1999年获得了丰厚的回报，但随后又受到了惩罚。这位基金经理无法控制市场对科技股的感觉，但他可以决定的是，该基金可以承受源自某个行业的多大风险。在单个行业上押大赌注的基金——尤其是如果该行业中存在着大量像科技股这样的高价股——可能会出现剧烈的上下波动。只要基金经理的策略不变，这种波动就会持续下去。该基金有时会盈利，有时会亏损，但其波动性会保持在较高水平，这提醒投资者，即使该基金目前可能赚了很多钱，它也存在大幅下跌的可能。

尽管不存在这样的经验法则，能够确定某个行业的资产配置比例达到多少就算"过多"，但有益的做法是，将你的基金行业权重与其他类似风格的基金以及大盘指数基金的行业权重进行比较，例如：先锋500指数基金（Vanguard 500 Index）或先锋全股票市场指数基金（Vanguard Total Stock Market Index）。这并不是说你应该自动避免对单个行业押大注；实际上，一些最成功的投资者会偏向于一两个市场板块。例如：沃伦·巴菲特(Warren Buffett)，其伯克希尔·哈撒韦公司（Berkshire Hathaway Corporation）严重偏向于金融股，尤其是保险股。但是，你应该注意到一只基金的行业偏向，因此，你不必购买另一只在该行业也投入大量资金的基金，从而避免进一步增加投资组合的风险。

■ 评估个别公司风险

将所有资产集中投资于一个或两个行业的基金必然比广泛分散的投资组合具有更高的风险。同样地，持有相对较少类型的股票的基金往往比那些只向每只股票投入少量资产的基金具有更高的风险。如前所述，骏利二十基金持有20只至30只股票，而富达反向基金最近的投资组合持有500

多只股票。如果骏利二十基金的一些持股陷入困境,那么它们对其业绩的损害可能会比富达反向基金大得多。如果骏利二十基金将其资金平均分配给20只股票,则每只股票将占到投资组合的5%,但一只股票仅占富达反向基金总资产的0.20%。如果骏利二十基金持有的一只股票破产,并且如果富达反向基金也同样持有这只劣质股票,那么它对前者的回报率所带来的损害要比后者大得多(出于类似的原因,在评估公司债券基金时也应考虑集中度,尤其是那些专注于垃圾债券的基金)。

由于基金经理几乎永远不会将基金的资金平均分配给每只股票,而且还要检查基金的持股总数,因此,最好检查基金的前十大持股,以查看资产集中在这些股票中的百分比。即使某只基金持有100只股票,但如果其基金经理将一半的资金投入前十大持股,那么该基金的波动性可能会高于持有相同数量股票但在前几名持股具有更低集中度的基金。分析纪律股票基金(Analytical Disciplined Equity)和富兰克林蓝筹基金(Franklin Blue Chip)各自持有75只股票,但分析基金有近40%的资产投在了前十大持股当中,而富兰克林基金只有23%的资产投在了前十大持股。只是因为分析基金的最大持股占投资组合的比重更大,如果其最大持股遇到麻烦,那么该基金将比富兰克林基金遭受更大的亏损。

■ 评估过去的波动性

尽管对基金进行基本面分析(检查其投资风格以及其在行业和个股中

的集中度）是评估基金风险的最佳方法之一，但过去的波动性也是一个有关未来风险的相当准确的指标。如果某只基金在过去经历过多次起伏，则很容易继续产生不稳定的回报率。晨星公司的研究表明，在一个时期内波动性较高的基金通常在随后的时期也会表现出同样较高的波动性。同时，运行平稳的基金也会继续表现出较低的波动性。

■ 进行直觉检查

如果你想确保自己对想要购买的基金感到放心，你可以进行一项简单的检查，看看是否可以忍受该基金的亏损幅度。查看一下该基金在过去的亏损幅度，问问自己是否可以在这段时期坚持持有该基金（你可以通过在晨星公司的网站上输入某只基金的代码，或者在《晨星共同基金》杂志中获取这些信息，这些出版物可以在许多公共图书馆中找到）。查看一下该基金亏损最多的年份和季度。例如：如果你在2000年初将10000美元投入骏利二十基金，那么到年底时，你的本金将降至6758美元（该基金当年亏损32.42%）。该基金近年来最糟糕的一个季度是2011年第一季度，亏损了24.6%。如果在该季度之初投入10000美元，则在年底时只剩下7540美元。如果你不知道该基金何时反弹，或者在下一季度或下一年度是否可能继续大幅亏损，你会怎么办？

原则上，长期投资者可以忽略这种下跌。如果你在十年或更长时期内都不需要这笔资金，那么这种下降趋势就不那么重要了。重要的是你最终的结果如何，而不是过程如何，对吗？当然，某种程度上是这样。的确，许多回报丰厚的基金都让他们的股东经历了比较疯狂的波动过程。但是，如果你持有这样的基金，当你需要开始提取资金并用它来实现某个特定目标（例如：大学学费或退休金）时，你可能会面临该基金处于低价的风险。此外，持有一只极具波动性的基金会带来不必要的压力。对于许多投资者来说，不确定性都是一个问题。他们宁愿选择退出，也不愿继续持有并看看接下来会发生什么。如果在查看了一只基金的最糟糕的季度或年度亏损之后，你知道这样的亏损会导致你卖出基金，那么就可以判断它可能不是适合你的基金。即使你相信自己可以坚持持有该基金，你会由于担心该基金而承受太大的压力吗？如果是这样，不要买进。寻找更稳定的基金。成功的投资不仅意味着赚钱，而且意味着在投资过程中要感到舒适。

■ 使用标准差

但是，如果你想在一组基金中快速挑选一只风险最小的基金买进时，你要怎样做呢？标准差可能是衡量基金过往波动性的最常用指标，它可以让你在不同基金之间进行快速比较。晨星分析师喜欢使用标准差，因为它可以告诉投资者在特定时期内基金回报率的波动幅度。晨星公司根据基金在过去3年、5年和10年期间的每月回报率，每月计算一次标准差。标准差表示基金的回报率与3年、5年和10年平均年回报率（均值）的差异程度。根据定义，基金的回报率历来一直在68％的时间内都处于均值的标准偏差范围之内。

例如：截至2005年初，ICM 伊莎贝尔小盘价值基金（ICM Isabelle Small Cap Value）过去3年年化回报率的平均值为9.90%，标准差为26.23。这些数字告诉我们，大约有三分之二（68%）的时间，该基金的年化回报率在9.90%的26.23个百分点之内。从亏损16.33%到盈利36.13%，这是一个很大的回报率范围。如果你是一个谨慎的投资者，那你就根本不会考虑这只基金。你会更愿意买进标准差低得多的基金。

问题是，当你单独查看标准差时，标准差并不能告诉你太多信息。在开始进行比较之前，知道某只基金在过去3年中的标准差为25，这是毫无意义的。就像回报率一样，基金的标准差也需要在一定的背景之下才有意义。如果你在查看同一时期的标准差为15的基金，你就会知道，标准差为25的基金的波动性要更大。

指数可以作为衡量基金的波动率和回报率的一个有用的基准。假设你正在考虑一只晨星大盘混合型基金。标准普尔500指数是这类基金的一个良好基准，因为它更看重具有多种投资风格（增长型、价值型以及两者之间的类型）的大型公司。到2005年初，标准普尔500指数的3年标准差为15.56。你可以看出，标准差为25的大盘混合型基金，会让投资者经历比该指数幅度更大的波动。除非它同时能用更高的回报率来补偿持有它的压力，否则购买该基金就毫无意义。

与回报率一样，你也可以通过将标准差与其同类基金的平均值进行比较来检查该基金的波动率水平（你可以在《晨星共同基金》杂志中找到同类别的平均统计信息，包括标准差）。1999年，骏利奥林匹克基金（Janus Olympus）的3年标准差为31.91，而典型的大盘成长型基金的标准差为24.19。骏利奥林匹克基金的回报率也比平均水平要好得多，但是，其较高的标准差表明它的波动性要比其竞争对手大得多。这是一个危险信号，表明如果遇到不利行情，该基金的亏损也可能要比平均水平高得多。当2000年大盘成长型基金平均下跌了14.6%时，骏利奥林匹克基金下跌了21.6%。它在2001年又下跌了33%（而典型的大盘成长型基金则下跌了23%），在2002年进一步下跌了24%。

■ 使用晨星风险评级

标准差很有用，因为它可以告诉你，该基金的过往业绩波动，而大幅波动通常会产生更大幅度的波动。但是，标准差并不能告诉你，基金的波动是盈利的还是亏损的，这对大多数投资者来说是一个重要区别。从理论上讲，一只连续数年的回报率都极高的基金，相比一只亏损相当严重的基金，两者的标准差可能同样高。我们以两只小盘股基金为例：2005年初，RS新兴成长基金（RS Emerging Growth）的标准差为25.58，美盛特殊基金（Legg Mason Special）的标准差为25.43。然而，美盛特殊基金过去3年的平均回报率为每年18%，而RS新兴成长基金的平均回报率为4%。在此期间，美盛特殊基金3个月的最大亏损为15%，RS新兴成长基金3个月的最大亏损高达23%。容易看出，美盛特殊基金的风险/回报状况更好，但是，仅凭标准差并不能帮助你从众多基金中挑选出该基金。

这个例子说明了为什么投资者应该着眼于大局，而不应仅仅考虑回报率和标准差。正如我们想知道一位基金经理在为股东赚钱方面有多成功，我们同样也想知道他（她）在保护股东免受亏损方面有多成功。因此，晨星风险评级不仅要考虑基金回报率的所有变化（就像标准差一样），还要强调基金相对于同类基金的亏损情况。晨星风险评级的计算公式很复杂，但是，其基本思想很简单：作为投资者，我们不喜欢亏钱（你可以通过在晨星公司的网站输入基金名称或代码来查看基金的风险评级）。

晨星风险评级会考察不同周期内的基金表现。我们不会对业绩记录不足3年的基金进行评级，因为较短的期限无法充分反映基金的业绩。如果基金的业绩记录达到3年，其晨星风险评级将完全基于其3年业绩记录。对于有5年以上业绩记录的基金，其风险评级的60%基于过去5年的业绩，40%基于过去3年的业绩。对于有10年以上业绩记录的基金，其10年业绩记录将占其风险评级的50%，而5年期和3年期则分别占其风险评级的30%和20%（见图3.2）。晨星会考虑不同时期的组合，因为我们认为长期投资很重要，但是，我们也要确保，仅靠几年前的成功，基金不能获得良好的评级。我们每个月为基金给出新的风险评级。

由于我们衡量的是该基金相对于同类基金中的其他基金的风险，因此，很容易对具有相同投资风格的基金进行比较。一种基金类型中风险最低的10%被评为低风险，其次较安全的22.5%被评为低于平均风险，而中等的35%被评为平均风险，再后面的22.5%被评为高于平均风险，而最后的

基金年限	晨星风险评级基于：
3年至5年	100% 3年评级
5年至10年	60% 5年评级
	40% 3年评级
10年以上	50% 10年评级
	30% 5年评级
	20% 3年评级

图3.2 基金年限如何影响其晨星风险评级

10%被评为高风险。如果你要考虑一只具有高风险的大盘价值型基金,那么你会知道它的波动性(包括实际亏损)要比90%的大盘价值型基金更高。

■ 使用晨星评价(星级)

由于投资者非常担心亏损,因此,基金的风险评级只占其整个晨星评级(又称星级)的一半。晨星评级的另一半着眼于其相对于同类其他基金的回报率。

我们采用与风险评级相同的方式来计算基金的晨星回报率。我们使用相同的时间周期组合(将3年、5年和10年的回报率计算在内)。我们还会根据销售费用来调整基金的回报率评级,以便更好地反映投资者实际上能获得的回报率。与风险评级一样,在同类基金中收益排名在前10%的基金被评为高回报率,接下来的22.5%被评为高于平均水平的回报率,以此类推。我们每个月重复一次该评级过程。

一旦我们同时拥有了基金的风险评级和回报率评级,我们就将它们放在一起进行总体评级计算。通过将晨星风险和回报率结合起来，我们为一个类别中的每只基金计算出了风险调整后收益得分。然后，我们根据基金的得分对其进行排名。每个类型中得分最高的10%的基金被评为5星，接下来的22.5%被评为4星，中间的35%被评为3星，随后的22.5%被评为2星，最差的10%被评为1星（见图3.3）。

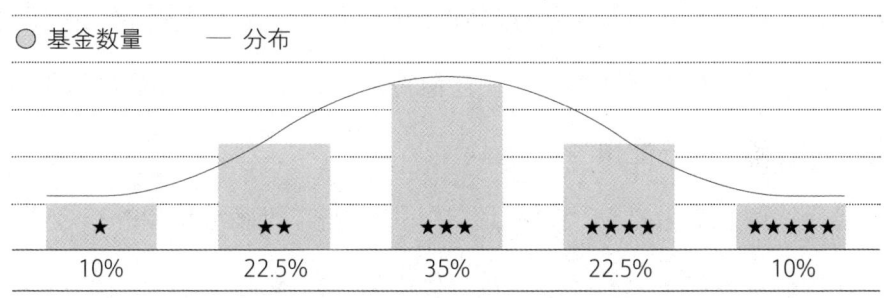

图3.3　晨星评级系统中某种基金类型内的星级评价分布

通过星级评价，你可以浏览大量的可选基金，并将选择范围缩小到一个更易于管理的清单，选出的基金能够很好地平衡风险和回报。你可以使用星级评价来淘汰那些相对收益过小、风险过大的基金，然后，将选择的重点放在那些更好的基金上面。

你还可以使用星级评价来监控你的持股。如果一只基金的星级下降了，你不应该自动卖出该基金。但是，如果你的基金的星级评价跌到了3星以下，那就说明你应该去深入研究一下该基金，查清到底出现了什么问题。这很可能只是因为你的基金经理的投资风格不再受市场青睐，并且这就是影响基金上涨的原因，但这也可能表明存在基本面方面的问题。

在开始使用星级评价之前，投资者需要注意一些重要事项。

首先，它纯粹是定量的。尽管我们有权利这样做，但晨星公司的分析师不会提高自己喜欢的基金的星级，也不会降低自己不喜欢的基金的星级（基金经理有时会询问我们的分析师，如何做才能赢得更多的星级。我们总是告诉他们，为你的股东赚更多的钱，并让他们的收益在稳中求升）。

其次，你还应该知道，如果管理人员发生变更，则评级将跟随原基金一起存在，而不会随着基金经理转移至新基金。这意味着基金的评级可能主要取决于原先基金经理的成功。还值得注意的是，星级评价是基于该基金过去的业绩。它不能预测短期赢家。

最后，要想有效地使用星级评价，你首先需要确定想要的基金类型。星级评价能告诉你一只科技基金是否优于另一只科技基金，但它不能告诉你，你是否应该购买一只科技基金或应投入多少资金（本书的第二部分和第三部分会介绍如何确定自己应该投资于哪类基金以及如何建立投资组合）。由于我们在每种基金类型中都会给出5星评级，因此，不适合大多数投资者的基金也可能获得最高星级评价。截至2005年初，安联RCM全球科技基金（Allianz RCM Global Technology）得到了4星评级，它在20世纪90年代末期获得了可观的回报，并且在该行业最终崩盘期间的表现也好于许多科技基金竞争对手。但是，大多数投资者根本不需要主要投资于科技行业的基金。

星级评价是很好的第一层筛选，但这并不是评估基金时应该考虑的唯一信息。在购买基金之前，你不仅要问"它的评级是5星吗"，还应该问自己以下五个问题：

1.该基金持有哪些股票？

2.该基金的业绩如何？

3.该基金以往的风险有多高？

4.其基金经理是谁？

5.该基金的费率是多少？

我们在第1章至第3章分别介绍了前三个问题，其余的问题将在第4章和第5章中介绍。

■ 投资者检查清单：了解基金风险

▶ 利用基金在风格箱中的位置来大致衡量其风险水平。大盘价值型基金通常是风险最低的美国股票基金，小盘成长型基金通常风险最高。在债券方面，专注于低质量长期债券的基金通常承担着最大风险，而专注于高质量短期债券的基金则风险最低。

▶ 一些最优秀的基金经理会将大量资产集中在一个或两个最喜欢的行业，但要注意，在单个行业押大赌注也可能增加你的基金的风险水平。

▶ 检查基金的持股数量，以及其前十大持股的资产百分比，以了解个别股票所承担的风险有多大。在评估低质量的债券基金时，还应考虑个别公司的风险。

▶ 通过检查最差的过往回报率周期（季度或年度最高亏损）来了解一只基金是否适合你。如果你无法忍受这种大幅亏损，只需避开该基金。

- 使用包括标准差和晨星风险评级在内的回顾性、波动性衡量工具来确定某只基金相对于竞争对手基金的波动性。
- 查看晨星评级（又称星级），以快速了解该基金的历史风险/回报状况。

第 4 章

了解你的基金经理

假设你按照本书前三章的原则挑选基金，发现了一只回报率较高风险不大的基金，并且你还对基金经理的投资风格有很好的了解。但是，如果那位取得出色业绩记录的基金经理已经离职，你可能会感到有些失望。

由于基金经理对于基金的成败至关重要，因此，晨星分析师会花费大量的时间与他们谈话，无论是通过电话还是面谈。在我们每次编写基金分析报告时，有时在两次分析之间，我们都会尝试联系基金经理了解情况。

基金经理可以清楚地说明业绩的好坏，并让我们深入了解基金投资组合的运作方式。基金经理可能预期经济会发生好转，并重点配置那些将会最受益的行业。这说明，该基金可能会表现强劲，或者如果经济放缓则可能陷入困境。

通过与许多采用相似投资策略的基金经理进行访谈，我们还可以找出最佳的投资论点，并对个别基金经理的投资原理建立较高水平的信心。如果我们听到5位不同的基金经理都在谈论最新的热门股票（而且发生这种事的频率可能超乎你的想象），如果有基金声称他们挖掘出了被其他基金忽视的优秀公司，我们都会对这些说法表示怀疑。我们也要对一些基金公司保持警惕，他们总是试图上调业绩或大肆宣传其投资策略，以使其听起来要好过实际的表现。多年来，我们注意到，业绩更好的基金经理通常会最直截了当地说出其投资组合中的优势和劣势。

除了评估基金经理对投资组合的配置理由之外，我们的分析师还会关注该基金公司的管理结构以及基金经理在选择证券时可以利用的资源。该基金经理能否得到众多分析师的支持，就像大多数的富达基金一样？或者该基金是否很大程度上是一场独角戏，严重依赖于单个人的才能？了解这些问题的答案可以帮助你知道，如果基金经理决定离开公司或退休，那么你需要有多担心，这就是为什么我们的分析师要把对基金管理层的研究扩展到整个基金公司。

晨星分析师会定期联系基金经理，并定期拜访基金管理公司，这其中还有一个原因。除了确定基金经理的投资进程和研究团队的资深程度之外，我们的分析师还会花费大量时间评估每个基金公司的股东友善度。例如：该基金公司是否专注于为股东提供优质服务，还是将自己的利益放在了投资人的利益之上，是否推出了流行的基金产品并向投资者过度收取费用？由于晨星公司认为投资公司的股东友善度是做出投资决定时要考虑的关键因素，因此，我们最近推出了信托责任评级，以帮助投资者快速评估基金公司的质量。这些评级主要关注那些我们认为能够决定基金公司的股东友善度的关键因素：成本、董事会质量、管理人员所有权和薪酬结构、监管问题以及企业文化。

我们常说投资既是一门科学也是一门艺术，那么对基金公司（或基金）的管理人员进行评估是使投资变得更艺术的关键点。你不能仅靠简单的数据计算来判断管理人员的能力，你必须运用自己的判断力。通过检查一些主要的判断标准，你可以提高投资组合的业绩表现，找到高素质的基金经理，投资于那些对投资者利益与其公司利益一视同仁的基金公司，并且能够让你对投资组合中的基金感到更加满足和放心。

■ 了解基金管理风格

在判断基金经理的素质之前，你需要了解两种基金管理模式（和一种子模式；见图4.1）。最直接的基金管理结构是单一基金经理制。有些基金经理成为基金行业的明星，比如：前富达麦哲伦基金（Fidelity Magellan）的经理彼得·林奇（Peter Lynch）。像林奇或鲍勃·斯坦斯基（Bob Stansky）这样的基金经理都曾被任命为一只基金的单一基金经理。斯坦斯基继承了林奇在富达麦哲伦基金留下的经理职位。当然，即使是唯一的基金经理也很少完全独立地完成工作。斯坦斯基从富达的股票分析师团队那里获得了大量的市场研究和股票投资建议。但是，斯坦斯基独立负责挑选麦哲伦投资组合中的股票并决定何时将其剔除。他是该基金的主要决策者。

然后，是基金经理团队制，这种模式被美洲世纪（American Century）和普特南（Putnam）等基金公司广泛使用。基金经理团队可能由两个或两个以上的基金经理组成，他们共同负责选择基金的投资组合中的资产。有

单一基金经理制：	指仅由一位基金经理负责基金的日常管理。该基金经理负责所有影响该基金资产的关键决定。
基金经理团队制：	指由两位或两位以上基金经理共同负责管理基金。也可以用来描述强烈主张其团队管理或团队文化的基金。
多重基金经理制：	指由两位或多位基金经理负责管理基金。通常指那些将净资产按一定数量分配给各个基金经理所管理的基金。在大多数情况下，多个基金经理受雇于不同的次级顾问或投资公司。
次级顾问：	指基金公司雇用另一家公司（称为次级顾问）来负责基金的日常管理。在这种情况下，投资组合经理通常为基金的次级顾问工作而不是为基金公司工作。

图4.1 基金的多种管理模式

时，由一位基金经理最终决定买进或卖出哪项资产，或者每一位基金经理对自己擅长的领域拥有更大的发言权。在其他情况下，决策流程会更加民主，每一位基金经理都有平等的发言权。

最后一种管理模式比其他两种模式更不常见，那就是多重基金经理制。在此制度下，基金的资产被分配给多位基金经理，每位基金经理彼此独立工作。尽管富达基金最近也对旗下的一些基金采取了这种模式，但美洲基金（American Funds）是因使用这种模式而闻名的公司。所谓的"全明星"基金（例如:名称中含有"基金经理"和"大师精选"等字样的基金）也使用多重基金经理模式。这些基金雇用了来自不同基金公司的名牌基金经理，并向他们分配资产。这些被雇用的基金经理被称为次级顾问。

所有这些管理模式都存在各自的优点和缺点。例如：指定单一的基金经理就可以清楚地知道谁最终对股东的资金负责。与隐姓埋名的委员会相比，投资者也更容易获得基金经理的个人信息。另外，采用基金经理团队和多重基金经理模式的基金可能具有更强的连续性，如果一位基金经理离职，在该模式下更容易平稳过渡。与单一基金经理或基金经理团队模式的基金相比，多重基金经理模式的基金也可能具有管理更多资产的能力。如果有几位基金经理采用不同的管理风格（多重基金经理模式经常如此），那么这些基金经理可以将大量资产配置到不同风格的证券当中。反过来，这意味着该基金在买进和卖出时，不太可能会影响到股票和债券的价格（我们将在第15章中详细讨论资产增长）。

■ 评估经验的质量和数量

如果存在数百只拥有专业的、经验丰富的管理人员的基金，那么就没有理由选择一个没有经验的基金经理。实际上，大多数投资者的确拥有经验丰富的基金经理在为他们工作。在过去的研究中，我们调查了25只最大的基金，这些基金约占全部共同基金资产的四分之一，我们发现通常大型基金都自豪地声称自己拥有一支任期超过8年的经验丰富的团队。这一任期明显低估了管理人员的经验，因为它通常仅代表了基金经理在该基金度过的时间，并不代表该基金经理在资金管理方面的总年限。

你可以在许多地方找到基金经理的任期，包括基金公司的网站或晨星公司的网站。在"晨星共同基金"页面中可以找到我们的一页基金报告，其中也包含该基金经理管理的其他基金信息。检查一下该基金经理的投资生涯从何时何地开始，以及他（她）何时开始管理资金。一个好的经验法则是，搜索那些至少担任过10年分析员或基金经理的人。至少，你需要一位在任职期间经过熊市和牛市的基金经理，包括2000年至2002年的熊市以及20世纪90年代后期的单边牛市。这样，你就可以查看他（她）如何在这些极端市场环境中运营基金。如果基金经理以前曾运营过其他基金，请仔细查看这些基金的业绩记录，以了解它们与同类基金的相对表现如何。

但是，经验并不是唯一重要的事情。基金经理的学习经历与任职期限一样重要。寻找那些跟随伟大的基金经理学习投资的基金经理，或者在拥有大量优秀基金的公司中脱颖而出的基金经理。你还可以寻找那些在富达基金（Fidelity）或美洲基金这样的大型、高质量的公司，或者长叶基金或戴维斯精选基金这样的高质量的精品公司中得到晋升的基金经理。但是，如果你的基金经理是在拥有很多劣质基金的公司中学到的管理知识，那么你就有充分的理由对该经理的能力持怀疑态度。

■ 评估基金公司的资源

基金经理们并非孤军奋战，基金的成败取决于其分析师、交易员以及基金经理的素质。每个规模较大的基金都是这三个团队共同努力的结果。

像富达这样的基金巨头雇用了数百名分析师和数十名投资组合经理。其他公司很少有分析师的支持，基金经理们严重依赖于华尔街大型经纪公司的研究报告。依赖华尔街的问题在于，凭借被广泛使用的研究报告几乎不可能跑赢市场。只有少数基金经理可以做到，但这不是常态。

要想了解基金公司的研究实力可能很困难，但是，许多基金公司会公布其分析师的数量，甚至提供这些分析师的简历。数量不等于质量，但数量至少可以让你知道基金经理背后有一个完整的组织。

了解基金经理背后的支持团队质量的主要方法是，查看同一家公司的所有基金记录。如果你正在考虑购买一只成长型基金，则需要查看该基金家族中的所有成长型基金，以了解该公司是否擅长于成长型投资。你可能会发现你正在考虑的基金是一颗宝石，但其余的同类基金却很平庸。这表明该基金只是凭借一个好的基金经理（或运气）取得了现有的业绩，如果这位基金经理离职，该基金将会趋于平庸。由比尔·米勒（Bill Miller）管理的美盛基金（Legg Mason Fund），其表现始终优于该公司的其他基金。这不是运气，这反映出了米勒的运营能力在其同事中独占鳌头，如果他离开，那将会引人担忧。最好的公司在整个组织中都拥有伟大的投资者，无论他们是分析师、基金经理还是首席投资官。

晨星公司的分析师还希望评估基金公司的交易能力，特别是如果该公司拥有大量资金并可能需要一次买卖大量股票的情况下。具有丰富的交易经验的公司能够以对股价影响最小的方式执行交易，它们可以在不压低股价的情况下卖掉大量股票，并且可以在不大幅推高股价的情况下买进股票。我们也看好那些尽量将交易成本控制在最低水平的基金公司。例如：美洲世纪基金（American Century）执行交易的平均成本每股不到1美分，而行业平均水平为每股5美分（我们将在第5章中讨论基金费用，包括交易费用）。

■ 评估股东友善度

评估基金经理的投资能力及其利用资源的实力，当然是寻找成功共同基金的主要方法。但是，如果你关注了2003年和2004年的基金丑闻，当时许多共同基金行业最知名的公司被指控存在违规交易甚至违法行为，那么你就会知道，盯着基金公司的投资结果并不能告诉你有关基金公司质量的所有信息。由于一些基金公司已经表现出一种与股东利益背道而驰的行为模式，因此，正如先锋创始人杰克·博格尔（Jack Bogle）所说的那样，很重要的是，询问该公司是否把销售工作看得比管理工作还重要。基金公司是否真心地对股东负责，并真正地将他们的利益放在首位？

为了回答这些问题，我们在2014年推出了晨星信托责任评级（Morningstar's Stewardship Grades）。该评级旨在使投资者更容易地比较自己所持有的基金或正在考虑购买的基金的公司治理记录。字母等级[1]考虑了该基金在以下五个关键领域的表现。

监管问题

对于信托责任评级的监管部分，我们检查了每家公司的记录，以确定其是否违反过监管部门的规定。例如：一些公司以牺牲小投资者的利益为代价，允许大投资者从事不正当交易，那么该公司是否是众多违规的基金

---

[1] 字母等级（letter grades），信托责任评级将所有跟踪的基金从高到低评为A、B、C、D、E五个等级。——译者注

之一呢（这种不正当交易是2003年和2004年基金丑闻的焦点）？监管机构是否曾指控该公司存在任何其他可能损害基金投资者利益的违规行为？我们还会检查指控的严重性以及该公司的后续改革措施。

董事会素质

快问快答，谁拥有富达麦哲伦基金？如果你回答"富达公司"，我们不会怪你，但这是不正确的。相反，基金股东像其他公司股东一样拥有该基金，并依靠基金董事会代表其利益。代表股东的董事会，雇用了富达公司来运营麦哲伦基金，并就该基金的费用进行了谈判。一些董事会认真对待这些责任，而另一些董事会则选择了另一种方式，因为一些投资管理公司推出了糟糕的基金，提高了管理费用或让表现不佳的基金经理继续留任。由于设立了代表基金股东利益的董事会，因此，我们的信托责任评级会评估董事在该职位上的表现。我们还会考虑一些其他等量关系，例如董事所监管的基金数量、董事与基金公司之间的关系以及受托人是否与基金持有人一起进行投资等（例如：我们希望所有ICAP[①]董事会成员都以基金份额的形式支付薪资）。

基金经理激励政策

除了考虑基金的监管历史和董事会质量以外，我们的信托责任评级还考虑了基金经理的激励政策和所有权。这是因为对于基金是否适合长期投

[①] 毅联汇业（ICAP）是全球领先的交易商经纪商及交易后风险信息服务供应商。——译者注

资者方面,业绩激励政策可以产生重大影响。举例来说,如果某位基金经理一年的薪酬超过了激进的比较基准,那么他可能承担了较大的风险。同样,信托责任评级也会考虑基金经理是否持有该基金(或其基金家族中的其他基金)。管理人员所有权不仅可以反映该基金经理是否对自己的投资能力有信心,而且与基金股东一起投资的基金经理可能更加关注费用和税收等问题。我们认为一些公司之所以能表现出保护基金股东最大利益的决心,这并非偶然,例如:长叶合伙人基金要求其所有员工投资自己公司的基金。一些基金经理大量投资于自己运营的基金,图4.2显示的正是此类基金。

长叶合伙人基金	第三大道价值基金
米伦坎普基金	特威迪-布朗环球价值基金(Tweedy, Browne Global Value)
美洲精选基金(Selected American)/戴维斯纽约风险基金(Davis New York Venture)	

图4.2 基金经理大量投资于自己基金的基金

费用

投资管理公司向基金股东收取的费用金额通常能够说明,该公司优先考虑的是基金股东的利益还是其利益相关者的利益。这就是为什么我们的信托责任评级会检查每只基金相对于其竞争对手的费用水平以及费用趋势,以衡量该公司是否能够将规模经济传递给基金股东。重要的是,该因素的评分在属于相同类别和分销渠道的不同基金之间进行,因为我们希望进行同类比较（apples to apples）。例如：我们将免佣大盘价值基金①的费用与其他免佣大盘价值型产品进行比较。

企业文化

不，我们不是在讨论着装规范，也不是在广泛评估公司的运作方式。相反，我们通过寻找具体证据来证明一家公司对受信人的角色有着深入的理解，从而判断它是否施行以股东为中心的管理方式。由于众多因素会影响公司对基金持有人的承诺深度，因此，这是这项评级中最主观的组成部分。除其他因素外，我们的分析师通过一些评估标准，例如：股东报告的质量、公司在适当资产水平上关闭基金的意愿以及新基金的发行模式，来确定这项评级中的企业文化得分。我们研究了基金公司如何处理这些问题，以评估它们是否始终将基金股东的长期利益放在首位。我们还仔细研究了基金公司对赎回费②的用法以及留住关键工作人员的能力。

■ 寻找适合你的基金公司

由于了解你的基金家族的实力，对于挑选表现良好的基金至关重要，因此，下面我们将介绍一些最著名的基金公司（一些精品基金公司），并

---

① 免佣基金（no-load fund）是指不向投资者收取申购或赎回手续费用的基金，投资者的申购金额与基金净值的比值即为申购所得的基金份额。——译者注

② 基金赎回费是指在开放式基金的存续期间，已持有基金份额的投资者向基金管理人卖出基金份额时所支付的手续费。——译者注

简要说明他们的优势和劣势。

AIM基金（美国投资管理基金）

AIM以其成长型基金而闻名，在2000年3月开始的长达2年半的熊市中，AIM成长型基金的表现总体上还算不错，尽管它在一开始就遭受了大幅亏损。这种表现说明了AIM注重收益成长型股票，这是对趋势的有益补充。换句话说，该基金在市场拐点处表现不佳。实际上，AIM的几只成长型基金落后于2003年的市场涨幅。

鉴于这些基金一直偏爱优质成长型股票，并且能够容忍较高的价格倍数，我们继续预计AIM成长型基金将会有不稳定的业绩表现。对于AIM的价值型产品（是的，AIM提供了一些价值型基金并且已经发行了很多年），我们预计也会有不稳定的业绩表现。那是因为它们有耐心的价值基金经理们经常购买具有争议的股票，而这些股票可能要花几年的时间才能取得成功。这些基金也往往比同类成长型基金具有更高的集中度。

在景顺公司（Invesco）[①]公布了糟糕的熊市业绩表现之后，AIM合并了景顺公司的基金产品，随后景顺公司还陷入了2003年和2004年的基金交易丑闻。之前大多数景顺公司旗下的基金后来合并到了采用相似投资策略的AIM基金产品之中。

总体而言，AIM是更具冒险精神的投资公司之一。它们的投资者可能应该愿意并且能够忍受业绩波动。

---

① 1997年，景顺有限公司合并AIM投资。合并完成后，公司更名为Amvescap。——译者注

优势：AIM拥有一些杰出的基金经理，这些基金经理致力于寻找成长型股票，但要注意它们的股票价格。在这类基金中，AIM中盘核心股票基金（AIM Mid Cap Core Equity）是我们最青睐的基金之一。

劣势：寻找小盘价值基金的投资者不会在这里找到符合要求的基金。尽管在通过理财顾问销售的基金当中，它们的费用通常低于平均水平，但考虑到公司管理的资产规模，这些费用还应该更低。

美洲世纪

尽管美洲世纪以使用计算机模型来挑选成长型股票而闻名，但该公司在过去几年中一直非常重视分析师资源，并且已经成功地扩大了其产品阵容，包括一些优质价值基金、外国基金以及债券基金。

在成长型股票方面，美洲世纪实行一种称为动量投资的策略。该策略旨在寻找那些增长速度加快的公司，并且希望市场定价未能充分体现该公司的积极变化程度。计算机可以依据许多动量因素进行筛选，例如：利润增长、收益增长以及超出预期的收益。问题在于，利润不断增长的公司倾向于以高价进行交易，这使得它们在收益低于预期时容易产生剧烈的价格下跌。

该公司最有名的是免佣基金家族，尽管其大多数基金也为那些使用理财顾问的人提供了可供购买的份额类别。美洲世纪的费用并不是最低的，但是，该公司已经在尽力将其交易成本保持在最低水平。美洲世纪的高管也一直反对所谓的"软美元"①安排,即基金公司向经纪公司支付更高的费用,以换取股票研究和其他好处。

优势:美洲世纪是一名经典的B成绩学生。尽管该公司的少数基金在我们的买入名单上排名靠前②,但该公司的大多数基金是值得商榷的。

劣势:该公司已经提高了基本面研究能力,但是,要想在这方面具有领先优势,还有很长的路要走。此外,尽管许多美洲世纪基金得到妥善管理,但其成本通常要比竞争对手的免佣基金高,例如:普信基金、先锋基金和富达基金等。多年来,美洲世纪赠与信托③基金(American Century Giftrust)一直表现不佳。

美洲基金

这里的口号是长期的。个人持有的美洲基金使得基金经理能够专注于长期发展,并使他们免受追赶投资趋势的压力。结果,这些基金通常会最终胜出,即使它们要忍受一些看起来非常不合潮流的时期。美洲基金希望其基金经理和分析师的整个职业生涯都在该公司度过,并且在留住人才方

---

① 软美元(Soft dollars)是指通过佣金收入向经纪公司支付服务费用的一种方式,而不是通过通常的直接付款[硬美元(Hard dollar)费用]来支付。投资公众倾向于对软美元安排持否定态度,因为他们认为投资管理公司应该从利润中支出费用,而不是从投资者的口袋中支出。——译者注

② 其价值型基金都是出色的基金,包括美洲世纪价值基金(American Century Value)和股票收益基金(Equity-Income),其某些债券基金也排名靠前。——作者注

③ 赠与信托(Giftrust)是一种不可撤销的信托,它由授予人建立,旨在将其一次性地赠予他人(受益人)。——译者注

面做得非常出色。因此，它拥有一些业内任期最长的基金经理。该公司的基金费用是所有顾问销售的公司中最低的，这增加了该公司取得长期成功的概率。此外，该公司永远不会试图赚快钱，不会推出那些能够带来大量现金但可能不符合股东最佳利益的流行基金。还记得在2000年初几乎每家公司都拥有互联网基金吗？美洲基金公司（American Funds Group）并没有推出这类基金。它们的基金在很大程度上避免了那些被严重高估的股票，在泡沫破灭和会计丑闻席卷市场之后，这些股票发生了崩盘。

在其26只共同基金中，美洲基金将每只基金的资产分配给少数几个独立运作的基金经理。在大多数公司中，采用基金经理团队模式意味着管理团队的成员之间需要交换投资想法并达成共识，但是，美洲基金将风格各异的基金经理组合在一起，让他们分散投资。这使美洲基金在投资策略和股票组合方面都可以实现多样化。美洲基金从未向新投资者关闭过某只基金，因为该公司认为，它总是可以划拨一部分资金并将其交给另一位基金经理。也就是说，在过去的几年中，大量新资产源源不断地进入了该公司。美洲基金说，它已经将一些分析师晋升到了管理职位，并且新资产并没有让他们感到困扰，但是，很显然，这些基金经理所运作的资产规模已经达到了空前水平。对于该公司的一些最大规模的基金（包括美国成长基金[①]），我们希望看到其阐明相应的关闭政策。

优势：美洲基金的基本面研究能力是首屈一指的，并且在其基金中

[①] 美国成长基金（Growth Fund of America），于1973年由美洲基金发行，规模超过1500亿美元。——译者注

也得到了全方位的体现。仅举几例，基本面投资者基金（Fundamental Investors）和欧洲太平洋成长基金（EuroPacific Growth）创造了出色的业绩，并且没有太大的波动。我们也很欣赏美洲基金在新兴市场上的创新举措，它的新世界基金（New World Fund）融合了发达市场和发展中市场。

劣势：该基金没有多少小盘基金，小盘世界基金（Small Cap World）是其发行的一只小盘基金，但从其表现来看并不值得详细介绍。而且，如果你正在寻找一只相当激进的基金，那么你应该选择其他公司的基金，因为美洲基金不会涉足此类基金。该公司还于2005年初受到了监管机构的审查，监管机构称，该公司为了销售基金而与经纪公司之间存在不当安排，并且没有向股东或董事明确地披露这些安排。但是，该公司对这些指控提出了异议。

AXP基金（美国运通基金）

美国运通（American Express）的基金管理部门AXP，长期以来一直是基金界的垫脚石，但最近开始表现出了复苏迹象。2002年，该公司在波士顿建立了一个出色的新部门，雇用了两位前富达基金经理。这些新任基金经理在短期内招募了一大批资历深厚的员工。波士顿的团队管理着AXP的国内大盘基金，该公司还挑选了一些优秀的次级顾问来接管一些长期遭受业绩困扰的基金，在这些次级顾问中甚至包括大师级的戴维斯（戴维斯精选顾问公司）。此外，该公司于2003年收购了备受推崇的英国资产管理公司天利（Threadneedle），以运营其国际业务。不过，仍然由明尼阿波利斯分公司负责的那些基金并没有激发人们的信心，因为它们是由过去表现不佳时的同一批人员运营的。该公司的基金是通过AXP广泛的理财顾问网络销售的。

优势：由新成立的波士顿团队管理的大盘基金是值得关注的，比如AXP成长基金（AXP Growth）；由出色的次级顾问管理的AXP合伙人基金（AXP Partners）也同样值得关注。

劣势：不必考虑AXP的债券基金。尽管在过去几年中该公司的固定收益业务在战略和管理方面发生了一些显著的变化，但还远远没有达到能够被推荐的水准。

哥伦比亚基金

哥伦比亚的管理团队一直在努力地将过去抛诸脑后，这在多个层面上都是必要的。首先，该公司长期以来一直受到涉及择时交易[①]丑闻的困扰。2005年2月，哥伦比亚银行的母公司美国银行同意支付6.75亿美元的罚款，其中包括从基金中削减1.6亿美元的费用，以了结纽约总检察长和美国证券交易委员会关于该公司存在择时交易和逾时交易的指控（这些安排分别发生在国家基金和哥伦比亚基金合并之前）。这是这次丑闻事件中最大的一笔罚款，鉴于违规行为的影响范围极其广泛以及违规情节极其严重，这样

---

① 择时交易（market-timing）是指证券市场中的套利者发现影响基金净值的基金投资组合中的证券在时间、价格等方面的获利机会，利用基金净值计算中的某些无效性，通过短期的申购和赎回操作获取利润的行为。——译者注

的重罚显然是合理的。值得称赞的是，这家庞大的综合企业不仅付清了罚款，而且还清理了门户，加强了合规性，并极大改善了信息披露。要想继续前进，该公司还面临着另一个巨大的挑战：整合由于系列合并而产生的庞大的基金阵容，并坚实地建立一套统一的投资进程。该综合企业中的众多基金现在可以共享"哥伦比亚"品牌，但它是以前众多独立公司的集合体，包括Columbia，Liberty，Galaxy，Colonial，Stein Roe和Pacific Horizon，还有两家精品公司Marsico和Wanger Asset Management。该公司已经开始逐步削减基金数量，预计在未来几年内将基金数量从120只减少到75只。它们还对管理和研究人员进行了集中整合。尽管如此，还是必须将这家公司视为一家正在完善之中的公司，特别是考虑到在哥伦比亚旗下的许多基金充其量只能说是表现平平。

优势：拥有100多只基金，其中包括许多出色的产品。不过，重点是两只自主精品基金：马斯科基金（Marsico）和瓦格纳资产管理基金（Wanger Asset Management，包括Acorn funds）。

劣势：尽管该公司走在正轨，但在一段时间内其稳定性都是一个问题。从现在起的5年内将保留哪些基金，甚至哪些基金经理将会留任，这些都是没人能够回答的问题。

戴维斯精选基金

这个基金家族（更应该说是一家精品基金公司，而不是一家提供全方位服务的基金公司）建立在基本面驱动的买入并持有的投资理念之上。尽管该公司主要提倡价值投资，尤其喜欢投资于金融股，但该公司也会投资于其他任何行业。其管理人员不喜欢卖出股票，并且希望所持有的价值型股票能够通过不断升值转变为风格箱中的成长型股票。

该公司由戴维斯（Davis）家族所有，其家族成员共同向该公司投资了巨额资金。考虑到这一点，我们认为戴维斯精选基金是众多基金公司中对股东最为友好的公司之一，这并非偶然。该公司最近推出了一种新的低成本基金份额，投资者直接通过该公司而不必使用基金超市就可以购买，并且其基金一直以来都具有极高的税收效率。戴维斯基金是由投资顾问销售的，而带有"精选"字样的基金则面向免佣投资者。

优势：在这个基金产品阵容中，我们最喜欢的是美洲精选基金和戴维斯纽约风险基金。我们还是精选特殊基金（Selected Special）的支持者，它是一只可能投资于任何领域的基金，非常依赖于戴维斯精选基金的分析师团队的支持。

劣势：戴维斯基金专注于自己擅长的领域，并将不熟悉的领域留给他人。因此，该公司几乎没有债券基金或国际基金，也根本没有积极成长型基金。我们还要避开昂贵的戴维斯政府债券基金。

道奇·考克斯基金（Dodge & Cox）

谈论实用主义！这家价值导向的精品基金公司只有4只基金：股票基金、平衡基金、收益基金和国际基金，它们在各自类型中都是表现出色的。道奇·考克斯是通过优秀的投资（而非营销手段）来吸引投资者的终极例证。

该公司拥有庞大的机构投资管理业务，根本不做广告。它的费用也非常低。

优势：尽管该公司的股票基金和平衡基金目前不对新投资者开放，但我们还是会竭诚推荐道奇·考克斯基金。

劣势：尽管在整个投资组合中全部使用道奇·考克斯基金是个十分诱人的想法，但该公司没有提供货币市场基金。虽然道奇·考克斯已关闭其平衡基金和股票基金，但这些基金的当前投资者仍在继续大量注入资产。因此，这两只基金都不是特别灵活。

德雷福斯基金（Dreyfus）

作为共同基金行业中最负盛名的公司之一，德雷福斯（Dreyfus）近年来一直未能保持其卓越的声誉。当20世纪90年代市场开始偏爱成长型投资时，它却深陷困境，但是，最近的表现一直不错。它的某些价值型基金已成为业界的佼佼者，尤其是德雷福斯中盘价值基金（Dreyfus Midcap Value）。而且，总部设在得克萨斯州的投资公司法耶兹·沙罗菲（Fayez Sarofim）是德雷福斯的次级顾问公司，该公司因采用买入并持有的投资方法而享有盛誉，这意味着德雷福斯能够为客户提供一些非常好的长期核心产品。不过，总的来说，德雷福斯的阵容是一个大杂烩，包括许多特征不明显的基金，尤其是在大盘混合型基金，德雷福斯的费用也只是平均水平，因此，也没有提供比较优势。

优势：德雷福斯增值基金（Dreyfus Appreciation）是德雷福斯基金产品阵容中的皇冠上的宝石，其次级顾问公司法耶兹·沙罗菲始终专注于稳定的大盘成长股。德雷福斯中盘价值基金虽然波动性较大，但表现也很出色。

劣势：德雷福斯拥有几只乏善可陈的大盘股基金，其业绩与低成本的指数型基金相去甚远。

富达基金

这是一家巨型公司，其庞大的资产规模既能产生优势也会产生劣势。积极的方面是，富达拥有数百名非常聪明的基金经理和分析师在进行出色的基本面分析。此外，富达将规模经济以低费率的形式传递给了投资者。

消极的方面是，管理数千亿美元限制了富达基金经理的灵活性。正如资产膨胀会阻碍单个基金发展一样，它也会阻碍基金家族。该公司开放了一些最大的基金，包括麦哲伦基金（Magellan）和低价股基金（Low-Priced Stock），它们的开放期限超过了其应有期限，这意味着它们的基金经理很容易在艰难时期保持出色的业绩。该基金正在重复着巨型反向基金（Contrafund）的命运。尽管威尔·丹诺夫（Will Danoff）继续做着出色的工作，但该基金的巨大规模将给他带来越来越大的挑战。

该公司拥有大量的投资组合基金经理，这也意味着，如果有很多基金经理对分析师研究的股票感兴趣，那么分析师们需要花费大量时间向这些基金经理不断复述研究进展（为确保分析师的研究产生好的效果，富达会根据分析师的选股对基金业绩的贡献程度以及分析师与基金经理的沟通水平来对他们进行补偿）。另一个问题是富达必须不断提防猎头来挖人，以防止他们挖走聪明的年轻分析师和基金经理。2002年，美国运通基金（AXP Funds）引起了一次人员变动，当时它挖走了富达的几位后起之秀和两名分析师，并让他们领导一个新的部门，负责管理AXP大盘股基金。多年来，富达也流失了许多顶级基金经理，这些人后来转投到了对冲基金。

巨大的资产规模使得富达的基金比以往更加温和。富达基金不会给你带来任何不愉快的惊喜，但也很难看到很多基金击败其对应的指数。预计富达基金会在长期内悄然跑赢大盘。

富达基金主要通过免佣渠道销售，但该公司还拥有通过理财顾问销售的广泛产品系列。

优势：富达的美国股票基金的表现并不出色，但其大盘股基金通常是运营良好的、可靠的投资工具。该公司的小盘股产品也取得了成功，特别是规模巨大的低价股基金，但资产膨胀一直令人担忧，鉴于其基金规模，该公司的小盘股运营人员可以称得上非常精简。该公司的政府债券基金和高质量公司债券基金是非常保守的投资组合。该公司的固定收益基金经理避免押注于某个特定市场，坚持研究债券发行公司并选择被低估的债券。该公司的市政债券基金也是基金业内最好的投资工具之一。为了与指数化基金巨头先锋竞争，富达在2004年将其一些指数型基金的费用比率降低到了0.10%；在2005年初永久性地降低了这些基金的费用比率。

劣势：富达经营着一系列专注于细分行业的精选基金，其中的许多基金，投资者都应该避免参与。像富达精选航空运输基金（Fidelity Select Air Transportation）和富达精选国防航空基金（Fidelity Select Defense &

Aerospace），这类基金实际上仅适用于一些投机者，因为他们只希望在该行业下注。与某些公司的行业产品不同，富达的行业基金并非旨在让基金经理长期管理一只基金。相反，行业基金经理应该利用这段时间来了解该行业，然后，在一两年后再去负责管理另一只行业基金或者管理一只多样化的基金。此外，尽管富达历来在运营小盘基金方面做得很扎实，但该公司倾向于让其小盘基金和中盘基金过度增长。对于真正灵活的小盘股产品，我们应该选择其他公司的基金。

富兰克林邓普顿/共同系列基金（Franklin Templeton/Mutual Series）

富兰克林邓普顿以三个基金品牌涵盖了五个不同的基金类型。邓普顿是一家以价值为导向的外国股票基金公司，拥有一系列运营良好但价格昂贵的基金。在富兰克林的品牌下，你会发现一些优秀的市政债券基金经理，一个优秀的成长型基金管理团队以及一个独立的小盘价值型基金管理团队，该团队负责资产负债表投资基金（Balance Sheet Investment）和微盘价值基金（Micro Cap Value）。

最后，共同基金管理团队在新泽西州以外运营着出色的低风险深度价值基金。该公司进行严格的资产负债表分析，并寻求以低价购买股票。多年来，共同系列基金在非常中等的风险水平下产生了出色的回报。这些基金的最大不利因素是，创始人迈克尔·普莱斯（Michael Price）将该公司出售给富兰克林公司之后离开了该公司，而其继任者大卫·温特斯（David Winters）也于2005年中期离职。

富兰克林的基金主要通过理财顾问进行销售。该公司是一家上市公司，并在2004年遭遇了监管问题。在那一年，州和联邦监管机构指控富兰克林允许大客户从事该公司基金的不正当交易。此后，富兰克林解决了这些指控。该公司还因其所谓的收益分享做法而受到了严格审查，即一家基金公司要额外付费才能进入经纪公司的首选基金名单。

优势：富兰克林邓普顿通过结合不同领域基金的优势，在覆盖所有资产基础方面做得很合理。富兰克林经营着一些稳定的收益型市政债券基金，例如：加利福尼亚免税收益债券基金（California Tax-Free Income）和联邦免税收益债券基金（Federal Tax-Free Income）。此外，如果你在寻找一只保守的外国价值基金，那么由杰夫·埃弗里特（Jeff Everett）运营的庞大的邓普顿外国股票基金（Templeton Foreign）就是你的不二之选。

劣势：尽管我们是该公司共同系列基金的投资过程的忠实拥护者，但我们不禁要注意到，过去几年来该公司经常会出现基金经理流失现象，而大卫·温特斯最近的离职无疑是一个巨大的打击。同时，该公司已让其他基金（例如：富兰克林中小盘成长基金）的规模增长过大。

海港基金（Harbor）

海港基金是荷兰资产管理公司荷宝（Robeco）的子公司，该公司并未提供指数型基金，但提供了由杰出的次级顾问管理的成本适中的主动型基金。

优势：海港债券由固定收益超级明星比尔·格罗斯（Bill Gross）负责运营，这使其成为免佣投资者获得PIMCO基金的研究成果的成本最低的方式。海港国际成长基金（Harbor International Growth）由马斯科公司的吉姆·根德曼（Jim Gendelman）负责运营，它是一只一流的成长型外国基金。海港资本增值基金（Harbor Capital Appreciation）由杰尼桑合伙公司（Jennison Associates）的谢加拉斯（Sig Segalas）团队负责运营。

劣势：尽管海港基金的机构份额种类仍然很多，但是，鉴于海港资本增值基金和海港国际成长基金的庞大资产基础，其零售份额的费用应该能够更低。

骏利基金（Janus）

在20世纪90年代后半期，骏利一直是基金业的天选之子，在经历了熊市的糟糕表现和2003年基金丑闻的接连打击之后，骏利仍在努力重新获得投资者的信任。2004年4月，骏利与行业监管机构达成和解，了结了关于该基金允许客户进行择时交易的指控。此后，该公司进行了一些显著的改革，包括新的基金经理薪酬制度，该制度更加强调长期业绩。骏利还努力使产品阵容多样化。尽管在20世纪90年代后半期，该公司的基金几乎全部专注于成长型股票，但骏利的自主基金[1]要比以往更加注重估值和行业多样化。骏利还拥有一些价值专家，包括珀金斯（Perkins）、沃尔夫（Wolf）和麦克唐纳（McDonnell），他们负责运营骏利小盘价值基金（Janus Small Cap Value）和骏利中盘价值基金（Janus Mid Cap Value）。

---

[1] 包括骏利国际基金（Janus Worldwide）、骏利核心资产基金和骏利企业基金。——作者注

这些改进极大地提高了骏利几只基金的业绩。但是，尽管骏利历来在留住关键投资人才方面做得不错，但该公司最近更换了CEO和首席投资官，并且有一些任期最长的投资组合经理近年来也已经离职。20世纪90年代，骏利由于资产规模过大，发展速度过快，导致了巨额亏损，目前尚不清楚该公司是否已经适应了大型投资公司的角色。

优势：尽管要面对熊市的煎熬，但骏利拥有一群紧密联系在一起的基金经理和分析师，以及以研究为导向的公司文化。仍令我们印象深刻的是，该公司的众多大盘基金中没有一个倾向于跟踪标准普尔500指数。自2003年初以来，负责骏利水星基金（Janus Mercury）的大卫·考金斯（David Corkins）被证明是该公司的顶级基金经理之一，在就任当前的职位之前，他负责运营的骏利成长收益基金实现了惊人的增长。由基金经理斯科特·舒尔策尔（Scott Schoelzel）掌管的骏利二十基金，虽然表现不稳定，但也获得了强劲的回报。

劣势：该公司的外国基金仍在不断扩张。

长叶合伙人基金

这家位于孟菲斯的公司由梅森·霍金斯（Mason Hawkins）和斯特利·凯茨（Staley Cates）创立，这是一家追求价值的公司。只有当股价低于基金经理的内在价值估计值的40%时，该公司才会买进。但是，如果基金经理确实看好某只股票，他们也会大胆买进。长叶基金通常只持有由20只或30只股票组成的投资组合。这种做法可能会使业绩不稳定，但从长期来看，该公司已取得了可观的回报。

优势：尽管所有长叶基金都对新投资者关闭，但如果它们能够重新开放，我们很乐意购买其中的任何一只基金。长叶还是一家股东友好程度非常高的公司。它从来没有建立过任何一只流行基金来迎合市场需求，并且它的所有员工都必须投资于长叶合伙人基金。

劣势：长叶合伙人国际基金（Longleaf Partners International）虽然是国外大盘价值型基金中的佼佼者，但其高昂的费用比率使其吸引力有所下降。

马斯科基金

创始人汤姆·马斯科（Tom Marsico）管理着一些出色的大盘成长型基金。马斯科在离开骏利基金之前为其带来了丰厚的回报，从那以后，他就一直保持着强劲的相对业绩表现。马斯科将股票精选与自上而下的分析（参考宏观经济趋势）相结合，形成了令人欣喜的组合。最近，该公司发行了由前马斯科分析师负责运营的基金。

优势：汤姆·马斯科的运营能力已经得到了证明，因此，我们喜欢他的马斯科焦点基金（Marsico Focus）和马斯科成长基金。如果你通过经纪人进行投资，你可以在马斯科（Nations Marsico）标签下找到这些基金。马斯科国际机会基金（Marsico International Opportunities）是一只优良的成长型外国基金，但我们希望其费率能够降低一点。

劣势：由于其出色的长期业绩，马斯科的基金在过去几年中吸引了大量资产。尽管他专注于高流动性的大盘股，但仍存在一定的风险，不断流入的大量资产使得马斯科很难将其投入到那些最可靠的股票。

美林证券（Merrill Lynch）

自鲍勃·多尔（Bob Doll）于1999年接任总裁兼首席投资官以来，美林的共同基金业务取得了长足的进步，但尚不能算作共同基金中的杰出产品。多尔帮助该公司在研究、风险控制和交易平台等方面实现了现代化，并提高了基金经理与分析师之间的沟通效率。还有另一项重大改进是制定了一套更加注重长期业绩的薪酬方案。多尔在人员方面也进行了一些重要变更。

尽管如此，美林的产品阵容仍在完善之中。有许多业绩平平的基金，还有一些投资范围狭窄的基金，这使得它们的波动性非常大。同样，鉴于其资产水平，该公司的许多基金的费率也很高。

优势：美林大盘核心基金（Merrill Lynch Large Cap Core）和美林大盘价值基金（Merrill Lynch Large Cap Value）十分稳健。

劣势：该公司在其国内中盘和小盘产品阵容中存在一些漏洞。国际基金也需要一些努力。新兴市场基金——美林发展中资本市场基金（Merrill Lynch Developing Capital Markets）——表现不佳。

MFS基金

MFS管理着业内最古老的共同基金，并拥有完整的基金阵容，但该公司最有名的也许是其大盘成长基金。与普特南、骏利（Janus）这样的公司一样，MFS的进取型基金在20世纪90年代后期创造了可观的回报，但随着熊市的到来，它们在2000年遭受了重创。从此以后，MFS的成长型基金经理在为其投资组合选择股票时开始更加关注估值。该公司还通过雇用一些经验丰富的分析师并解雇一些表现不佳的基金经理来加强其研究工作。MFS基金最近的表现要好一些，但是，现在来判断其持续性还为时尚早。

MFS也正在从2004年的择时交易丑闻中恢复过来。在那次丑闻中，监管机构发现该公司允许大客户对其某些基金进行快速交易（值得注意的是，MFS没有任何"黏性资产"交易，大客户通过同意将一定金额投资于该基金公司的基金产品，来换取能够快速买进和卖出其基金的权利）。MFS从此引入了新的高级管理人员，加强了董事会的独立性，并停止使用软美元来支付第三方的股票研究费用。

优势：尽管MFS因其成长型基金而闻名，但其价值型基金（特别是MFS价值基金和MFS战略价值基金）是该公司表现最好的产品之一。但是，值得注意的是，在过去的一年中，有两位在价值团队中任职时间最长的成员退休了。

劣势：MFS正在期望一些相对缺乏经验的基金经理来扭转一些相对低迷的基金，包括旗舰产品MFS马萨诸塞投资者信托基金（MFS Massachusetts Investors Trust）和MFS新探索基金（MFS New Discovery），后者是一只小盘成长基金。我们在参与之前，需要首先等待这些基金经理充分证明自己的才能。

奥克马克基金（Oakmark Fund）

奥克马克对所有基金都采用深度价值方法，寻找那些交易价格低于基金经理的内在价值估计值的公司。奥克马克是一家研究密集型公司，它的基金经理需要彻底了解所研究的公司。一般而言，这种方法产生了强劲的长期回报。但是，由于投资组合的集中性，以及一些基金经理承担行业风险的意愿，有时会导致业绩不平衡。

优势：我们是奥克马克的国内股票基金和国外股票基金的支持者。这里的皇冠上的宝石是奥克马克基金和奥克马克精选基金，它们是由2001年晨星年度最佳国内股票基金经理比尔·尼格伦（Bill Nygren）运营的。

劣势：我们不建议你建立一个仅由奥克马克基金构成的投资组合，因为那样会使你缺少成长股基金或固定收益基金。

奥本海默基金（Oppenheimer）

对于一站式购买而言，奥本海默（Oppenheimer）是一个不错的选择。该公司的基金是通过理财顾问销售的，并且提供了涵盖各种资产类别和投资风格的多样化产品阵容。基金经理和分析师根据他们的投资风格（例如：成长、价值和国际）以团队的形式管理基金。

奥本海默的国内股票基金鲜为人知，但其中有许多基金提供了可观的风险/回报记录。过去，该基金的价值型产品一直是薄弱环节，但该公司已经采取了一些措施来解决这个问题。它引进了外部基金经理和分析师来建立价值投资团队。该公司还引入了一个新的投资级债券团队来接管一些中等规模的固定收益产品。该团队来自摩根士丹利（Morgan Stanley）的前MAS部门，他们遵循纪律严明的流程，非常重视风险管理。该公司的罗切斯特市政债券部门最近开始负责该公司的国家和州免税基金。

优势：在比尔·威尔比（Bill Wilby）的指导下，奥本海默的国际产品成为该公司的皇冠上的宝石。基于主题的独特投资方法可在全球范围内发现隐藏的宝藏，并且总体上已取得了出色的成绩。温和的大盘成长产品——奥本海默资本增值基金（Oppenheimer Capital Appreciation）——也值得关注。

劣势：该基金的许多市政债券基金都表现不佳，因此，我们需要避开这些基金。

PIMCO基金

PIMCO（太平洋资产管理公司）在固定收益型基金上的实力是首屈一指的。PIMCO总回报基金（PIMCO Total Return）是迄今为止最大的债券基金，也是最好的债券基金之一。PIMCO的规模使其能够建立一支优秀的分析师、基金经理和交易员团队。此外，其规模使其机构份额的费率较低。我们曾两次评选PIMCO的债券大师比尔·格罗斯为我们的年度最佳固定收益基金经理，是因为他具有经常取得出色业绩的非凡能力。

优势：如果你通过401（k）账户或具有丰富经验的理财师进行投资，则可以购买PIMCO总回报基金的低成本机构份额。否则的话，你可以选择PIMCO的次级产品海港债券基金（Harbor Bond），这是模仿PIMCO总回报基金的低成本替代产品。PIMCO还提供了一套旨在在通货膨胀环境中表现良好的优质产品，包括PIMCO实际回报基金（PIMCO Real Return）和PIMCO大宗商品实际回报率策略基金（PIMCO Commodity Real Return Strategy）。

劣势：如果你可以购买机构份额，那么PIMCO的短期债券基金就是不错的选择，但是，按字母划分的基金份额（A类、B类、C类和D类份额）成本太高。

普特南基金（Putnam）

像骏利一样，普特南的成长型基金在熊市中也遭受了巨额亏损，并且受到了参与基金丑闻的指控，近年来，该公司一直努力从中恢复过来。监管机构在2003年指控该公司存在欺诈行为，宣称该基金公司允许某些投资者（包括该公司的6位基金经理）对其基金进行快速交易，从而损害了长期基金持有人的利益。当普特南的高管发现不正当交易时，他们没有对员工进行适当的纪律处分。普特南的401(k)基金也未能阻止择时交易者。

普特南采取了许多重要措施来解决这一问题，包括解雇其前首席执行官拉里·拉瑟（Larry Lasser）。新任首席执行官埃德·霍尔德曼（Ed Haldeman）在加入普特南之前，曾对特拉华投资公司（Delaware Investments）进行过重大改革。霍尔德曼改善了公司业务的合规性，削减了管理费用，解雇了那些从事不正当交易的工作人员，并正在努力提高该公司的基金业绩。

我们并不认为普特南的运营状况良好——它仍然必须证明其表现欠佳的成长型产品正在发生积极变化，但是，该公司在文化改革以及为投资者提供良好业绩方面的努力值得赞赏。

优势：普特南的价值型基金和混合型基金总体而言实力雄厚；在基金经理戴夫·金（Dave King）的监督下，新价值基金（New Value）表现尤其出色。

劣势：普特南的成长型基金似乎在朝着正确的方向发展，但我们暂时还不推荐，尤其是因为这些基金近年来经历了重大的管理层剧变。该公司的国际基金曾经是其阵容中的真正亮点，但由于在基金丑闻期间有一位主要基金经理被解雇，因此，该基金不再是一个很好的选择。

罗伊斯基金（Royce Funds）

罗伊斯（Royce）是基金世界最好的小盘基金公司之一。从传统上来看，该公司具有价值偏见，但现在拥有大量的混合型基金，甚至还有一些成长型产品。创始人查克·罗伊斯（Chuck Royce）和该公司的其他基金经理与分析师对该市场领域深谙其道。美盛集团（Legg Mason）是这家公司的拥有者，但似乎不会干涉罗伊斯的出色表现。

优势：小盘混合型基金——罗伊斯首选基金（Royce Premier）——是一个出色的选择。我们仍希望有机会购买现已关闭的罗伊斯特殊股票基金（Royce Special Equity）。

劣势：关于罗伊斯的主要担忧是，该公司是否会被自己的成功所拖累。例如：罗伊斯总回报基金（Royce Total Return）是一只优秀的基金，但它是规模最大的主动型小盘产品，并且仍在向新投资者开放。我们希望能够看到该公司采取一些措施，在其基金规模变得过大之前，主动关闭这些基金。

斯卡德基金（Scudder）

在过去的几年中，这个基金家族经历了巨大的动荡。2002年4月，德意志资产管理公司（Deutsche Asset Management）收购了苏黎世斯卡德投资公司（该公司于1997年吞并了坎贝尔基金）。这引发了多位投资组合经理的离职，德意志银行的高管也频繁更换。

同时，该公司在2004年1月透露，它先前已允许一家投资咨询公司对其几只外国股票基金进行择时交易。尽管这种安排是在德意志以前的管理制度下开始的，但尚不清楚该公司是否已清除了所有违规人员（该公司未受到监管机构的指控）。

除了丑闻之外，斯卡德当前的基金产品线（由于各种合并而导致的产品线扩张）非常混乱。该公司已经采取措施来清除多余的产品并引进新的人才，但其最佳的国内股票基金却由外部公司提供次级咨询。同时，斯卡德的固定收益基金通常是比较稳定的，但是，该公司的国际股票基金表现平平。

另外，我们也开始担心该公司缺乏稳定性。最近有几位高管离职，并且从母公司德意志银行调来了两名新高管（这说明母公司可能对其目前的投资感到不满意）。目前尚不清楚这会对其基金产生何种影响，但现在的这些基金很难让人感兴趣。

优势：斯卡德卓曼高回报股票基金（Scudder Dreman High Return Equity）是由大卫·德雷曼（David Dreman，投资界最著名的逆向投资者之一）管理的一只出色的深度价值基金。斯卡德目标价值建造者基金（Scudder Flag Value Builder）和斯卡德固定收益基金（Scudder Fixed Income）也是很棒的产品。

劣势：德意志银行/斯卡德/坎贝尔合并的结果是持续的择时交易丑闻困扰以及持续缺乏稳定性，这产生了许多值得保持警惕的理由。

TIAA-CREF[①]基金（美国教师退休基金）

TIAA-CREF基金（美国教师退休基金）以管理教师的退休基金而闻名，现已扩展为共同基金。这些基金是广泛的多样化投资组合，其中一些是主动型和被动型的混合基金。这里没有细分行业产品。

优势：TIAA-CREF股票指数基金（TIAA-CREF Equity Index）是一只稳健的低成本全股票市场基金；该公司的债券基金也很出色。

劣势：TIAA-CREF基金的一些主动型基金比较平庸。此外，TIAA-

---

① TIAA-CREF，美国教师退休基金会，是一个为全美教师设立的退休养老基金体系，成立于1918年，总部位于纽约，主要服务于教育事业和非营利性组织，核心业务包括退休基金、养老基金和个人保险等。——译者注

CREF最近提高了其主动型股票基金的费率。

普信基金（T. Rowe Price）

普信基金（T. Rowe Price）提供温和的特定风格基金。你会发现，普信公司的基金几乎在所有基金类型中都是较为保守的选择，因为它们都遵循降低风险的策略。这些基金避免了在单个股票或行业上押大赌注，甚至普信的成长型基金也对购买那些具有很大价格风险的股票持谨慎态度。该公司在留任基金经理方面也做得很好。

优势：普信基金提供全面的优质产品。由布莱恩·罗杰斯（Brian Rogers）运营了20年的股票收益基金（Equity Income）是我们最喜欢的大盘价值型产品之一。我们也是该公司的成长股票基金（Growth Stock）的忠实拥趸。普信全球股票基金（T. Rowe Price Global Stock）也是值得关注的产品，因为基金经理罗伯·根斯勒（Rob Gensler）在该公司的电信和媒体基金中积累了骄人的业绩记录。如果你想要投资地区基金或行业基金之类的特定基金，普信的产品是一个不错的选择，因为该公司会设法降低高波动性资产的风险。

劣势：普信的核心债券产品——新收益债券基金（New Income），是一只非常不错的基金，但它不属于一流的中期债券产品。普信国际股票基金（T. Rowe Price International Stock）也未能脱颖而出。尽管该公司总体上对股东非常友好，但它确实在科技股达到顶峰时发行了一些科技行业基金。

特威迪-布朗基金（Tweedy, Browne）

这些价值拥护者是格雷厄姆和多德投资风格的缩影，沃伦·巴菲特也曾受过这种投资风格的教育。他们寻找股价低廉、经营良好的企业。特威迪-布朗基金与长叶基金的最大区别在于，该团队避免了在单个股票上押大赌注。因此，这些基金的波动性更平滑。该公司的两只基金——全球价值基金（外国股票基金）和美国价值基金（中盘价值型产品），均已关闭。

优势：如果你想寻找温和的外国股票风险敞口，特威迪-布朗全球价值基金（Tweedy, Browne Global Value）绝对是一个不错的选择。尽管美国价值基金在过去几年中一直处于困境，但我们认为，鉴于其投资风格，该基金可能会有所反弹。两只基金都已关闭，但值得继续持有。

劣势：特威迪-布朗基金的费率通常是相当合理的，但是，全球价值基金的费率并未降低，即使其资产规模产生了急剧增长。

先锋基金（Vanguard）

这家公司仍然保留着其创始人杰克·博格尔的烙印，他在削减成本和争取基金股东权利方面表现得相当积极。值得注意的是，先锋公司的基金总是非常便宜的，通常建立在谨慎的投资策略之上，并由一群经验丰富的基金经理负责管理。该公司坚持这种模式并取得持久成功的秘诀在于其独特的组织结构：各种先锋基金均得到了顾问公司（先锋集团公司）的支持，该顾问公司以成本提供服务。因此，先锋基金并没有明显地偏离"将股东利益放在首位"的原则。这样一来，先锋始终能够支持其现有的产品阵容（其中充满了业绩出色的基金），同时还能以明智的方式引入新基金。投资者的收益长期以来一直是积极的——先锋基金的稳定业绩很大程度上可以归功于其在资产类别和投资风格上的一致性。简言之，该基金不存在什么弱点。

优势：在指数基金、债券基金和税收管理基金方面，先锋基金很难被击败。由于该公司成本低廉，并且能够选择优秀的基金经理，因此，该公司也拥有一些优秀的主动型基金。我们喜欢的主动型先锋基金包括精选价值基金（Selected Value）、国际成长基金（International Growth）和新的大盘核心基金（Primecap Core）。

劣势：除了稳健的先锋探索基金（Vanguard Explorer，小盘成长型基金）之外，先锋基金在主动型小盘基金方面没有太多优势。

瓦萨奇基金（Wasatch）

这是一家少见的提供小盘产品的精品公司，该公司实际上也可以很好地管理成长基金和价值基金。该公司由萨姆·斯图尔特（Sam Stewart）领导，并取得了出色的业绩。我们也喜欢瓦萨奇基金关闭基金的意愿，该基金会在资产规模仍然较小时选择关闭基金。该公司的基金关闭政策的不利之处在于，该公司某些基金的费率很高。

优势：瓦萨奇基金的美国小盘基金已经全部关闭，但如果它们能够重新开放，我们很乐意购买其中的任何一只基金。该公司的传统成长基金

（Heritage Growth）是一只中盘至大盘的成长型产品，该基金是一种相对较新的产品，有着十分广阔的发展前景。

劣势：该公司并没有适合所有人的各种类型的基金，所以你必须去其他公司寻找大盘基金或债券基金。

■ 投资者检查清单：了解你的基金经理

- ▶ 请记住，评估基金经理既是一门科学也是一门艺术。你不能从某一项数据中总结出基金经理的素质。
- ▶ 寻找有经验的基金经理。一般原则是选择那些至少拥有10年投资经验的基金经理。同时，还要关注那些跟随投资大师学习过的基金经理和从高质量的基金公司中获得了丰富经验的基金经理。
- ▶ 了解基金经理背后的支撑团队。基金经理需要强大的支撑团队来进行研究和交易。
- ▶ 检查基金公司的各种不同的基金，以了解它们是否取得了全面成功。警惕那些只有一只明星基金却有众多平庸产品的基金公司。
- ▶ 研究基金公司是否将基金股东与公司利益相关者同等对待。调查其董事会的质量和独立性，以及该公司在基金成本和发行流行基金等方面的记录。

HOW TO PICK
MUTUAL FUNDS

第 5 章

控制成本

如果你问自己的邻居她每月为有线电视服务支付了多少费用，她大概可以回答你，不到1美元。但如果你问她为理财支付了多少费用，她可能就不知道了。然而，她的理财费用可能比有线电视费用高5倍。如果你为15万美元的投资组合支付1％的费用，那么每年就是1500美元。如果由投资顾问管理着她的资金，她可能还要再支付3000美元到5000美元。在你的家庭支出中，理财费用很可能同汽车开销和食物预算一样，成为你最主要的家庭支出。

投资者往往无法跟踪这笔巨额费用，这就是为什么理财业务会成为如此炙手可热的行业。这笔费用分布在一年当中，因此，你几乎不会注意到它们，而且你永远也不会收到这样一份账单，列出你的实际欠费情况。在任何一年中，你的投资组合在扣除费用之前的增值或减值肯定会远远大于费用，因此，与费用相比，你更有可能关注回报率。问题在于，从你购买第一只基金到进行最后一次卖出，这些费用加起来可算是一笔不小的财富。

基金被要求定期向其股东报告其费用比率。基金的费用比率能够显示出，基金资产中有多大比例用于支付管理基金的费用，其中包括管理费、服务费，以及在适用时称为12b-1费用[①]，该费用旨在支付基金的营销费用和发行成本。例如：一只拥有5000万美元、费用比率为1%的基金，每年向其所有股东收取50万美元来运营该基金，而一只费用比率为1.5%的5000万美元的基金，则每年向其所有股东收取75万美元。由于费用比率在各只基金之间是统一计算的，因此，很容易查看两种产品的费用比率并进行比较。而且，当你看到共同基金报告的总回报数字时，你就可以确定基金费率对回报的影响程度。

但是，遗憾的是，基金并不需要向你确切显示给定年份内拥有该基金的成本（根据你自己的资金规模计算出的确切金额）。基金费用比率也不能反映与拥有这项投资有关的所有其他成本，包括与基金交易相关的成本，即你在买进和卖出该基金时支付的费用，以及由于你拥有该基金而可能要支付的税金。如果投资者持有一只基金，即使你希望注意控制成本，但由于基金费用的复杂性，也将使你很难了解你将支付的实际金额。

■ 避免后视镜陷阱

在深入探讨其他与基金相关的费用细节之前，让我们首先讨论为什么

[①] 12b-1费用，1980年美国推出的《1940证券投资法》中，允许开放式基金每年从基金资产中提取费用，即所谓的12b-1费用，对代销机构进行补偿，进行市场营销。12b-1费用包括支付给销售渠道的销售服务费，以及在销售过程中发生的其他相关费用，如广告费等，1%为其法律上限。——译者注

基金的成本如此重要。如果所有基金的成本相同，或者费用越高就可以得到更好的管理，那么成本就无关紧要。然而，基金费用比率差异很大，高成本基金的基金经理并不比低成本基金的基金经理更好。投资者经常会忽视成本，因为他们陷入了后视镜陷阱，这就好像在驾驶汽车时犯了通过后视镜观察路况的错误。他们看到一张显示过去基金业绩的图表，就想当然地认为，如果排名最高的基金过往业绩能够超过其费率，那么为什么将来不能做到呢？问题在于，在众多具有高风险、高成本的基金当中，每产生一只大获成功的基金，就会伴随着十多只失败的基金。你很少会注意到失败者，因为很少有关于他们的报道，这就像电视新闻会大肆报道那些买彩票中头奖的人，却不会用同样的篇幅报道数百万没能中奖的人。更重要的是，尽管有一些高成本基金会大获成功，但当它们表现不好之后，经常被合并到业绩记录更好的基金当中，因此，当你今天搜索它们时，甚至都搜不到那些基金。

透过挡风玻璃而不是后视镜，你可以看到费率是个再明显不过的事情。你不知道哪些行业会表现良好，或者你的基金经理是否会离职，但是，你很清楚未来的基金费率将是多少。一般来说，费率每年都不会有太大变化，除非基金的资产基础发生重大变化，或者监管机构强迫基金公司削减费用（在2003年和2004年的共同基金丑闻期间，纽约总检察长办公室通过强迫几家知名公司削减费用而对它们进行了处罚）。例如：骏利二十基金在2002年亏损了24%，在随后一年飙升了25%，但其费率几乎没有什么变化。费用是基金回报中最容易控制的部分。

如果20年后，低费率基金和高费率基金之间的费用差额加起来只有几美元，就不必引起太多关注。但是，由于复利的作用，即使是很小的差额也会随着时间的积累而变得越来越大。我们对以下三只基金的交易费用进行一次比较，超级便宜的先锋500指数基金的费率为0.18%，价格合理的富达探索基金（Fidelity Discovery）的费率为0.84%，非常昂贵的联邦考夫曼基金（Federated Kaufmann，A类份额）的费率为1.95%（见图5.1）。如果你在每只基金中均投资10000美元，并在随后的20年中各基金均产生10%的税前年化回报率，你最终将会为先锋500指数基金支付1000美元多一点的费用，为富达基金支付4500美元，为联邦基金支付9100美元（假设各只基金的费率保持不变）。当你考虑复利的影响时（这意味着，由于你的初始投资付出了更少的成本，低费率基金中的资金有可能比高费率基金中的资金增长得更快，规模更大），最终的差额将会更大。因此，投入先锋500指数基金的10000美元在20年末将增长到64905美元（假设年化回报率为10%），而联邦考夫曼基金的投资将仅增长到45605美元——相差19300美元！如果你投资了100000美元，则可以在这个差额数字后面加上一个零

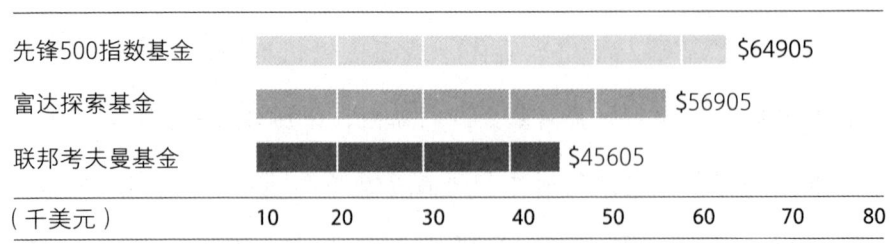

图5.1　20年后10000美元投资的假设增长数额。
本例假设每只基金在扣除费用之前均产生10%的回报

（190000美元），而如果你投资了100万美元，那么将会产生190万美元的费用差额。

这种假设的情况在实践中也适用：费率较高的基金其业绩往往落后于费率较低的基金。在2002年发表在《晨星共同基金》杂志的一项研究中，我们的同事斯科特·库利（Scott Cooley）根据1996年的费率将每个晨星分类中的所有基金分为四个组：费率最高的25%，费率次高的25%，费率次低的25%，最后是费率最低的25%。他发现，在随后的5年中，对于所有基金类型，低成本基金的表现均优于高成本基金。例如：对于小盘成长型基金来说，费率最低的25%的基金，它们从1996年至2001年的5年年化回报率为8.47%，而费率最高的25%的基金，它们的5年年化回报率为6.97%。对于大型混合型基金来说，低费率基金的优势减小，但仍很明显——每年胜出1.2%。

但是，有一些基金虽然收取了很高的费用，但它们设法战胜了同类基金，这些基金又如何呢？这不是表明基金经理的投资能力比费用更重要吗？并非如此。由于选择高费率基金的投资者经常会这样认为，因为这些产品提供了良好的过往业绩，为了观察他们的好运气是否会持续，斯科特仔细研究了这组业绩超出预期的高费率基金。为了找出那些费用较高，但在1991年至1996年期间其回报率处于最高的25%的基金，他仔细研究了晨星公司的数据。然后，他将该基金群组的随后5年的业绩与低成本基金的随后五年的回报率进行了比较。这些低费率基金与高费率基金属于相同类别，并且从1991年至1996年的回报率属于最低的25%。在随后的5年中，从1997年至2001年，拥有糟糕业绩的低费率基金击败了过去业绩良好的高费率基金。

人们通常认为，花费的钱越多，意味着你会获得越高的质量。毕竟，可以肯定地说，一辆花50000美元买的汽车会比另外一辆花15000美元买的汽车更好，即使你可能认为不值得花这笔额外费用。但是，在基金世界中，便宜的基金由优秀基金经理运营的可能性，与昂贵的基金一样大。例如：美洲基金华盛顿共同基金（American Funds Washington Mutual）雇用了一批经验丰富的管理人员，目前每年收取0.64%的费用。先锋优选大盘基金（Vanguard Primecap）也由一支出色的团队管理，目前仅收取0.46%的费用。由晨星公司两次年度最佳债券基金经理比尔·格罗斯运营的海港债券（Harbor Bond），仅收取0.57%的费用。

■ 比较费用比率

既然我们已经确定了费用比率的重要性，那么让我们来谈谈你应该注意些什么。首先，你需要注意，基金费率通常会因基金类型而异。通常，资产类别的收益越低，你需要支付的年度费用就越少。例如：货币市场基金和货币市场替代品（如：超短期债券基金）经常收取的年度运营费用为0.50%或以下，这是共同基金领域中最便宜的。在某种程度上，这是因为这些基金的运营成本不高（毕竟，选择期限很短的高质量债券并不需要进行大量研究），而且还因为基金公司知道，在这些资产类别中明显战胜竞争对手的机会并不大。如果一家基金公司的货币市场基金收取1%的费用，而大多数竞争对手收取0.50%的费用，那么高费率的基金经理几乎没有办法弥补这一费用上的劣势。

除了货币市场和超短期债券基金以外，常规债券基金是第二便宜的基金类型。你会发现很多很棒的核心固定收益基金的年度费率不到0.75%。更具体的债券基金类型，例如：高收益基金或新兴市场债券基金，可能会收取更高的费用，但通常，你应尝试将债券基金的费用比率控制在1%或以下。试想一下：如果债券基金的收益率为5%（属于当前不错的收益水平），那么你的基金的总回报率也容易接近5%。如果你的费用率超过1%，则将会扣除全部回报的20%！

股票基金通常会比债券基金收取更高的费用，有些产品收取的年度费用会超过2%。这就太高了。如果你正在寻找大盘基金来稳固你的投资组合，则可以找到很多很棒的产品，而这些产品的年度费率不到1%。你可能需要为更具体的股票基金类型（包括国际基金、小盘基金或特定行业基金）支付更高的费用，但是，不管哪种类型的基金，当年度费率高于1.5%时，你在购买之前都应该三思而行。图5.2列出的是各类基金的平均费率。

■ 了解销售费用

尽管我们一直在讨论为什么在投资基金时应注意保持低成本，但我们不同意这样一种说法，即有些人认为，所有投资者都只应考虑免佣基金（免

基金类别	平均费率（%）
大盘价值型	1.15
大盘成长型	1.31
大盘混合型	0.99
中盘价值型	1.29
中盘成长型	1.39
中盘混合型	1.32
小盘价值型	1.31
小盘成长型	1.44
小盘混合型	1.33
保守配置型，温和配置型	1.21
国外、欧洲、日本和世界	1.71
新兴市场（包括拉丁美洲和太平洋/亚洲）	2.08
所有行业基金	1.81
债券基金	1.12
高收益债券基金	1.28
新兴市场、跨行业和国际债券基金	1.34

图5.2 平均费用比率比较

佣基金是指你可以在不支付销售费用的情况下买进和卖出的基金；相反，含佣基金是要收取销售费用的，通常适用于那些在经纪人或理财师的指导下进行投资的人）。确实，我们承认，如果你选择免佣基金，总体投资成本通常会更低，而且我们也知道很多投资者精心建立了非常出色的免佣基金投资组合。但是，如果你不愿意亲自制订资产配置计划，选择具体基金并监控该投资组合，而选择付费给理财顾问或经纪人，让他们为你做这些事，那么这笔钱就花得值，即使这意味着需要支付销售费用才能买进或卖出基金。

然而，这并不是说你不应该仔细检查所支付的任何销售费用，实际上，你应该这样做。这些费用会自动从你的投资金额中扣除；你不需要亲自写一张支票去支付这些费用，因此，你甚至可能不会意识到自己正在付费，也不会意识到要支付多少金额。但是，你支付的销售费用类型可能会对整体投资组合的收益产生重大影响。近年来，基金行业出现了几个违规案例，在这些案例中，通过经纪人买卖基金份额时，投资者被多收了费用。由于这些原因，你需要了解不同的销售费用的具体情况，并询问你的经纪人你为什么要支付当前类型的销售费用。

尽管每个基金家族用英文字母表示成本的方式可能不一致，但是，基金公司通常会以A类份额、B类份额和C类份额来标识不同的成本结构。

收取前端费用的基金通常称为A类份额。基金的销售费用直接从你的初始投资中扣除。因此，如果你向普特南基金的A类份额投入10000美元，该类基金通常收取5.25%的前端费用，则你将支付525美元的佣金并向该基金投资9475美元。前端费用通常在3%至5.75%之间。如果该基金的年度费率相对较低，则A类份额通常是那些通过经纪人或理财顾问购买基金的长期投资者的最佳选择。

B类份额通常收取递延费用，这意味着你在卖出基金之前不会支付销售费用。你每年持有该基金的费用也会下降。尽管B类份额听起来不错，而且一些不道德的经纪人甚至告诉投资者他们不会为B类份额支付费用，但B类份额通常不是大多数投资者的最佳选择。实际上，包括富兰克林邓普顿在内的一些基金公司已经完全停止销售B类份额。B类份额通常对投资者不利，因为B股包括高额的年费，即12b-1费用，这是你的基金费率的一部分（12b-1费用是指允许基金公司收取用来抵销基金的营销和分销成本的费用）。经纪人通常喜欢销售B类份额，因为他们可以每年收取12b-1费用，但是，这些高昂的持续成本可能会严重拖累你的收益。因此，如果你的经纪人建议你考虑某只基金的B类份额，请一定要问一下你的经纪人，为什么不选择A类份额。而且，如果你确实选择了B类份额，那么至少应寻找具有转换功能的后端收费份额。在这种类型的基金中，对于持有该基金已有一定年限的投资者而言，后端收费份额实际上成为前端收费份额，而前端收费份额几乎总是具有较低的12b-1费用。

具有分级费用的基金通常称为C类份额。它们没有初始销售费用（或1%至2%的相对较低的费用）。但是，如果你长年持有该类份额，这些基金会通过每年收取年费（通常为大约1%）来进一步补偿向你出售基金的经纪人。这对经纪人来说是件好事，但对股东而言意味着更高的年度费用。

例如：斯卡德基金的C类份额没有初始销售费用，但它们每年的销售费用要高于该公司的A类份额和B类份额。对于打算在很短的时间内持有某只基金的投资者来说，分级收费的C类份额可能是有意义的，但对于长期投资者而言，它们是特别糟糕的选择。一次性支付一笔前端费用，这要好过让较高的费用每年都侵蚀你的回报。

遗憾的是，基金的份额类型不仅仅包括A类份额、B类份额和C类份额。你还会看到一些公司有I类份额；这些通常是针对机构投资者的，并且成本较低，但要求很高的最低投资额，例如：100万美元。有时，你还会发现R类份额、S类份额或Z类份额。这些通常是原先的免佣基金被含佣基金公司接管；它们通常不对新投资者开放。最后，一些免佣基金有专门为大型投资者或退休计划设计的份额类型（顺便说一句，你应该知道，我们认识到普通投资者对所有这些用不同字母表示的份额和惯例都会感到困惑。这就是为什么我们几年前在晨星公司的网站上写了一篇专栏，恳求基金公司"停止份额分类的疯狂行为"。但这并没起作用）。

除了确保你选择了合适的份额类型之外，还要确保根据你的投资规模询问经纪人，你是否有资格获得费用折扣。如果你的投资金额达到一定界限，例如：75000美元或50000美元，大多数基金公司都会收取更少的费用，并且为了获得费用折扣你可以将多个账户合计为一个账户（一些经纪公司最近因未能向有资格获得这些折扣的投资者提供这些折扣而惹上麻烦，因此，你的经纪人应该清楚地知道这个问题，并且很愿意告诉你折扣界限）。

如果你自己挑选基金，则绝对没有理由支付任何费用。对于几乎所有的收费基金，你都可以找到一只合适的免佣基金作为替代。考虑到销售费用会削减你的本金，即使免佣基金不如含佣基金表现好，你通常也可以获得更好的回报。

■ 注意隐性成本

注意基金的费用比率和销售费用固然很重要，但这两项费用并不能体现所有持有成本。例如：一些与基金相关的其他费用来自你的回报，但未反映在该基金的费用比率中。

以经纪佣金为例。你的基金经理在买进或卖出投资组合中的股票和债券时必须支付这些费用，但是，基金公司在计算基金费用比率时不必包括这些费用。你希望基金的交易成本低于你为执行交易而支付的费用；毕竟，基金通常交易大量股票，因此，它们应该能够协商费用折扣，对吗？好吧，既对又不对。对于基金投资人来说，遗憾的是，一些基金公司支付的交易费用高于其进行交易所需的费用，因为它们支付更高的佣金是为了从经纪商那里获得研究报告和其他好处。一些基金公司会开展定向经纪[①]业务，它们为了让自己的基金进入经纪公司的"优先名单"，而向其支付了虚高的交易佣金，在2004年，监管机构禁止了定向经纪。

基金还要面临所谓的市场冲击[②]成本（market-impact costs）。这意味着，如果你的基金经理想要大量买入或卖出某只股票，那么该基金有可能不得不以更不利的价格交易该股票，而在交易更少数量的股票时则不会对该股票的价格造成影响。例如：假设你的基金经理打算购买某只小盘股的100万股股票。如果该股票通常每天只能换手10万股，这意味着你的基金经理至少需要10天才能完成你的基金交易。同时，该股票的价格可能会越来越高，从而减少了你的基金经理的盈利金额。

如果这些费用未包含在基金的费用比率当中，那么你应该怎样跟踪并控制它们呢？我们有如下一些建议。为避免基金交易成本拖累你的收益，

---

① 定向经纪（directed brokerage）涉及共同基金与经纪商之间的不当行为，其中经纪商向客户推荐共同基金，作为回报，共同基金向经纪商发出买卖股票及债券的指令。——译者注

② 市场冲击（Market impact）是指由于执行指令而发生的任何价格变动所引起的成本。——译者注

我们强烈建议你重点关注那些交易量不大的基金。指数共同基金，特别是那些专注于大盘股的共同基金，通常会限制其交易成本，因为它们只需参照某个指数的成份股来调整投资组合。你也可以寻找那些换手率较低的主动型基金，这表明它们的基金经理喜欢在买入股票后一直持有。换手率为25%或以下（表明其基金经理每4年对其投资组合进行一次彻底的调仓）的基金，其交易成本通常低于换手率为100%的基金。

如何限制市场冲击成本呢？（你的基金经理在交易股票时存在着以不利价格交易股票的风险）具有如下几个特征的基金很可能会承担这些隐性成本。首先，由于高换手率基金的交易比较频繁，所以基金经理更容易冒着极大的影响股价的风险进行股票交易。其次，对于那些交易小盘股的基金来说，由于小盘股的流通股数量总是少于大盘股，所以它们的回报率也可能受到市场冲击成本的侵蚀。最后，对于具有较大资产基础的基金，市场冲击成本往往是一个更大的问题，这仅仅是因为，相比小型基金的基金经理来说，大型基金的基金经理必须分批买进或卖出更多的流通股。我们并不是说，仅仅因为一只基金的资产基础庞大、换手率高或专注于小盘股，你就应该自动放弃该基金。但是，如果你所考虑的基金具有不止一个风险因素，那么你最好考虑一下市场冲击成本是否最终会拖累自己的收益。

■ 关注税收效率

税收成本也可能会削减你的收益。实际上，尽管共同基金具有很多优点，但基金的税收处理却是一个主要缺点。在管理你的投资组合时[例如：在你决定在应纳税账户中持有某只基金还是在像401(k)退休计划账户这样的避税账户中持有时]，请注意税收影响。

作为基金持有人，税收可以通过几种不同的方式打击你。首先，如果你在应税账户获得收益后卖出一只基金（例如：你在5年前投资了10000美元，现在有了20000美元），则必须为其中的收益缴税。同样，如果你从某基金获得收入分配（例如：你的债券基金支付了你的利息收入，并且你将这笔资金用于支付生活费用或对该基金进行再投资），那么你必须为这些收入缴税。在这些方面，共同基金与直接持有股票和债券没有什么不同。

但是，在你没有卖出任何基金份额的情况下，你也可能会被征税。这是因为，当基金本身卖出持股并实现资本收益时，它们必须将这些资本收益分配给它们的股东，而股东又必须为这些收益缴税。即使你没有实际拿到并花掉这笔资金，而是将你的基金的利息收入和资本收益重新投资到了该基金中，这个原则也同样适用。

那么，如何限制税收对投资组合的影响呢？首先关注你可以控制的部分。当然，你可以通过限制应纳税账户中的交易量来发挥自己的作用。采用买入并持有策略的基金投资者往往比那些进行大量交易的投资者更为成功。采用低换手率策略也具有一定的益处，既限制了你必须纳税的资本收益总额，这反过来又意味着你将有更多的资金在市场上为你工作。

除了限制自己在应纳税账户中的交易以外，你还可以仔细地找出那些一直以来在控制税收方面做得很好的基金。所谓的税收管理基金是明确以限制税收影响为目标的基金。负责这些工具的基金经理通常很少进行交易，并通过实现投资组合中其他持股的亏损来主动抵销资本收益。市政债券基金的利息收入可以免除联邦税（某些情况下为州税），这对于应税账户也是一个不错的选择。此外，某些采用极低换手率策略的基金（例如：换手率在10%或以下的那些基金）对于应税账户是有意义的。由于基金经理所做的交易数量不多，因此，该基金不太可能实现可观的资本收益。

晨星提供了一些单独的统计信息，以帮助你了解与基金的税收相关的成本，并确定该基金最适合用于避税账户还是应税账户。所有这些统计信息都可以在《晨星共同基金》杂志（可在公共图书馆获得）或者在晨星公司的网站的税收分析（Tax Analysis）页面获得。

为帮助投资者确定基金过去的税收效率，我们为每只基金提供了过去3年、5年和10年期间的税收调整后的收益。基本上，税收调整后的收益体现了投资者在计入所有利息收入以及短期和长期资本收益后的盈利（或亏损）（出于该统计的目的，我们假设投资者为每种收益分配都支付了最高税率）。例如：截至2005年初，美盛价值基金（Legg Mason Value）的3年期税收调整后收益与税前收益相同，这是因为基金经理比尔·米勒的交易很少，并尽量限制了应税金额，使用应税账户的投资者所获得的实得收益几乎与使用避税账户的投资者一样多。N/I数字投资者小盘价值基金（N/I Numeric Investors Small Cap Value）的表现也很出色，但其税收却占了回报的很大一部分。截至2005年1月，该基金的3年期税前收益为20.51%，而其税收调整后收益为15.11%，减少了5个百分点以上！

同样，我们还提供了每只基金的税费比率。基本上，税费比率表示扣除税金后年度回报率减少的百分比（同样，出于统计目的，我们假设投资者处于最高纳税等级）。因此，该数字越大，该基金对应纳税账户的吸引力就越小。在这方面，基金的税费比率与其费用比率相似，即越低越好（不过，与费用比率不同，税费比率不会从基金的已公布回报率中扣除）。

最后，为帮助投资者确定基金未来的税收友好程度，我们还提供了一项称为潜在资本收益风险敞口的统计数据。本质上，潜在资本收益风险敞口向你显示了如果基金今天要清算的话，该基金的净资产中有百分之几要征税（这个数字，与税收调整后收益和税费比率相似，可以在晨星公司的网站上的"税费分析"页面或者《晨星共同基金》杂志中获得）。数字越大，表明其基金经理一直满足于持有其赢家股票，因此，该基金账上有很多未实现的收益。虽然不必将潜在的高资本收益风险敞口数字视为一个迫在眉睫的威胁，但投资者应该知道，如果新的基金经理加入该基金，或者如果该基金经理被迫卖出股票以满足投资者的赎回需求，那么其股东就会收到税收账单。出现负数时，表示该基金有未实现的亏损，这些亏损可以用来抵销未来的收益。

■ 投资者检查清单：控制成本

▶ 做个精打细算的小气鬼。当你寻找基金时，你需要关注低成本。寻找费用比率低于0.75%的债券基金和费用比率低于1.00%的股票基金（你可能需要为特定行业股票和债券基金支付更高的费用，但核心基金应在这些参数之内）。

► 检查你所持有的基金的费用比率。如果某些产品的费用比率高于其所属类型的正常水平，则需要查看是否可以转换到费用更低的基金。

► 如果你通过经纪人购买基金，则需要弄清你要支付的费用金额，并确保所获得的建议物有所值。

► 如果你打算购买含佣基金并长期持有，那么收取前端费用的基金（通常称为A类份额）通常是最好的选择。

► 注意隐性成本。高换手率的基金通常具有较高的交易成本，并且也容易受到所谓的市场冲击成本的影响。小型基金公司的基金，特别是资产基础庞大的基金，也容易受到市场冲击成本的影响。

► 如果你在应税账户中持有基金，需要寻找一个旨在限制税收的基金。税收管理基金、市政债券基金和超低换手率基金都符合要求。

HOW TO FIND IDEAS FOR
YOUR PORTFOLIO

第二部分
如何建立投资组合

HOW TO FIND IDEAS FOR
YOUR PORTFOLIO

第 6 章

为你找到合适的核心股票基金

假设你已经确定某只基金的所有主要指标都达到了标准——回报率稳定，风险不高，拥有经验丰富的基金经理并且费用合理。但是，这样仍然无法确保它是适合你的基金。要想确定这一点，你需要更好地了解该基金的投资方式以及其投资策略是否符合你的投资目标。

对于每位投资者来说，一只或两只核心股票基金大都可以构成其投资组合的基础，所以你应该花更多的时间来了解不同核心基金策略之间的细微差别。在晨星公司，我们坚信，如果投资者购买一只基金并长期持有，那么他将会更加成功。因此，你必须了解核心股票基金所采用的策略，并相信它对你和你的投资目标都具有重大意义。如果你了解并相信自己的基金策略——无论是采取逢低买入策略的基金，还是旨在跟踪某个市场基准的超低成本指数基金——那么你更有可能明智地使用该基金，例如：当该基金表现不佳时能够继续坚定地持有该基金。

■ 确定核心股票基金

很明显,一只适合投资期限为45年的投资者持有的基金,可能与适合退休人员持有的基金有很大差异。但是,不管投资者的投资期限如何,他(她)的投资组合的核心资产都应至少持有一只或两只核心股票基金。在本书的第三部分中,我们将会讨论将资产配置到不同基金类型的一些具体策略,但是,一般而言,你应该至少用75%的资产配置所谓的核心股票基金。

当我们谈论核心基金时,通常指的是在不同行业和个股之间广泛地进行分散投资的那些基金。此外,我们认为核心基金通常不会将其大部分资产配置到小盘基金,而是集中配置到大盘基金。为什么执着于大盘股呢?对于初学者而言,大盘股的波动性通常要小于小盘股(尽管小盘股近期表现强劲)。这也是因为大多数投资者都不希望他们的核心股票与美国整体股票市场的表现严重不同步。由于以道琼斯威尔希尔5000指数为代表的美国股票市场,目前大约有70%的资产属于大盘股,因此,我们有理由认为,你持有的资产也应该侧重于大盘股。对于大多数投资者来说,我们建议他们的大部分资产应该属于晨星分类中的大盘成长型、大盘混合型或大盘价值型基金。

一些外国股票基金,属于晨星分类中的外国大盘混合型、外国大盘价值型和外国大盘成长型基金,它们也是很好的核心资产品种(我们将在第7章中更详细地讨论外国股票基金的投资)。另外,获取核心资产风险敞口的一种切实可行的方法是购买一只将股票和债券组合在一起的多合一基金

（我们将在第12章中讨论这些基金以及其他一些能够简化你的投资生活的策略）。

■ 了解价值型基金

选择核心股票基金时，需要做出的一个关键选择，那就是在价值型、成长型或平衡型的股票基金之间做出选择（有关如何定义投资风格以及为什么投资风格如此重要的详细介绍，请参见第1章）。

为了说明成长投资和价值投资之间的区别，以房地产市场为例可能有助于你理解这种区别。一个房地产购买者（把他看作价值型投资者）可能更倾向于选择位于不太理想的地段，并且价格较低的房子。当然，这样的房子需要进行一些修复，而且所在街区也并不是最好的。但是，这里的房子靠近市区，市区的房产市场正开始复苏。他认为，在某个时候，这个房子的价格会急剧上涨，因此，他愿意等待一些不景气的年份。相比之下，成长型投资者认为，等待不是很抢手的房子涨价是荒谬的，也许它永远也不会升值。她希望选择那些长期以来一直属于黄金地段的最理想的房子。当然，那里的价格很高——一直以来都是如此。但这是因为该街区位于市中心，拥有该地区最好的学校，并拥有设施完善的精心建造的房子。成长型投资者认为，在该地段的房子永远是理想的选择，因此，她愿意为此付出相对较高的价格，因为她知道，当她想出售房子时，有人愿意为之付出更高的价格。

当然，并非所有价值型基金（或成长型基金）都是相同的。不同的人对有价值的事物有着不同的定义。也许你可以把你买的鞋子看作一笔划算的交易，因为你在折扣店只花了14.99美元。同时，你的朋友认为，她的名牌鞋子（125美元）是物有所值的，因为她以低于全价的价格买到了这双鞋。购买价值型股票的基金经理表达了相似的分歧观点。所有价值型基金经理都会购买那些他们认为价值远高于当前价格的股票，但他们会争论什么才是有价值的。基金经理如何定义价值将会决定投资组合包括什么资产以及该基金的表现。

例如：同一基金家族的两只基金，先锋温莎基金（Vanguard Windsor）和先锋温莎II基金（Vanguard Windsor II）。它们都是大盘价值型基金，但是，近年来的表现却大相径庭。在2001年的价值股反弹中，先锋温莎基金上涨了5.7%，而先锋温莎II基金下跌了3.4%。然而，在2002年，先锋温莎基金下跌了22.3%，而先锋温莎II基金下跌了近7%。为什么？因为它们的基金经理使用非常不同的方法。具体来说，先锋温莎基金的基金经理们专注于他们认为将要反弹的疲软行业，他们会购买最便宜的股票。更重要的是，首席基金经理戴维·法斯纳赫特（David Fassnacht）并不担心添加那些其他投资者正在出逃的股票，或在陷入困境的公司中建立大量头寸。由于温莎团队对较差的公司感兴趣，他们有时确实会受到伤害。2002年时，该基金在世通公司（WorldCom）中投入了3%的资产，在阿德尔菲亚通信公司（Adelphia Communications）中投入了2%的资产，在当年初这两只股票下跌时，该基金团队将这两家公司添加进了投资组合。由于对资产负债表外债务及其最终破产的担忧不断加剧，这两只股票在2002年的表现极其让人失望。

同时，先锋温莎II基金也倾向于大量配置便宜股票，但其基金经理更加关注公司的盈利能力。先锋温莎II基金的基金经理们也偏爱那些支付高额股息的公司，因为他们认为这些股息是公司财务稳定的表现。结果，该基金所持有的不良资产少于温莎基金。这种投资策略在2001年严重拖累了先锋温莎II基金，但在2002年对其收益有所贡献。投资者要想仔细研究这两只基金如何以不同的方式实施价值型投资策略，请查看图6.1，这两只基金的投资组合中的前十大持股只有少数是相同的。

价值策略分为相对价值阵营和绝对价值阵营。一些价值基金经理还会寻找股息收益率较高的股票。在每个阵营内部又有些差别。实际上，先锋温莎基金和先锋温莎II基金采取的都是相对价值策略。

■ 了解相对价值型基金

采用相对价值策略的基金经理偏爱那些相对于某些基准而言看起来较为便宜的股票。换句话说，价值是相对的（就像你的朋友能够有理由认为她花125美元买的鞋子很划算，因为其价格相比200美元的全价明显降价了）。这些基准可以包括以下一项或多项衡量指标。

股票的历史价格。对于价值型基金经理来说，股价低于正常水平的股票可能是具有吸引力的选择。低于正常水平的股价可以用较低的市盈率（价

先锋温莎基金的前十大持股（资产组合日期：2004-12-31）	净资产（%）
花旗集团	5.06
美国银行	3.65
康卡斯特	3.35
泰科国际	3.24
房利美	2.46
惠氏	2.41
应用材料	2.32
辉瑞	2.19
时代华纳	2.16
TJX公司	2.02
先锋温莎II基金的前十大持股（投资组合日期：2004-12-31）	净资产（%）
富国银行	2.99
西方石油	2.70
花旗集团	2.63
康菲石油	2.46
美国银行	2.48
奥驰亚集团	2.48
摩根大通	2.43
圣达特	2.42
雪佛龙德士古	2.06
帝国烟草集团	2.05

图6.1 对价值的不同定义使这些基金建立了不同的投资组合

格/收益）、市现率（价格/现金流量）、市净率（价格/账面价值）或市销率（价格/销售额）表示。通常，由于一些坏消息，这些公司的股价较低，而市场往往会对此反应过度。例如：由于市场爆出关节炎药物的坏消息，在2004年和2005年初，像默克和辉瑞这样的医药股发生了大跌，许多基金经理都将这次暴跌视为买入机会，包括先锋温莎基金和先锋温莎II基金。他们注意到股票的价格已经低于多年以来的正常水平，并且相信这些公司可以克服当前的问题。

公司的行业或子行业的一般股价水平。基金经理可能会认为,与同行业中的竞争对手相比,一只股票的价格不该这么便宜。例如:在2005年初,美盛价值基金的基金经理比尔·米勒在其基金中添加了医疗保险提供商安泰保险(Aetna),理由是该公司的股价没有理由大幅低于其竞争对手联合健康保险(United Health)。有时候,这种想法会适得其反。毕竟,结果可能只是证明竞争对手的公司被高估了。

市场。在这种情况下,一家优质的公司可能会因为其整个行业不受欢迎而受到拖累。这种情况在所谓的周期性行业中很常见,这些行业在经济增长时表现最佳,而在经济遇冷时表现低迷。能源、基础材料和制造公司通常被认为是周期性的,许多技术硬件公司也是如此。例如:在2004年中期,先锋温莎基金开始购买与半导体相关的公司股票,这些股票之所以会下跌,是由于市场担心这类公司未像某些市场观察家所认为的那样在技术装备上投入大量资金。

通常,相对价值型基金在各种市场条件下都能表现出色,而不仅仅是在真正便宜的股票有市场需求时。例如:尽管科技股在20世纪90年代后期飙升,使得许多价值型基金只能在场外观望,但某些相对价值型基金实际上在那段时期表现相当出色,因为它们配置了一些它们认为在其行业内相对便宜的科技股,即使这些股票的整体价格偏高。相对价值方法的主要缺点是,这些基金也可能会更多地参与波动性较大的行业,其中科技股和电信股就是最好的例子(对于相对价值型基金的选择,请参见图6.2)。

美洲华盛顿共同基金	湾岸基金
道奇·考克斯股票基金	先锋成长收益基金
ICAP精选股票基金	先锋温莎基金
骏利中盘价值基金	先锋温莎II基金

图6.2 采用相对价值策略的基金

■ 了解绝对价值型基金

一些基金经理，例如：FPA资本基金（FPA Capital Fund）的鲍勃·罗德里格斯（Bob Rodriguez）、第三大道基金（Third Avenue）的马丁·惠特曼（Marty Whitman）和柯蒂斯·詹森（Curtis Jensen）等，以及一些管理团队，例如：奥克马克基金和长叶合伙人基金的管理团队，他们都采用绝对价值策略，并且通常被认为是严格的价值投资者，而非相对价值投资者（沃伦·巴菲特虽然不是基金经理，但可能是采用绝对价值策略的最著名的投资者）。绝对价值型基金经理不会将股票的价格比率与该公司的历史水平、其他公司数据或者整体市场数据进行比较。相反，他们试图评估一家公司的真实价值，并希望以比真实价值低得多的价格买入该股票。如果股票的价格没有明显低于真实价值，那么即使股价低于其所有竞争对手或标准普尔500指数的平均水平，他们也不会对这只股票感兴趣。

绝对价值型基金经理会使用多个因素来确定公司的价值，他们通常会考察公司的资产、资产负债表和增长预期。他们还会研究私人购买者为同类公司支付的价格。对于比尔·尼格伦来说，确定公司的私募市场价值是一个关键工具，比尔·尼格伦使奥克马克精选基金和奥克马克基金成为最受价值型投资者欢迎的基金。

根据一般经验，绝对价值型基金经理通常会将重点放在传统价值行业中的公司，包括金融公司、基础材料与制造公司以及能源公司。但是，其中的一些基金如果发现有公司的股价低于其真实价值，它们也会涉足一些传统成长行业，包括科技、医疗保健和零售。例如：第三大道基金的马丁·惠特曼和柯蒂斯·詹森长期以来一直习惯在下跌时买进半导体制造商。近年来——甚至到2005年，奥克马克的比尔·尼格伦也在不断地投资时代华纳、盖璞和迪士尼等当时的成长型股票。

相比相对价值型基金经理，绝对价值型基金经理可能更愿意在有上涨潜力的行业下注。例如：虽然一些相对价值型基金经理努力使他们投资组合的行业权重与标准普尔500指数大致保持一致，但很少能找到一个顾及这类问题的绝对价值型基金经理。例如：在20世纪90年代后期，大多数绝对价值型基金都避开了科技股。如此大规模的反科技配置意味着这些产品错过了该行业的大幅上涨，但是，当该行业最终陷入困境时，这也使它们比相对价值型基金处于更有利的位置。一些绝对价值型基金经理也会将资产集中投入到表现低迷的便宜股票上。这个问题（也称为投资界的价值陷阱）说明了投资于便宜股票的一项主要风险：你可能正在购买将会变得越来越便宜的股票。

如果你拥有绝对价值型基金，请做好耐心度过低迷期的准备，不要指望你的基金与广泛的市场指数（例如：标准普尔500指数）保持一致。遵循严格价值策略的基金经理往往具有更强的耐心,而且他们通常不会受到市场潮流的影响。被严重低估的股票可能要经过很长一段时间才能得到回报,尤其是当该股属于被市场冷落的行业的时候。但是,从长期来看,绝对价值策略通常可以帮助基金实现强劲的长期回报(对于绝对价值型基金的选择,请参见图6.3)。

快船基金	共同合格基金
FPA资本基金	奥克马克基金
海港价值基金	奥克马克精选基金
长叶合伙人基金	斯卡德卓曼高回报股票基金
共同希望基金	第三大道价值基金
共同份额基金	

图6.3 采用绝对价值策略的基金

■ 了解收入导向价值型基金

价值型基金的另一个子集是那些专注于高股息收益率公司的基金。除了寻找高股息收入的股票之外,此类基金还会使用绝对或相对价值策略。这些基金经理之所以采用这种方法,有如下几个原因。首先,正如我们在先锋温莎II基金的案例中指出的那样,一些基金经理可能认为,如果一家公司能够以股息形式分配其部分收益,这是证明其财务实力的重要标志。其他以收入为导向的基金经理可能认为,高股息收益率是便宜股票的一个好的信号(公司的股息收益率是通过将其股息除以股价计算得到的,因此,如果公司的股价下跌,其股息收益率将一直上升)。其次,一些价值型基金经理会专注于支付股息的股票上,因为有些投资者希望通过共同基金获得固定收入来源,而这类股票能够满足这些投资者的需求。最后,这个群组是股票基金的一个下跌的子集,主要是因为最近大多数普通股票分配的收入减少了。

■ 知道何时进行价值投资

尽管价值投资具有很多直观的意义(毕竟,大多数理智的人都会同意,买便宜的股票要比买高价的股票更好),但它并不总能带来回报。价值股和成长股都可能受到重大业绩波动的影响。20世纪90年代初至90年代中期,随着上市公司走出衰退,在这期间价值型策略表现良好,但在90年代的最后几年,成长股主导了市场。以价值为导向的投资者在1998年和1999年的业绩表现非常糟糕,以至于一些评论家宣告了价值投资的消亡。科技股大跌时,便宜的工业制造商和基础材料生产商、烟草股以及疲软的金融股受到了市场冷落。结果导致投资界发生了翻天覆地的变化。在价值基金跌到低谷时(2000年春季),著名的对冲基金经理朱利安·罗伯森(Julian Robertson)的公司倒闭了,奥克马克基金的价值投资者罗伯特·桑伯恩(Robert Sanborn)被束之高阁,富达基金的总基金经理乔治·范德海登(George Vanderheiden)退休了。

但是,就在事情似乎不会变得更糟的时候,价值型基金经理却笑到了最后。在2000年3月至2003年3月惨淡的熊市期间,价值型基金的表现要比成长型基金好得多,在随后的反弹中,它们的表现也相当不错。结果,在截至2005年初的5年中,大盘价值型基金的平均年化回报率约为7%,而大盘成长型基金却平均亏损了近9%。

尽管一般而言,价值型基金的波动性要低于成长型基金,但这并不能保证安全性。在以前的多次市场衰退中,例如:1990年的周期性金融衰退、1994年的公共事业股崩盘,以及1998年夏季的亚洲金融危机,价值型基金损失的资金甚至比成长型基金更多。有关我们最喜欢的大盘和中盘价值型基金,见图6.4和图6.5。

美洲华盛顿共同基金	该基金几乎具有保守价值型基金应具备的一切特征:经验丰富的管理团队、奉行温和的投资策略、较低的费用比率和良好的税收效率。
快船基金	该基金的管理团队通过建立一个较为集中的股票投资组合取得了出色的业绩记录,其投资组合中的股票价格明显低于其内在价值。随着时间的流逝,他们严格的纪律使其保持了稳定的业绩。
ICAP精选股票基金	基金经理罗伯·里昂(Rob Lyon)仅对20家估值合理且增长前景良好的公司进行投资。他交易比较频繁,这使其成为更合适税收优惠账户的资产。
奥克马克基金	晨星公司最喜欢的选股者之一,基金经理比尔·尼格伦买进那些价格低于内在价值的中盘股和大盘股。尼格伦在这只基金上的业绩记录非常出色。
奥克马克精选基金	奥克马克基金,像基金经理比尔·尼格伦负责的其他基金一样,该基金投资于被低估的股票。它比基金家族中的其他基金的集中度要高很多,但是,通常一次只持有15只到20只股票。
湾岸基金	其管理团队为该基金建立了一个包括约40只中盘股和大盘股的投资组合,这些公司的交易价格远低于其历史估值比率。利用这一策略,这支经验丰富的团队建立了非凡的长期记录。

普信股票收益基金	资深基金经理布莱恩·罗杰斯的保守投资方式使该基金在下跌市场中免受影响。与美洲华盛顿共同基金一样，这是一只能规避风险的支付股息的基金。
先锋美国价值基金	GMO公司（Grantham, Mayo, Van Otterloo）是一家一流的资产管理公司，并为先锋公司运营该基金，它们使用定量模型来为该基金挑选股票。低成本是其主要吸引力。

图6.4　我们最喜欢的大盘价值型基金

骏利中盘价值基金	首席基金经理汤姆·珀金斯（Tom Perkins）是一位眼光独到的便宜股猎手。该基金当然有可能产生亏损年份，但它已经创造了这类基金的最好的长期业绩纪录之一。
先锋精选价值基金（Vanguard Selected Value）	该基金的特点是经验丰富的管理人员，自从现任首席基金经理在1999年接任以来，一直保持着良好的业绩纪录，而且费用较低。但是，其投资组合的集中度有些高，因此，投资者应该做好经受大幅波动的准备。
韦茨价值基金（Weitz Value）	基金经理沃利·韦茨（Wally Weitz）拥有真正的逆势投资才能，如果找不到足够的现金流，他通常会持有现金，这会让他有机会以低价买进股票。这里的投资者需要有耐心，但韦茨已经证明了自己的才能。

图6.5　我们最喜欢的中盘价值型基金

■ 了解成长型基金

　　价值与成长通常被认为是投资的对立面，这是有充分理由的。与寻找便宜股相比，大多数成长型基金经理对公司的收益或收入以及股票的价格升值潜力更感兴趣。一般而言，成长型基金的价格比率要比价值型基金高得多。这是因为成长型基金经理认为，如果一家公司有能力创造高质量的产品和服务，那么投资者将来会愿意为此支付越来越高的价格。

这就是成长投资背后的一般哲学。但是，值得注意的是，像他们的价值型竞争对手一样，成长型基金经理会采用不同的投资风格。这些投资风格将会影响基金的业绩以及风险。

■ 了解收益型基金

大多数成长型基金经理会使用以收益为导向的策略，这意味着他们以公司的收益增长为标准来确定公司的增长速度。他们选择的公司，其收益增长应该明显快于其所在行业或整个市场的平均增长水平。

在成长型基金经理当中，收益动量型基金经理是目前最为冒险的。你可能知道他们的口头禅是"高买，更高卖"。动量投资者会购买那些快速成长的公司，他们相信这些公司能够带来收益"惊喜"，例如：盈利高于预期或者其他推动股价上涨的利好消息。当收益增长放缓时，这些基金经理可能会卖掉该股票。这可能是未来收益下降的预兆——收益意外下降，这将会推动股价下跌。

收益动量型基金经理通常很少在意股票价格。相反，他们的重点在于寻找收益加速增长的公司，以及寻找已经显现出赚钱效应的股票并把握它的上升趋势。因此，只要收益继续保持快速增长，这些基金就可以持有很多高价股。持有很多高价股的基金通常会承担很多价格风险，因为一旦产生关于收益的不利消息或其他不利事件，并导致其他持股人出逃，那么这类股票的价格可能会急速下跌。

收益动量法最著名的支持者之一是美洲世纪基金团队。创始人吉姆·斯托尔斯（Jim Stowers）于1971年开始以收益动量投资方法管理其家族基金。其他主要的动量支持者还包括范瓦格纳新兴成长基金的基金经理瓦格纳（Garrett Van Wagoner），以及AIM、Turner和PBHG等基金公司。这些基金在有利的市场环境中取得了可观的回报：范瓦格纳新兴成长基金的基金在1999年获得了惊人的291%的收益。不过从那以后，它一直处于亏损状态。该基金在2000年下跌了20.9%，在2001年又下跌了59.7%，在2002年进一步下跌了65%。在2003年反弹之后，在2004年下跌了16%。范瓦格纳的基金是收益动量投资风格中最极端的例子。其他收益动量型基金则没有那么不堪，实际上很有可能为长期投资者提供可观的回报。

然而，根据晨星公司的经验，收益动量型基金的关键问题在于，大多数投资者在其表现不佳时很难坚持持有该基金。因此，对于大多数投资者而言，收益动量型基金可能不会成为有价值的核心资产。由于买进和卖出的时机不佳，截至2005年初的10年期间，PBHG成长基金（PBHG Growth）平均每年亏损1.4%，相比之下，如果在这段时间的初期坚持买入并持有策略，那么每年可以获得3.9%的收益。在我们研究其他动量型基金时，发现它们的模式是相同的。在10只主要的动量型基金中，有9只基金，投资者的实际回报率明显低于其报告中的预期回报数字。如果投资者想要购买动量型基金，需要确保自己可以忍受大幅下跌。遵循严格的平均成本策略[①]

[①] 即你定期（例如：每月）向基金投资一定数量的资金。——作者注

可以平滑由动量方法导致的大幅波动，同时避免在错误的时间买进或卖出基金。有关动量基金的选择，请参见图6.6。

AIM积极成长基金（AIM Aggressive Growth）	布兰迪基金（Brandywine）
AIM星座基金（AIM Constellation）	PBHG成长基金
AIM魏因加滕基金（AIM Weingarten）	特纳中盘成长基金（Turner Midcap Growth）
美洲世纪赠与信托基金	范瓦格纳新兴成长基金
美洲世纪传统基金（American Century Heritage）	先锋成长股票基金（Vanguard Growth Equity）
美洲世纪精选基金（American Century Select）	

图6.6　采用动量策略的基金

■ 了解收入型基金（Revenue-Driven Funds）

并非所有的成长股都有收益。尤其是年轻公司的股票（通常是科技和生物技术领域的公司）可能不会连续数年产生收益，因为它们的支出超过了收入。一些成长型基金经理会在它们产生强劲收入（Revenues）时购买此类公司（收入仅是公司的销售额；收益是扣除成本后的利润）。由于无法保证没有收益的公司何时会实现盈利或是否会盈利（以许多2000年倒闭的互联网公司为例），这种方法可能有风险。例如：骏利基金在20世纪90年代后期持有一些没有收益的股票。当市场仍然看涨时，他们获得了惊人的回报，但是，当市场从2000年至2002年转向时，他们的亏损比许多竞争对手都要多。20世纪90年代后期，许多专注于公司收入的成长型基金经理已经放弃了他们的策略，因为他们投资组合中的许多股票因网络泡沫破裂而崩盘。与收益动量型基金一样，此类产品的波动性太大，无法作为大多数投资者的核心资产。

■ 了解蓝筹成长型基金

一般而言，蓝筹成长型基金可以作为投资者投资组合的优质核心资产。它们的基金经理的选股目标是那些以缓慢而稳定的方式不断增长的公司。缓慢而稳定增长的这类公司通常始终包括沃尔玛和宝洁等蓝筹股。只要这些股票继续产生良好的收益，这些基金经理就会继续持有它们。蓝筹成长型基金通常比其他成长型基金的价格比率更低，并且在缓慢的经济环境中通常有着相对较好的表现，因为它们偏爱那些收益不依赖于经济增长的大型公司。但是，当稳定的成长股成为领涨股时，如1998年以及20世纪60年代末和70年代初的"漂亮50"①鼎盛时期，这些基金所承受的价格风险与那些更激进的基金同样多。因采用这种适度收益增长策略而闻名的基金包括ABN AMRO/Montag & Caldwell成长基金以及德雷福斯增值基金。

缓慢而稳定投资风格的另一个很好的例子是美邦积极成长基金（Smith Barney Aggressive Growth）。基金经理里奇·弗里曼（Richie Freeman）的投资目标是拥有优秀产品线的公司，其公司管理人员持有大量自身公司的

---

① "漂亮50"（Nifty Fifty）是美国股票投资史上特定阶段出现的一个非正式术语，用来指20世纪60年代和70年代，纽约证券交易所交易的50只备受追捧的大盘股。"漂亮50"的一个主要特征是盈利增长稳定，同时也具有较高的PE比率。这些股票被视作可以"买入并持有"的优质成长股，同时也成为20世纪70年代早期牛市行情的重要推动力量。——译者注

股票，并且在基金行业中处于领先地位。一旦找到这类公司，他就会一直持有下去。该基金的平均持有期接近10年，其中一些最大的长期赢家在该投资组合中的存续时间更长。尽管美邦积极成长基金的持有期比成长型基金的平均持有期要长得多，但许多最成功的成长型基金经理也会继续持有它们的赢家。我们经常听到投资组合经理说，过早兑现利润是成长型投资者可能犯的最大错误之一。

■ 了解何时进行成长投资

不同的成长型投资策略在不同的市场环境中有着良好的表现。当投资者担心经济疲软时，蓝筹股成长策略通常效果最佳。当经济增长下滑时，制造业和基础材料股票将会遭受损失，但是，增长较为稳定的公司，并且当其产品和服务被认为是必需品时，它们通常能够保持良好的表现。

采用更积极成长策略的基金，比如收益动量型产品，往往需要在更活跃的经济环境之下才能有更好的表现。那是因为它们持有的股票价格往往非常高。为了证明购买这种高价股的合理性，投资者需要对公司本身以及整体经济形势充满信心。例如：在20世纪90年代末，积极成长型基金在巨大的牛市中表现强劲，与此同时美国经济也表现强劲。然而，很大程度上由于科技股的崩盘，并且伴随着整体经济在2000年、2001年和2002年走弱，这些基金远远落后于其蓝筹成长型竞争对手。我们最喜欢的大盘成长型基金，请参见图6.7，图6.8列出了我们最喜欢的中盘成长型基金。

富达资本增值基金 （Fidelity Capital Appreciation）	富达公司的资深基金经理哈里·兰格（Harry Lange）为了寻找符合其成长标准的股票，有时会将选择范围扩大到既定的投资风格和市值界限之外。长期以来，兰格已经为其股东创造了大量收益，而其管理费用却很低。
海港资本增值基金 （Harbor Capital Appreciation）	基金经理谢加拉斯偏爱高增长率，但他不会孤注一掷地持有这类股票。在2000年至2002年的熊市期间，该基金的表现不如我们期望，但其长期业绩记录非常令人瞩目。
马斯科焦点基金	一系列明智的交易使该基金成为所有基金类别中最好的基金之一。基金经理汤姆·马斯科将自上而下的选股策略与一流的自下而上的选股策略相结合。
普信新美国成长基金 （T. Rowe Price New America Growth）	基金经理乔·米兰诺（Joe Milano）希望并有能力将选股范围超出传统成长领域，例如：科技和生物技术，以挖掘非典型的成长股。结果他的投资组合具有足够的侵略性，足以在上涨市场中占有领先地位，而在恶劣的市场环境中仍能做好防守。
先锋成长股票基金	基金经理鲍勃·特纳（Bob Turner）致力于寻找具有高增长率、良好的动量特征和积极的技术指标的股票。尽管该策略导致了较高的波动性，但我们仍推荐该基金，因为它严格遵守积极的投资方法。
荷兰银行/蒙塔格&考德威尔成长基金（ABN AMRO/Montag & Caldwell Growth）	基金经理罗恩·卡纳卡里斯（Ron Canakaris）致力于寻找那些价格低于公允价值的大盘成长股。一些投资者愿意牺牲成长股的顶部收益，以减少崩盘时的巨额亏损，这类投资者将会乐于购买该基金。

图6.7 我们最喜欢的大盘成长型基金

■ 了解混合型基金

尽管一些最知名的共同基金经理采用成长或价值投资方法，但还有数量庞大的基金经理所采用的投资策略涵盖了两者之间的差异。我们说这样

布兰迪基金	该基金仍然充满矛盾。其策略既涉及动量，也涉及深度研究。它的换手率很高，但它是中盘成长类别中波动性最小的基金之一。不同之处在于，布兰迪基金的深度研究团队关注的是公司的业务动量，而不是股票价格动量。基金经理们快速地买进和卖出股票，以保持其领先地位。
特纳中盘成长基金	尽管该基金存在巨大的下行风险，但我们仍喜欢它合理的费用以及高度专注于中盘成长型股票。
瓦萨奇传统成长基金（Wasatch Heritage Growth）	在2004年6月该基金发行之际，我们就选择了该基金，甚至在看到它的投资组合之前。我们之所以这么做，主要是因为我们相信瓦萨奇的少许逆向投资风格及其温和的选股方式。尽管该基金以前从未超出小盘股的选股范围，但其计划主要投资于那些以前由瓦萨奇小盘基金所持有的较大型公司，这似乎是明智的。

图6.8　我们最喜欢的中盘成长型基金

的基金经理所采用的是混合投资策略，因为他们的方法结合了价值和成长这两种投资风格。全球最大的股票型基金中有一些是混合型基金，包括富达麦哲伦基金、先锋500指数基金和富达成长收益基金（Fidelity Growth & Income）。混合基金包括纯指数基金和类似指数基金，但同时还包括激进的选股者基金，例如：美盛价值基金、先锋优选大盘基金、美洲精选基金、戴维斯纽约风险基金。

在混合型基金中，最常见的投资风格是采用所谓的合理价格增长（GARP）策略。采用合理价格增长策略的基金经理试图在强劲收益和高价值之间找到平衡。尽管这与我们之前讨论过的蓝筹成长投资风格相似，混合型基金仍有细微的差别。混合型基金的一些基金经理通过购买被动量投资者拒绝的股票，来发现价格适中的成长型股票。通常，这些公司发布了令人失望的收益或其他不利消息，并且随着投资者对不利消息产生过度反应并抛售股票，其股价可能发生过度下跌。GARP基金经理还会寻找那些被华尔街分析师和其他投资者忽视或忽略的公司，因此，这些公司的股价仍然很便宜。与价值投资者一样，GARP投资者希望寻找那些只是暂时经营不善的公司，并且在某种因素（通常称为催化剂）的作用下，很可能会激发未来的增长。采用GARP策略的杰出基金包括富达麦哲伦基金和富达红利成长基金（Fidelity Dividend Growth）。图6.9列出了采用GARP策略的基金。

富达红利成长基金	美洲精选基金
富达麦哲伦基金	普信蓝筹成长基金（T. Rowe Price Blue Chip Growth）
加比利成长基金（Gabelli Growth）	普信成长收益基金（T. Rowe Price Growth & Income）

图6.9　采用合理价格增长（GARP）策略的基金

投资者要想查看我们最喜欢的大盘混合型基金和中盘混合型基金，请参见图6.10和图6.11。

富达红利成长基金	基金经理查尔斯·曼格姆（Charles Mangum）的逆向成长投资策略有时会使该基金与市场走势不同步，但他是一流的选股者，并有着良好的长期业绩纪录。
奥克价值基金（Oak Value）	该基金的基金经理从沃伦·巴菲特那里得到了启发，他们青睐那些具有可行的商业模式、稳定的管理层和强大的自由现金流的公司。
美洲精选基金	该基金的成功部分归因于它在金融股上押了大赌注，该基金有时回报不稳定，但基金经理克里斯·戴维斯（Chris Davis）和肯·芬伯格（Ken Feinberg）长期以来取得了不错的成绩。
先锋500指数基金	该产品是出色的核心资产：其投资组合广泛多样化、税收效率很高并且费用很低。

富达斯巴达500指数基金（Fidelity Spartan 500 Index）	该基金的费用比率为0.10%，比先锋基金更便宜。但是，富达产品的初次最低申购金额为10000美元，后续最低申购金额为1000美元。
先锋全股票市场指数基金	因为它跟踪道琼斯威尔希尔5000指数（一个广泛的市场基准），所以这只超低成本的基金一下子拥有了各种规模、行业和估值范围的股票。
富达斯巴达全市场指数基金（Fidelity Spartan Total Market Index）	这款富达全市场基金的费用比率为0.10%，是先锋基金的一半。但是，与富达的标准普尔500指数产品一样，该基金需要相对较高的最低申购金额和后续最低申购金额。
先锋优选大盘核心基金（Vanguard PRIMECAP Core）	同样才华横溢的管理团队采用的策略非常类似于同基金家族中的先锋大盘基金所长期采用的策略（并且是非常成功的策略）。

图6.10 我们最喜欢的大盘混合型基金

■ 知道何时进行混合型投资

你不确定价值或成长投资风格是否对你最有吸引力，那么混合型基金是对冲你的赌注的一个好方法。正如我们已经指出的那样，这是因为价值和成长投资风格时而受到青睐时而被摒弃。如果你持有混合型基金，那么无论什么情况，你的投资组合中都可能有一部分资产表现良好。例如：在20世纪90年代后期，当科技股上涨时，许多混合型基金都从中获利了。在那段时间里，混合型基金的表现通常好于价值型产品。但是，当科技股暴跌时，混合型基金并没有像纯粹的成长型基金那样遭受重大损失。这种全天候式的吸引力在某种程度上使得混合型基金成为投资者的投资组合中的核心资产的热门选择。

Ariel 增值基金 （Ariel Appreciation）	基金经理约翰·罗杰斯（John Rogers）具有逆向投资理念，这样可以选出不受市场追捧的股票，并给持股重整的时间。预计该基金至少可以持有3年时间。
费尔霍姆基金	基金经理布鲁斯·伯考维茨（Bruce Berkowitz）及其团队在找到优质的公司和可信赖的公司管理者时，会冒险进入受到市场冷落的领域。这是一个真正的选股者基金，对某个产业或行业押大赌注是很常见的。
精选特殊基金	克里斯·戴维斯和肯·芬伯格于2001年5月从伊丽莎白·布拉姆威尔（Elizabeth Bramwell）手中接管了这只基金，他们让才华横溢的分析师团队发挥了关键作用。如今，该基金成为一只广泛的中盘和大盘基金，这使其不必担心超出选股范围。
TCW伽利略价值机会基金（TCW Galileo Value Opportunities）	该基金可能是中盘混合型基金中最激进的。它的资深基金经理运营着一个相当集中的投资组合，并随时准备进入不受市场追捧的领域。
先锋中盘指数基金 （Vanguard Mid Capitalization Index）	该基金最近将其基准从标准普尔中盘400指数改为了MSCI美国中盘450指数，但它不太可能失去吸引力。新指数的变化势必会使其与标准普尔500指数有所重叠，但该基金仍然是一个很好的分散基金。

图6.11 我们最喜欢的中盘混合型基金

■ 在特定风格基金与灵活基金之间做出选择

正如你决定如何在价值、成长和混合风格之间配置投资组合的核心资产一样，你还必须决定是建立一个由灵活基金还是由特定风格基金组成的投资组合。

近年来，特定风格基金无疑引起了很大关注。实际上，可以肯定地说，如果传奇基金经理彼得·林奇如今仍在管理基金，他可能会被风格警察逮捕。这与林奇的着装品位没有任何关系,而是与他的投资风格有关。富达麦哲伦基金的前基金经理是一位机会主义者。有时,他喜欢成长股。有时,价值投资又引起了他的关注。大盘股能满足他的选股条件,但偶尔小盘股也会进入他的选择视野。如今,理财顾问、投资者和媒体都会轻视这种灵活的基金经理。他们宁愿让基金经理们专注于晨星风格箱中的一部分:他们想要特定风格的基金经理。

乍一看,晨星公司似乎站在风格警察这一边。毕竟,我们根据基金的投资风格(例如:大盘成长型或小盘价值型)对基金进行了分类。但这并不意味着我们只喜欢那些年复一年地保持在风格箱中的同一位置的基金。特定风格基金有其自身的魅力,但灵活基金也有优势。哪一种都不是天生比另一种更好。在两个阵营中都有出色的和糟糕的基金。

林奇并不是唯一一位能够自由地追求最佳投资灵感的基金行业知名人士。以著名的第一鹰全球基金经理让-玛丽·艾维拉德(Jean-Marie Eveillard)为例,他作为一名投资经理,经历了辉煌的职业生涯之后,在2004年选择退休。艾维拉德偏爱小盘股,但是,当小盘股受到市场冷落时,他通过投资大盘股或债券获得了最大的成功。最近的例子包括麦当劳、泰科国际(Tyco International)和严重的货币恐慌之后的拉丁美洲债券。即使在美国基金方面,一些最好的基金经理,包括另一位富达基金的明星,反向基金的威尔·丹诺夫,也是灵活风格的投资者,他们拒绝将自己束缚在晨星风格箱中的某一特定风格。这种方法的积极方面是,你的基金具有在各种市场环境中取得成功的可能性。但是,灵活基金也有其缺点,它们会使建立投资组合变得困难。毕竟，如果一只基金在某一年属于小盘基金，而次年又显示出大盘基金的特征，那么投资者如何才能确定他们的投资组合真正实现了多样化呢？难怪投资顾问、投资者和媒体都对灵活基金持谨慎态度。

同时，特定风格基金倾向于专注投资于风格箱中的某类资产。它们会一直投资于小盘价值股或中盘成长股。指数基金严格地以风格箱的某类资产作为投资范围，普特南和普信等基金家族提供主动型基金，这些基金的投资风格往往会保持不变。建立和监控由纯粹风格的不同基金构成的投资组合要容易得多。如果你是因为4只基金的不同风格才选择了它们，那么你要确信它们将继续保持这种投资风格。因此，你始终可以确保自己实现了多样化。

我们认为，灵活基金和特定风格基金可以和平地共存于投资组合之中，而不是完全摒弃灵活基金。例如：你可能考虑为投资组合的核心资产配置特定风格基金。如果你将这类基金视为满足资产配置目标的基石，但同时又保留一部分资产用于配置灵活基金，则总体资产配置就不至于偏离太多。

而且，如果你确实为灵活基金留出了空间，请务必仔细监控它们。密切注意你的灵活基金经理的动向和操作依据。而且，如果你选择将大部分资产投入多个灵活基金，则需要跟踪每种投资风格的资产规模。如果你所有的灵活基金经理都偏爱大盘成长股，那么你应该相信他们比你了解得更多，并让他们掌控基金形势。但是，也许你应该减少一些赌注，并增加投资组合中的其他部分的资产。

■ 在主动型基金和被动型基金之间做出选择

这是共同基金投资中的一个很难回答的问题：主动型基金比指数型基金更好还是更差？简言之，主动型基金会雇用投资组合经理，他们设法通过超配或低配某些股票或行业来跑赢市场指数。指数基金则愿意持有与某一市场指数完全相同的股票（比例完全相同）。例如：先锋500指数基金跟踪标准普尔500指数，如果标准普尔配置3.41%的通用电气，则先锋500指数基金也会如此。

支持指数型基金的观点通常可以归结为：大多数主动型基金都没有击败其成本低廉的指数型基金竞争对手，因此，如果你只购买指数型产品，则投资于优胜基金的概率会大得多，指数型基金还具有超低成本的优势。支持主动型基金的观点是，有些主动型基金确实击败了指数型基金：为什么不争取获得最佳回报呢？

我们会说两种观点都是正确的。我们并非没有观点，这取决于你看重指数型基金和主动型基金的哪些优点。晨星公司的总经理唐·菲利普斯（Don Phillips）经常建议投资者将共同基金视为"马蹄铁"。由于指数型基金和主动型基金有各自的优点，如果购买前者，可以使你的投资组合以较低的成本拥有主导市场的大盘股，同时这也是主动型基金最难以超越指数的地方。然后，将出色的主动型基金用于指数型基金无法覆盖的市场部分。无论你选择两者中的哪个，都可以通过坚持"马蹄铁"的两端并购买两者中的佼佼者来建立出色的投资组合。

晨星公司的研究表明，指数型基金对于一些投资风格往往更有效（见图6.12）。专注于大盘美国股票的基金投资于全球最受关注的股票。这些基金经理几乎不可能独自了解有关微软或通用电气的一些信息，而华尔街分析师和其他基金经理们也不知道这些信息。这就是为什么指数基金在这一领域很难被战胜——他们可以一直持有，而许多主动型基金经理可能会自己获利了结强势股，低成本也是一个巨大的优势。指数型基金不必雇用大量分析师来研究财务报表或调研上市公司。例如：先锋500指数每年只向投资者收取0.18％的费用（你每购买100美元基金，其中包括18美分的费用），而富达的标准普尔基金每年只收取0.10％的费用。同时，典型的大盘混合型基金每年收取1.22％的费用。这意味着，每年先锋500指数基金和富达斯巴达500指数基金对于大多数竞争对手都拥有大约1％的优势。在不计费用的情况下，这两只基金的回报率可能比平均的大盘混合基金要低一些，但在扣除成本之后仍然领先。

基金类别与指数对比	基金回报率的指数高/低（+/-）			
	1年	3年	5年	10年
大盘成长型基金vs罗素1000成长指数基金	1.53	2.03	3.35	-0.18
大盘混合型基金vs标准普尔500指数基金	0.55	2.40	2.47	-2.40
大盘价值型基金vs罗素1000价值指数基金	-2.30	-0.76	-1.23	-2.88
中盘成长型基金vs罗素中盘成长指数基金	-3.56	-0.92	4.43	-0.89
中盘混合型基金vs罗素中盘指数基金	-2.25	-0.87	1.36	-1.29
中盘价值型基金vs罗素中盘价值指数基金	-6.82	-0.63	-0.05	-2.06
小盘成长型基金vs罗素2000成长指数基金	0.95	0.10	2.23	3.10
小盘混合型基金vs罗素2000指数基金	3.24	0.92	3.86	0.87
小盘价值型基金vs罗素2000价值指数基金	1.46	0.31	-1.47	-0.18

图6.12 不同基金类别与相应指数型基金的业绩对比（截至2005年3月31日的数据）

除了大盘股之外，基金还有更多股票可供选择——还有700多只美国中盘股和4000多只小盘股。更重要的是，这些股票受到投资界的关注程度要低得多。因此，与大盘股相比，基金经理更有可能在中盘股或小盘股中发掘出尚未被识别的宝藏。

同样，外国基金的经理也有数千种外国股票可供选择。他们甚至可以决定避免在某些国家进行任何投资。但是，如果该指数包括一个表现低迷的市场，则该指数基金必须在该国进行投资。例如：在20世纪90年代的大部分时间里，日本市场都表现低迷。如果你是一家外国基金经理，要想领先于主要外国指数和指数型基金的一种简单方法就是持有比该指数更少的日本股票。也就是说，有关外国指数的长期数据很少。可以说，随着外国市场效率的提高，这意味着有越来越多的股票数据可供使用，我们预计外国大盘基金的主动型基金经理将越来越难以战胜外国股票市场指数，比如：摩根士丹利欧澳远东指数（MSCI EAFE Index）。值得注意的是，大多数广泛的指数型基金（先锋全球国际股票市场指数除外）都跟踪EAFE指数，而该指数在韩国、中国台湾、巴西、印度或MSCI分类为新兴市场的其他市场中没有任何风险敞口。这使得它们与几乎所有其他国际基金截然不同，大多数国际基金会至少将一小部分资产投资于全球领先企业，例如：三星（韩国）、印度和以色列成功的仿制药制造商以及中国台湾的科技巨头。

尽管晨星公司的很多人都倾向于至少将投资组合的一部分投资于主动型基金，但对于那些不想全职从事基金分析工作的人而言，全指数基金投资组合是一种合理的策略。你当然也有可能会做得更糟。通过选择一种指数型基金，尤其是成本非常低的指数型基金，通常可以确保该基金在长期内具有竞争力，即使它不在其所属类别中处于领先地位。你也不必担心你的基金经理离职。毕竟，他（她）不用选择指数型基金的持股。而且，如果你一直在密切关注投资组合中的资产，你应该可以确信，当你短暂移开视线时，你的基金不会突然改变其投资风格（在本书的第三部分中，我们讨论了简化投资生活的更多技巧）。

如果你想投资于主动型基金，则应该将搜索工作的重点放在那些主动型基金经理更有可能跑赢相应指数的基金类型上。但是，无论你的投资组合需要添加哪只基金，你都要始终将主动型基金与跟踪相同股票的指数型基金进行比较。如果主动型基金的表现不佳，则没有理由不选择指数型基金。

不过，选择指数型基金并不一定是一件容易的事。市场中有超过200只指数型基金，它们分别属于24种不同的投资类型（有关常见指数以及跟踪这些指数的基金，请参见图6.13）。复杂的是，某些投资类型（例如：大盘混合型基金）中的指数型基金会跟踪不同的基准。以下建议将可以帮助你选择符合你的需求的指数型基金。

知道你的基金跟踪哪个指数

先锋500指数基金、富达斯巴达全市场指数基金、TIAA-CREF股票指数基金、多米尼社会责任指数基金，以及嘉信1000指数基金均属于大盘混合基金类型。但是，它们分别跟踪不同的指数：标准普尔500指数、威尔希尔5000指数、罗素3000指数、多米尼社会责任指数（Domini Social

指数	跟踪股票范围	指数型基金
标准普尔500指数	美国市值最大的500只股票	先锋500指数基金 富达斯巴达500指数基金 嘉信标准普尔500精选基金 普信股票指数500基金
标准普尔中盘400指数	400只中盘股,市值较小而不符合标准普尔500指数标准	德雷福斯中盘指数基金 联邦中盘指数基金
罗素2000指数	2000只小盘股,市值较小而不符合罗素1000指数标准	美林小盘指数基金
雷曼兄弟综合债券指数	广泛债券市场指数,包括政府债券、公司债券、抵押贷款支持的有价证券和资产支持的有价证券	先锋全债券市场指数基金 (Vanguard Total Bond Market Index) 美林综合债券指数基金

图6.13 主要指数和跟踪它们的指数型基金

Equity Index)和嘉信1000指数(Schwab 1000 Index)。

可见差异可能很大。多米尼社会责任指数跟踪一个专门的基准。它仅关注其社会责任型的400家公司(例如:它不包括生产酒精、烟草或武器的公司)。了解某只基金跟踪的指数可以帮助你掌握预期风险和回报,以及了解它们与其他指数型基金的区别。如果你不喜欢微软公司,请不要购买多米尼的基金:微软占其资产的5%以上,并且是该基金在2005年初的最大持股。与此同时,微软在先锋500指数中仅占较低的2.6%,是排在通用电气和埃克森美孚之后的第三大持股。由于科技、服务和零售等成长型领域的重要地位,在20世纪90年代后期的牛市期间,多米尼社会责任指数超越了先锋500指数和其他大盘混合型指数。但它的波动性也更大,在2000年至2002年期间,其亏损比标准普尔500指数高得多。

由于目前存在着各种类型的指数型基金，这可以让你比10年前有了更多的灵活性，10年前跟踪标准普尔500指数是你唯一的选择。今天，你可以建立一个完全由指数型基金组成的充分多样化的投资组合。

了解税收影响

关于指数型基金的一个最常见的神话是所有指数型基金都具有税收效率。一些买入大盘股的基金，例如：先锋500指数基金，确实具有惊人的税收效率。截至2002年7月，先锋500指数基金的股东在截至2005年初的10年中保留了约94％的税前收益。

先锋500指数基金通常具有税收效率，因为它仅在股票退出该指数时才会出售股票。退出该指数的股票通常都是小盘股（大多数公司之所以退出该指数正是因为它们市值变得太小了）——市值排名231位之后的股票不会占到标准普尔500指数的0.10％以上。当标准普尔500指数基金卖出这些较小的头寸时，它们不会获得大量的应税收益。此外，该基金分配的应税收益通常也不大，在2005年初，先锋500指数基金最近12个月的最新收益分配数字（称为收益率）仅为1.75％。

不过，不要指望跟踪其他指数的基金会提供税收效率。例如：跟踪威尔希尔中小盘4500指数的先锋拓展市场指数基金（Vanguard Extended Market Index），其股东在截至2005年初的10年中平均保留了84％的税前收益。该基金和其他中小盘指数基金的特点是，如果股票涨幅过大就会从该指数中剔除。指数基金也必须卖出该股票。这就会产生应税收益，要使股票增长到不符合该指数的成份股市值标准时,它的价格必然已经上涨,该基金在该股票上的卖出价格将会高于买入价格。该基金需要将这项利润分配给股东,然后,股东必须对其缴税。

了解成本

关于指数型基金的另一个普遍假设是,所有指数基金都是便宜的。因为它们不需要主动管理的资源,所以它们理应便宜。但是,一些指数型基金却收取极高的年度费用。设想一下:摩根士丹利对其标准普尔500指数基金B类份额收取1.46%的费用。如前所述,当你考虑到先锋和富达的同类产品每年的成本均不到0.20%时,这可以称得上一笔巨额的费用。

■ 将ETF(交易所交易基金)作为指数型基金的一个选择

几年前,另一种被动型的投资选择开始引起人们的关注:交易所交易基金(ETF)。一些大型资产管理公司(例如:巴克莱全球投资公司Barclays Global Investors)在2000年推出了许多新产品,而先锋公司推出了自己的ETF产品(称为VIPER)。道富集团(State Street)是ETF世界中的另一个参与者,并推出了道富品牌的ETF。跟踪标准普尔500指数的SPY

基金，俗称"蜘蛛"（Spiders）[①]，拥有超过500亿美元的资产，而纳斯达克100信托基金（Nasdaq 100 Trust Shares）拥有超过200亿美元的资产。2004年最成功的新基金产品之一是道富黄金ETF（Street Tracks Gold），它在发行后的几个月内募集了超过20亿美元的资产。

就像指数型共同基金一样，ETF也是一篮子证券，旨在让你一次性实现多样化。它们跟踪特定行业、特定国家或广泛市场的指数。但是，ETF像股票一样，也在交易所交易。这意味着，与共同基金不同，投资者可以在整个交易日之内交易ETF，而共同基金只能以当日收盘价进行买卖。投资者还可以卖空ETF，并以保证金购买它们。你可以用股票做的任何事情，都可以在ETF上实现。

如果你想进行频繁交易，如果你对限制税金方面特别关注，如果你倾向于进行一大笔一次性投资并一直持有，或者你正在寻找一种低成本的方式来投资于某个特定市场，而传统的共同基金又不能满足你的需求，你就可以考虑使用交易所交易基金（ETF）。另外，你会发现指数型共同基金也能满足你的需求。如果你的投资策略涉及进行大量小额买进操作（顺便说一句，这是一种很好的投资方式），那么你肯定会坚持使用某个特定市场的共同基金！那是因为每次买进或卖出ETF时，你都必须支付经纪佣金，而所有这些佣金，无论你要支付多少，都将迅速削减你的基金收益。

[①] 全球首只ETF，交易代码为SPY，它是以标准普尔500指数为跟踪标的的"标普存托凭证"，简称SPDR。由于SPDR的发音和英文"蜘蛛"（Spider）相近，而道富与美国证交所推广这些ETF的广告中经常出现一只令人印象深刻的吐丝蜘蛛，"蜘蛛"从此成为市场与投资者对这些ETF约定俗成的昵称。——译者注

以下是ETF的一些优势和劣势，可以帮助你确定这些基金是否适合你。

优势

- 更大的灵活性。这些基金全天交易，因此，你可以随时执行买入或卖出操作，并可以轻松地从一只基金转换到另一只基金。但是，当你购买共同基金时，无论你在一天中的什么时间下单，你都将以当日收盘时的资产净值（NAV）（或股价）进行购买。

- 更低的费用。例如：安硕标准普尔500指数基金的费用比率仅为0.09%。如果投资10000美元，相比先锋标准普尔500指数基金来说，选择安硕标准普尔500指数基金（一种ETF）每年可以节省9美元。先锋标准普尔500指数每年收取0.18%的费用，而先锋还向小额账户持有者收取10美元的年费，这增加了安硕指数基金的优势。

- 税收优惠。对于普通的共同基金，投资者在卖出基金时，会迫使基金经理卖出股票以满足赎回需求，这可能导致应税资本收益被分配给那些仍在继续持有该基金的股东。但是，当你买卖ETF时，通常是在与其他投资者买卖现有份额。这使该基金无须出售股票就能满足赎回需求。这会使ETF比大多数共同基金都更具税收效率，因此，它们可能对使用应税账户的投资者特别有吸引力。但是，请记住，ETF可以而且确实进行资本收益分配，因为它们仍必须买卖股票以适应其对应指数的变化。

劣势

- 可能存在价格差异。因为ETF像股票一样交易,所以有时ETF的价格与其持股的价值之间可能会有短暂的差异。由于ETF具有与众不同的结构,大投资者可以(并且通常会)利用套利技术使ETF的价格与其资产净值保持一致。交易量较大的产品,比如SPDRs[①](追踪标准普尔500指数)和Qubes[②](追踪纳斯达克100指数),它们通常都围绕其基础证券的价值进行交易。

- 交易成本。对于许多投资者来说,ETF的费用优势也可能比事实更为虚幻。由于ETF就像股票一样交易,因此,无论买入还是卖出ETF,你都必须像股票一样向经纪人支付佣金。如果你计划一次性买入大量基金并持有很多年,那么选择ETF可能会更划算。但是,即使每笔交易的佣金为较低的8美元,如果向安硕标准普尔500指数基金一次性投资10000美元,也需要持有近两年才能低于同期先锋500指数基金的总成本。

发行ETF的公司宣称较低的费用是其主要优势之一。但是,如果像许多投资者一样,你定期投资少量资金,那么经纪成本意味着你实际上最终

---

① SPDRs是由道富推出并管理的交易所交易基金大家族的总称。首先在1993年由道富与美国证券交易所合作推出的全球第一只ETF,以标准普尔500指数为跟踪标的的"标普存托凭证"(Standard & Poor's Depositary Receipts,SPDR)投资信托基金。——译者注

② Qubes是QQQQ的俗称,是由纳斯达克于1999年与美国证交所合作发行的以纳斯达克100指数为标的的ETF,交易代码为QQQQ。其每单位发行净值设定为纳斯达克100指数的1/40。——译者注

为ETF付出的费用可能要比同等的共同基金高得多。此外，想要频繁交易的投资者可以通过定投共同基金的方式来储蓄资金，而不是通过ETF（不过，我们仍然认为频繁交易没有任何意义）。

最重要的是：ETF的成本优势并不总是像看起来那样大，并且交易成本会迅速地增加。如果你正在市场中寻找跟踪广泛指数的基金，比如标准普尔500指数，或者想要定期投资一定数量的资金，那么你不应该在有可供选择的低成本共同基金的情况下反而选择ETF。图6.14显示了最受欢迎的ETF，以及他们所跟踪的指数。

资产规模最大的10只ETF	跟踪指数
SPDR信托系列1	标准普尔500指数
纳斯达克100信托	纳斯达克100指数
安硕MSCI EAFE	MSCI EAFE指数
安硕标普500	标准普尔500指数
中小盘SPDR信托	标准普尔中小盘400指数
安硕MSCI日本指数	MSCI日本
钻石信托	道琼斯工业平均指数
安硕道琼斯精选红利	道琼斯精选红利指数
安硕罗素2000指数	罗素2000指数
安硕罗素1000价值	罗素1000价值指数

图6.14 十大ETF及其跟踪指数

■ 投资者检查清单：为你找到合适的核心股票基金

▶ 所有价值型基金经理都会购买他们认为便宜的股票，但是，他们通常会采取不同的方式来实现这个目标。当你购买价值型基金时，你需要确保自己已经知道它属于哪种具体类型以及它如何与投资组合的其他资产相匹配。

- 并非所有成长型基金都是相同的。一些基金经理专注于收益增长不断提高的公司，而另一些基金经理则专注于动量或收入增长。还有一些基金经理专注于具有良好的持续收益增长记录的公司。

- 混合型基金融合了成长投资和价值投资风格之间的差异。因此，将它们作为你投资组合的核心股票基金具有重要意义。

- 不要排除使用会发生风格飘移的灵活基金，即它们在风格箱中的位置会发生变化。尽管它们很难被单独放入投资组合当中，但是，灵活性对于有才能的基金经理来说可能是一个优势。

- 投资者需要记住，对于指数型基金和主动型基金的选择不一定要非此即彼。你可以使用任何一种策略或将两者的优点结合在一起来创建成功的投资组合。

- 如果你有很多资金可以用来投资并计划进行一次性投资，那么与指数型共同基金相比，ETF可能费用更低、税收效率更高。但是，由于你必须支付佣金才能进行交易，因此，如果你希望定期投资少量金额，那么它们并不是最佳选择。

HOW TO FIND IDEAS FOR
YOUR PORTFOLIO

第 7 章

超越核心：使用特定股票基金

成功的基金投资计划的关键是，确保你选择了合适的高质量的股票和债券基金作为你投资组合的基础。但是，如果你已经配置好了核心资产组合，这时你又想添加一些看好的资产，你该怎么办呢？房地产基金和外国股票基金可以降低你投资组合的整体波动水平。还有一些基金，例如：小盘基金和行业基金，可以增加一些调剂资产，这有可能提高你的回报。

■ 在投资组合中使用外国基金

法国香槟和意大利皮鞋并不是美国人唯一的进口商品。到2005年初，美国投资者已经向那些主要购买外国股票的国际基金投入了近9000亿美元。外国股票基金有什么吸引力呢？对于初学者来说，外国股票基金的回报可能很诱人。2004年，典型的外国股票基金上涨了19%以上，而标准普尔500指数的涨幅仅为其一半左右。再者，外国投资还可能提供多样化。外国市场通常受到与美国市场不同的因素影响，因此，在投资组合中增加外国基金可以让你更有机会始终拥有表现良好的资产。添加外国股票可以有效降低你的投资组合的整体波动水平。此外，尽管一些投资专家认为外国股票的风险要高于美国，但我们不同意这一说法。绝对没有理由认为外国蓝筹公司（比如，雀巢或丰田）要比其在美国的竞争对手更具波动性。由于所有这些原因，我们认为美国投资者的外国股票权重低于应有的水平。

好消息：选择外国基金的过程很像选择美国基金。与美国股票基金一样，在查看回报率或晨星评级之前，你应该确定外国股票基金的投资风格。然后，你可以为这项投资设定合理的期望，找出其潜在的风险并避免意外。我们可以利用与分析国内股票基金一样的风格箱和行业分类来分析外国股票基金。这意味着你可以利用从美国基金学到的知识来评估外国基金。就像美国的基金一样，投资于大盘股的外国基金也可以成为稳定的核心资产，而专注于中小盘股的基金通常可以对投资组合起到很好的支撑作用。图7.1至图7.4，显示了我们最喜欢的外国股票和国际股票基金。

为了帮助你找到最合适的外国股票基金，请先回答以下几个问题。你可以在一些网站或股东报告中找到这些问题的大多数答案，例如：晨星公司的网站上的投资报告、《晨星共同基金》杂志（可以在许多公共图书馆获得）、基金家族的网站或基金的股东报告。

它的投资风格是什么

以前，投资于国际股票的投资者并没有过多关注外国基金采用的投资方式。那是因为大多数外国股票基金都采用合理价格增长（GARP）策略，购买了得到合理定价的世界上市值最大的股票。一些国际投资先驱，例如：全球最大的外国股票基金——欧洲太平洋成长基金的基金经理，已经通过使用这种策略盈利达数年甚至数十年。但是，在20世纪90年代，骏利和美洲世纪在开始采用同样的积极成长策略进行外国股票投资时，取得了巨大的成功。在外国股票投资者中，它们的投资风格至今仍然很独特。同时，邓普顿基金（Templeton）和第一鹰基金（First Eagle）在外国股票投资中采用了价值策略。

为了帮助解决外国股票基金风格的多样性，就像我们对美国股票基金所做的那样，晨星公司将基金的投资组合中的每项资产都按照投资风格箱进行了分类（有关风格箱方法的介绍，请参见第1章）。与美国股票基金一样，我们将检查过去3年中外国股票基金在风格箱中的位置，以帮助确定其类别定位。我们将多样化的外国股票基金分为五种类型：外国大盘混合型、外国大盘成长型、外国大盘价值型、外国小盘/中盘价值型和外国小盘/中盘成长型（我们之所以没有9种外国股票风格类型，是因为没有那么多的中小盘国际基金）。

你选择的投资风格应取决于你可以承受的风险以及投资组合中的其他基金。如果你的美国股票基金倾向于成长型股票，那么你需要考虑更倾向于价值型的外国基金。如果你认为一只基金产生大幅下跌，自己可能会卖出股票，那么你需要避开那些专注于小盘股的外国基金；与专注于大盘股的基金相比，小盘股基金的波动性更大。但是，请记住，小盘股通常是比外国大盘股更好的分散品种，因为外国蓝筹股往往是大型跨国公司，并且其表现通常类似于美国的跨国公司。

美洲欧洲太平洋成长基金	这只巨型基金的众多基金经理组建了一个广泛的多样化投资组合。不仅它的长期回报率容易击败这种基金类型的平均值，而且其波动性也相对比较温和。相对较低的费用是另一个吸引力。
富达斯巴达国际指数基金	长期以来，尚无法确定指数型基金是否会击败表现较好的主动型基金，但在大盘混合型基金当中，指数型基金通常是一个非常强大的竞争者。较低的成本增加了该基金的吸引力。
先锋国际股票市场全指数基金	与其他指数型基金不同，该基金投资于其他一些指数基金：先锋欧洲股票指数基金、先锋太平洋股票指数基金和先锋新兴市场股票指数基金。该基金在新兴市场的风险敞口使其与大多数其他外国股票指数跟踪工具有着明显的区别。

图7.1　我们最喜欢的外国大盘混合型基金

道奇·考克斯国际股票基金	该基金直到2001年3月才开放，但是，经验丰富的管理团队成员在道奇·考克斯取得了很大的成功。买入并持有的投资策略应该有助于限制换手率，到2004年12月，该基金的费用比率一直低至0.82%。
海港国际基金	该基金严格遵循价值投资策略，即使投资于传统价值领域之外时依然如此，长期任职的基金经理哈肯·卡斯特格伦（Hakan Castegren）在他的16年任期内取得了骄人的回报。2002年，海港基金推出了面向个人投资者的份额种类。该基金的初始最低申购金额仅为2500美元，并且费用比率一直非常合理。

图7.2　我们最喜欢的外国大盘价值型基金

艺匠国际基金	该基金的个人和机构份额大约有100亿美元的资产，毫无疑问，它的灵活性不如从前。但我们认为，基金经理马克·约克奇（Mark Yockey）的自由投资风格（适用于行业、地区和市值）为他提供了回旋余地。
海港国际成长基金	尽管该基金在前任基金经理的任期内陷入了困境，但马斯科资本管理公司（Marsico Capital Management）的吉姆·根德曼赋予了它新的生命。根德曼利用马斯科的研究成果，建立了激进的投资组合，并且不在意偏离摩根士丹利欧远东指数。

图7.3　我们最喜欢的外国大盘成长型基金

美洲新观点基金（American Funds New Perspective）	该基金提供全球市场领先公司的风险敞口。它主要投资于具有增长倾向的公司，但由于管理人员格外注意价格比率、投资组合的多样化程度以及相对较高的现金比例，其波动性得到了控制。
奥克马克环球基金（Oakmark Global）	该基金是一只激进的价值型基金。它的基金经理偏爱非常不受市场欢迎的公司，他们在股票价格远远低于其内在价值估计值时买进股票。该基金的投资组合具有自由的投资风格，因此，其地区配置不是固定的，并且还投资于所有市值范围的股票。该基金的投资组合不同于同类基金，其业绩表现也是如此。
奥本海默环球基金（Oppenheimer Global）	基于主题，以增长为导向的选股策略一直是该基金成功的关键。但是，该基金的长期基金经理最近得到了晋升，并将在不久以后不再直接负责运营该基金。我们认为新的基金经理有能力胜任，但我们会继续密切关注，因为要想达到前任基金经理的高度，他还需要更多努力。

图7.4　我们最喜欢的国际股票基金

基金是否持有新兴市场股票

2003年，一些国际基金的回报率达到了惊人的50％以上。它们成功的秘密是什么？答案就是欠发达市场（例如：巴西）中的股票。持有新兴市场股票是有益处的。除了偶尔产生一流的回报率之外，相比德国和英国等发达国际市场的股票，新兴市场股票还可以提高美国股票投资组合的多样化程度。

新兴市场股票除了令人兴奋的上涨幅度和多样化，还可能增加产生巨额亏损的风险。对于政治和经济稳定的担忧，在发达市场通常不如在发展中市场那么明显，这种担忧可能导致投资者出逃，并压低股价。例如：在2000年，MSCI新兴市场指数出现了暴跌：全年下跌超过30％。这并不是新兴市场第一次出现崩盘：新兴市场指数在1997年下跌了13％，在1998年又下跌了28%。与选择小盘股基金一样，如果你不能妥善地处理此类事件对所持基金造成的影响，那么你就需要避开那些只专注于新兴市场股票的基金。

但是，如果你真的想完全避免投资于新兴市场股票，那么你不仅需要避开专门针对新兴市场的基金，还要考虑到国际基金在新兴市场的资产配置。你还应该检查想要购买的主流多样化国际基金在新兴市场的风险敞口，因为其中有许多基金会持有新兴市场股票。2004年，外国股票基金平均持有的新兴市场股票占到其总资产的8%以上。许多优秀的外国基金确实会在新兴市场进行投资，因此，一些风险敞口通常不会引起关注。实际上，这可能是件好事。但是，如果你是一位谨慎的投资者，并且看到该基金有15%或20%以上的资产投资于亚洲、东欧或环太平洋地区的发展中市场，那么寻找另一只基金可能是个好主意。

该基金集中在一个特定地区吗

在查看某个基金的国家/地区风险敞口时，你会感觉到该基金是偏爱多个市场还是某个特定地区（少数基金专注投资于某些地区甚至单个国家），是否配置了过多资产。晨星公司按照地区将国际基金分为以下几种类型：欧洲股票基金、拉丁美洲股票基金、日本股票基金、太平洋/亚洲股票基金以及太平洋/亚洲除日本外股票基金（此类基金集中投资于除日本以外的所有亚洲和环太平洋地区市场）。

甚至主流国际基金也会经常严重倾向某个地区。例如：截至2004年底，骏利海外基金有三分之一的资产投资于亚洲（不包括日本），另外12%的资产投资于拉丁美洲。集中投资于一个地区或国家会提高你的基金的波动水平。这相当于一只基金将大量资产集中在某个行业。如果你是保守的投资者，那么你应该寻找那些持有各种市场股票的基金。

该基金会购买美国股票吗

对于某些基金来说，它们可以在世界范围内随意投资于自己看好的资产。这些产品被称为世界股票基金，它们的基金经理可以自由配置无论是美国还是外国的优质股票。从理论上讲，世界股票基金有可能成为最终的核心基金。毕竟，如果你有很强的选择基金的能力，那么为什么要人为地限制自己只能购买美国或外国股票呢？美洲基金公司长期以来一直采用全球性方法来管理其许多基金，其他一些基金公司，例如：第一鹰、奥本海默、先锋和奥克马克等，也经营着一流的世界基金。

遗憾的是，这些世界基金中并非每只基金都是一流的，还有两只到三只基金是比较平庸的。许多最优秀的国际基金经理都不经营世界股票基金，因此，如果你在国际基金中按基金经理进行搜索，那么就难以找到一流的国际基金。而且在许多情况下，一些基金公司会将已经存在（但尚未特别区分）的外国股票基金和美国股票基金的投资组合混合在一起，以此来推出世界股票基金。结果如何呢？没有特别出色的世界股票基金。

如果你正在考虑购买国际股票基金，你要确保其基金经理展现了充分利用其灵活投资风格的能力。你还需要评估该国际股票基金如何与你所持有的其他美国和外国股票基金相匹配；你可能会发现国际股票基金并没有为你提供任何新的东西。在许多情况下，购买单独的外国和美国股票基金而不是世界股票基金，也更具成本效益（就你整个投资组合的费用比率而言）。

该基金的货币对冲政策是什么

基金经理购买外国股票时，也将有效地投资于股票计价的外国货币。即使英国股市没有明显涨跌，如果英镑兑美元汇率走强，一只持有英国股票的基金仍可以为其美国股东赚钱。因此，外国股票的回报率实际上是两个因素的组合：股票本身的表现以及该国货币兑美元的表现。

假设你购买了一只日本股票——索尼（Sony）。股票本身上涨了10%。但是，日元兑美元汇率下跌了15%。作为美国投资者，你已经在这项投资中亏损了。为什么？因为即使股价上涨了，货币的价值却下降了。如果日元升值10%会怎样呢？这时你的投资回报率等于股票价格上涨的10%加上货币上涨的10%。

在过去10年中，汇率波动的影响已得到充分体现。在20世纪90年代下半叶，美元几乎不可阻挡。由于外国股票是用外国货币计价的，因此，一旦你将外国货币对美元贬值的影响因素考虑在内，大多数外国股票基金经理就很难击败其专注于美国股票的竞争对手。但是，在过去的几年中，这种趋势得到了逆转。由于美元相对于大多数外国货币而言已经急剧贬值，因此，外国基金经理变得不可战胜了。在2003年和2004年，外国基金不仅从所持股票中获得了收益，而且还从外国货币兑美元的汇率中获得了收益。

但是，有些基金经理通过对冲他们的外国货币，将货币贬值因素完全排除在外。也就是说，他们有效地将其外汇风险敞口交易成了美元。在我们前面的例子中，假设你购买了索尼股票，但通过期货合约（之所以称为期货，是因为它承诺在未来的某个时间履行这笔交易）卖出日元并买入美元来对冲货币风险。如果索尼的股价上涨了10%，日元兑美元的汇率下跌了10%。你的回报率是多少呢？由于你对冲了货币风险，所以回报率是10%——日元汇率不会影响你的收益。

多项学术研究表明，货币对冲在很长的时期内对收益的影响很小。但是，在较短的时间范围内，对冲可以对基金业绩产生重大影响。例如：骏利国际基金在20世纪90年代下半叶几乎势不可挡，这在很大程度上是因为当时的基金经理海耶斯（Helen Young Hayes）始终对该基金的外币风险进行了对冲，从而帮助该基金从强势美元中受益。

因为我们认为长期投资很重要，所以我们认为基金是否对冲其货币风险并不重要。相反，我们关注基金在执行对冲政策时的一致性。为避免因时间安排不当而带来的意外损失，请坚持使用拥有一致性的对冲政策的基金，即那些从不对冲或几乎总是对冲的基金。遗憾的是，目前不需要外国基金披露有关其货币对冲政策的许多细节。晨星分析师经常会在《晨星共同基金》杂志的基金投资中讨论基金的货币策略，你也可以拨打基金公司的客户服务电话，询问基金的货币对冲政策。特威迪－布朗环球价值基金是一家始终对冲其外汇风险的基金，而美洲基金和富达基金则不会这样做。

该基金使用公允价值计价吗

外国基金特别容易受到短期交易者的影响，短期交易者的活动会削减长期投资者的收益。这正是公允价值计价和赎回费的来源。

为了帮助理解什么是公允价值计价以及为什么某些外国基金会使用它，首先需要考虑为什么有人专门针对外国基金进行快速交易。不同于股票、债券和ETF，共同基金每天只进行一次定价。因此，当国外市场当天收盘时，一家基金公司便可以算出其国际基金资产的价值，并得出基金的资产净值。由于时区不同，外国基金的价格可能会在美国市场停止交易的前一天确定。对于亚洲基金来说，这很可能发生在美国东部时间中午之前。这为短期交易者（通常称为择时交易者）提供了一个机会，以应对可能在第二天影响国外市场的美国最新新闻。

例如：假设在外国市场，当天是一个波澜不惊的交易日，大多数外国基金在当日结束时其价值几乎没有变化。但是，在同一天美国交易即将结束时，英特尔发布了一份非常乐观的收益报告，导致美国科技股飙升。择时交易者知道第二天早上亚洲科技股是低开高走（因为外国市场经常会在第二天对美国的新闻做出反应），所以在美国交易日结束之前，他打电话发出交易指令，买进重仓亚洲科技公司的外国基金。由于该外国基金的价格是在当天早些时候确定的，发生在美国股市上涨之前，因此，择时交易者实质上是在以该基金所持股票的"滞后价格"进行交易。当外国基金在第二天上涨时，他可以卖出该基金并赚取快速（几乎没有风险）的利润。

这样一来，他就能从长期股东的利润中分一杯羹。为了对这些快速交易者的赎回做好准备，基金经理可能持有大量现金，从而稀释了忠诚的长期股东的收益。

这就是为什么一些基金公司会使用一种称为公允价值计价的机制，该机制旨在确保，即使基金所持有的证券目前不处于交易时段，但该基金所持资产也能反映其当前价值（非外国基金也可能使用公允价值计价来确定交易量不大的资产价值，以使它们的净资产价值尽可能地达到准确）。在上述例子中，一个使用公允价值计价的基金将会在外国市场已经关闭之后更新其外国股票的价格，以反映如果外国市场仍然开放，该投资组合中的股票和债券将会如何对美国市场的走势做出反应（实际上，基金公司必须做出最好的猜测来确定证券的价值，因为股票和债券的本国市场处在闭市时段）。这反过来又减少了择时交易者从外国和美国市场之间的时区差异中获利的动力。他不能通过在第二天卖出基金来获得收益，因为该基金基本上已经按照第二天的收益进行了定价。

多年来，包括富达和普信在内的一些基金公司一直在使用公允价值计价。随着监管机构着力打击损害长期投资者的短期交易，许多其他的基金公司在2003年爆发基金丑闻后也采用了公允价值计价。遗憾的是，对于投资者而言，基金公司无需披露其是否使用公允价值计价政策。不过，一些基金公司会在网站上公布其公允价值计价政策，而晨星公司的分析师经常在其网站和《晨星共同基金》杂志（可以在许多公共图书馆中找到）的基金报告中提到基金公司的公允价值计价政策。一般而言，尽管这种方法并不总是很准确，但我们希望看到外国基金至少在某些时候使用公允价值计价。

该基金收取赎回费吗

本质上，赎回费是你在购买基金后的一定时期内出售基金所必须支付的通行费。它们是国际基金经常用来阻止短期交易者的另一种工具。

尽管我们不喜欢共同基金的成本，但是，如果你是长期投资者，购买带有赎回费的国际基金是一个好主意。由于这些费用通常只适用于在相对较短的时期内（通常在两三个月内，有时甚至更长的时间内）买卖基金的投资者，因此，如果你是采用买入并持有策略的投资者，那么你很可能永远不必支付赎回费。而且，由于赎回费是提早赎回的罚金，这些罚金会返还给该基金（而不是基金公司），因此，实际上会使长期投资者受益。

如同公允价值计价一样，赎回费旨在通过冲销交易者在短时期内进行买进和卖出所获得的收益，来阻止短期交易者。赎回费已经存在很长的时间，但是，在围绕快速买卖基金份额的丑闻曝光之后，许多没有赎回费的基金公司也开始征收赎回费。这桩丑闻事件可以追溯到2003年末。那些被发现免除了大型投资者的赎回费的公司，现在变得更加谨慎了。

赎回费信息显示在晨星公司网站中的报告的"费用和支出"部分以及基金的招募说明书中。

■ 在投资组合中使用小盘基金

近年来,小盘股一直表现抢眼。截至2005年初,在多样化的美国股票基金类别中,三年最佳收益率当属小盘价值型基金和小盘混合型基金,它们的平均年回报率分别为15％和12％。在2000年至2002年的熊市期间,小盘股也发生了大幅上涨。尽管大盘股在此期间遭受了巨额亏损,许多小盘股基金实际上却取得可观的收益。好像没有人告诉这些小盘股基金,熊市正在肆虐!

近年来,小盘股击败了其竞争对手大盘股,这说明了多样化的好处。尽管如此,值得注意的是,小盘股在熊市中的成功改变了以往的格局。在以前的熊市中,大盘股的表现往往好于小盘股。如果情绪紧张的投资者没有完全放弃投资股票,那么他们往往会逃到熟悉的蓝筹股避风港。不过,20世纪90年代后期的市场却并非如此。大盘股引领市场上涨,并且由于其价格比率高得令人难以置信,因此,随着投资者变得谨慎,它们是首批下跌的股票之一。对于仍需要股票风险敞口的投资者而言,小盘股基金似乎是一个不错的选择。

尽管采取这种方法可能会击败熊市,但全盘投资于小盘股基金并不是一个谨慎的做法,这就如同在牛市中全盘投资于大盘成长型基金一样,并不是一种最明智的做法。当熊市结束或牛市接近顶部时,采用这两种方法中的任何一种的投资者都不可避免地会遇到麻烦。尤其要谨慎对待小盘股,因为与具有相同投资风格的大盘股相比,它们的波动性要大得多。小盘价值型基金的涨跌幅度往往比大盘价值型基金大得多，小盘混合型基金的波动性大于大盘混合型基金，以此类推。在20世纪90年代后期，与大盘股相比，小盘股的表现难以尽如人意。实际上，尽管标准普尔500指数上涨了29%，但典型的小盘股基金在1998年还是亏损的。最好的选择是同时持有大盘股和小盘股。当市场偏爱其中一种股票时，你会获利；而当市场转而偏爱另一种股票时，你也不会完全错过。对于大多数投资者而言，市值较小的股票应占其投资组合中的股票部分的10%至20%。

图7.5和图7.6列出了在两种小盘股基金类别中我们最喜欢的基金（由于大多数最佳的小盘股基金都在2005年上半年关闭了基金，因此，晨星公司目前没有推荐该类别中的任何基金）。

当你为投资组合寻找小盘基金时，你需要回答我们在本书前五章中讨论的五个问题。此外，还有两个问题需要考虑。

基金规模有多大

与其他共同基金相比，资产规模（基金经理必须投资的资金量）对小盘股基金更加重要。更大规模的基金对于基金经理来说更难管理，而且它们不太可能拥有与规模较小且更加灵活的基金相同的业绩水平，因为小盘基金的基金经理需要购买小盘股。拥有大量资金进行投资的基金经理要么必须找到更多的好股票（而最好的150只股票可能不如最好的35只股票），要么必须将更多的资金投资于相同的股票。后一种方法的问题在于，许多小盘股没有太多可供买卖的流通股，而且基金可以持有多少股票有着实际

FPA派拉蒙基金	自其现任共同基金经理埃里克·恩德（Eric Ende）和史蒂芬·盖斯特（Steven Geist）于2000年中期接任以来，该基金的业绩取得了明显提高。前任基金经理造成的亏损，产生了大量的税损结转，可以用来抵销未来的应税收益，因此，该基金是应税账户的理想选择。
第三大道小盘价值基金	该基金是由柯蒂斯·詹森而非公司创始人马丁·惠特曼运营的，但与先前的基金非常相似。詹森（Jensen）是一位挑剔的投资者，如果他找不到足够数量能够满足自己条件的股票，他会持有现金，而且他对于执着于击败价值投资没有丝毫掩饰。

图7.5 我们最喜欢的小盘混合型基金

大师精选小盘基金	利特曼·格雷戈里顾问公司（Litman/Gregory Advisors）有五位拥有运营集中的小盘股投资组合经验的基金经理，并将资产平均分配给这五位一流的基金经理。他们每个人根据自己的投资风格挑选8只到15只股票。全明星的基金阵容和利特曼·格雷戈里把股东利益放在首位的投资历史弥补了该基金短暂的业绩记录。
先锋探索基金	该基金产品阵容的五位基金经理组建了一个多样化的投资组合，并且在不同的市场环境下表现良好。尽管该基金在成长股表现良好的年份（例如：2003年）没能大放异彩，但在艰难的市场环境中，它的表现要好于竞争对手。

图7.6 我们最喜欢的小盘成长型基金

上和法规上的限制。总而言之，基金经理可能很难为所有资金找到投资标的。当一只基金的资产过多时，资产数量将大大增加，否则基金经理将被迫把资金投入大盘股中，或者同时投资于小盘股和大盘股。一只早期产生高回报的基金，最终可能变成一只截然不同的基金。富达低价股基金（Fidelity Low-Priced Stock）是关于资产膨胀如何改变基金的一个极端例子。基金经理乔尔·蒂林哈斯特（Joel Tillinghast）始终运营着一只充分多样化的投资组合。但到2005年初，这只规模达360亿美元的基金持有的股票数量达1000多只，每只股票仅占总资产的不到2%。尽管该基金一度主要集中投资于小盘股，但中盘股甚至大盘股越来越多地成为该基金的最大持股。

一般而言，资产基础开始超过10亿美元的小盘股基金就可能变得笨拙。对于专注于微盘股（市值最小的公司）的基金，这个临界值可能是5亿美元。如果你的小盘股基金经理喜欢将很大比例的资产集中在单个股票上，或者如果他（她）采用高换手率的投资方法，则应高度警惕资产膨胀（有关这些因素如何影响基金所谓的市场冲击成本，请参见第5章）。

规模过大的基金通常不会太差。毕竟，如果它们没有才华横溢的基金经理，它们本来就不会达到如此之大的规模。但是，如果它们形成资产膨胀，它们的回报率可能会趋于同类基金的中等水平。你可能还会发现它们的投资风格已经发生变化，它们在投资组合中的作用已经不能达到当初的效果。

基金关闭政策是什么

如果你找到了一只合适的小盘基金，那么下一个逻辑上的问题是：如果基金规模过大，导致基金经理无法有效运营，基金公司是否愿意关闭该基金？大多数基金公司对此做得不是很好。毕竟，很难让基金公司拒绝赚取管理费（通过投资者支付的费用比率）。话虽如此，但已有令人鼓舞的迹象：随着小盘基金从2000年到2004年突然流行起来，瓦萨奇（Wasatch）等一些基金公司确实关闭了小盘股基金，以防止过多的现金破坏其投资策略。

在寻找小盘股基金时，你需要查看招募说明书以了解有关该基金是否以及何时关闭的信息。你还可以致电该基金的客户服务专线，询问关闭基金的计划。我们更喜欢瓦萨奇和特纳这样的公司，它们倾向于在麻烦出现之前就关闭它们的基金。这样的基金公司确定了它们可以成功运营的资产规模，并在发行之初就决定，当资产达到一定规模时将会关闭基金。

■ 明智地使用行业基金（或根本不使用）

你需要行业基金吗？这是一个容易回答的问题：没有人需要专注于单个行业基金。行业基金之所以可能成为没有意义的投资，主要是因为一个由多样化基金组成的投资组合可以让你获得大多数主要市场行业的风险敞口，而无需加倍投资。

我们对行业基金的调查还表明，它们带来的麻烦可能比其价值更大。一种情况是，行业基金通常会让基金公司比投资者更有利可图，这是因为当一个行业炙手可热时，才会发行这些行业基金。这时候，一家基金公司可以通过鼓励投资者赶上上涨趋势来吸收最多的资金。通常，这也是购买基金的最差时机。1999年，有将近20只科技基金上市。买入这些基金的投资者立刻获得了一些收益，但他们在2000年及之后遭受了巨大损失。许多人最终在熊市期间卖出了基金，错过了2003年的科技股反弹。

这种过晚买入的模式在行业基金投资者中很常见，并且它与这些基金的极端业绩波动直接相关。到2005年2月底，5年期回报率最高的10只基金中有6只是各领域的行业基金（特别是房地产和自然资源）。这是一种常见的模式——在大多数时期，行业基金往往会获得最高的回报率。虽然上涨的行业将会发生变化，但领先的行业基金通常仅依靠一两个行业来帮助它们建立可观的回报记录。

巨大回报潜力的负面影响是——你猜到了——潜在的更高风险。典型科技基金的标准差（前36个月的每月回报率相对于该时期的平均月度回报率的差异）是标准普尔500指数的两倍。如果你比较不同时期领先基金的排名，这种波动性相当明显。在1999年底，10年期回报率最高的10只基金中有9只是科技基金，但到2005年初，没有一家科技基金进入前10名。

除了与其他行业基金的资产重叠和极端的业绩波动之外，相对于多样化的基金，行业基金的费用往往也很高。由于它们通常没有太多资产，因此，无法从规模经济中受益，因为规模经济可以使基金保持较低的年度费用比率。此外，基金公司似乎认为它们可以证明更高的费用比率是合理的，因为这些基金需要更专业的研究。我们真的不买账，因为大多数基金家族在运营多样化基金时也会利用它们对行业产品的研究。行业基金投资者通常有效地资助了一家基金公司的研究工作。

如果你无法抵御通过一只行业基金来押注某个行业的诱惑，则需要明智的策略。一种明智的策略是运用平均成本法购买你的行业基金。平均成本法的原则（本质上是定期少量购买而不是一次性大额购买）意味着你可以降低所持基金份额的平均成本，从而获得更高的总回报率。在行业基金等波动性较高的投资中，该策略更加有效。

投资者在确定了想要投资的行业后,你需要使用在第1章至第5章中学习的标准来选择可靠的基金。除了在购买任何基金之前你都应该回答的一些问题(包括业绩、风险、投资组合持仓、基金经理和费用等)之外,你还需要再回答三个专门针对行业基金的问题。

该行业不受市场欢迎吗

如果你决定投资于某只行业基金,那么最好是采取逆势策略而不是追逐趋势。正是由于投资者通常不具备良好的择机能力,所以你通常可以通过购买那些大多数投资者正在抛售的基金来跑赢大盘。那些卖出量最大的基金可能是在过去12个月中回报率最差的行业类别中的基金。

晨星公司对年度"不受欢迎"基金的研究正是基于这一原则。在对过去10年的研究中,我们发现,在给定自然年中资产流出量最大的三种股票基金类别,在超过75%的情况下往往在随后三年超越标准普尔500指数。而且,在超过90%的情况下,不受欢迎的类别作为一个群组击败了受欢迎的类别——那些在近期内涌入了大量新资金的类别。不过,这并不意味着你应该自动投资于最不受欢迎的群组。你需要做一些研究,包括阅读晨星公司对这些基金的分析报告,以确保你了解为什么这个群组不受欢迎,并确认它具有很大的潜力。

它的多样化程度如何

一些行业基金专注于其行业内的单个产业。例如:富达精选电子基金

（Fidelity Select Electronics）属于晨星分类的科技类别，但它相当集中投资于科技行业中的一个关键产业，即半导体。如果你正在考虑购买一只行业基金，则需要阅读它的招募说明书，看看它是否只投资于更广泛行业中的一个产业。你还可以检查基金的投资组合资产和股东报告。另外还需注意，即使某只基金没有声称自己是子行业基金，它也可能仍然集中投资于一个产业。例如：Amerindo科技基金倾向于重点配置网络股，而几乎没有配置计算机和其他科技硬件公司。即使该基金不集中投资于一个子行业，也要检查它是否只持有少数几只股票，这也可能导致较高水平的波动率。在集中度很高的情况下，只要有少量持股陷入麻烦就可以毁掉一只基金的回报率。

它收取赎回费吗

就像国际基金一样，行业基金经常会收取赎回费，目的是阻止短期交易者。如果你是长期投资者（并且如果你已经读过了本书中的很多内容，那么你应该已经知道我们认为的正确投资方法），那么值得积极寻找有赎回费的行业基金（有关赎回费以及为什么我们认为这是一个好主意的更多详细信息，请参阅本章前面的国际基金部分）。如果你确实坚持频繁交易，请使用ETF，并希望你的利润能够超过买卖佣金。图7.7列出了我们最喜欢的一些行业基金。

戴维斯理财基金	该基金持有约30只股票，并在其最喜欢的股票和行业上投入了大量资金。它的风格可能会导致令人失望的短期业绩，但其基金经理们却提供了可靠的长期回报。
普信理财服务基金	从长远来看，这只基金既得益于明智的选股，还得益于远低于平均水平的费用比率。基金经理迈克尔·霍尔顿（Michael Holton）取得了一个良好的开局。
普信健康科学基金	此产品展现了普信勇于冒险的一面。尽管基金经理克里斯·詹纳（Kris Jenner）投资于大盘股，但他偏爱小盘股中的药物和生物技术股票。
PIMCO商品实际回报基金	该基金为投资者提供了大宗商品的直接风险敞口。尽管这只基金的波动性极高，但大宗商品风险敞口实际上可以改善投资组合的风险/回报状况。
美洲世纪环球黄金基金	该基金拥有一支经验丰富的管理团队，费用合理。
先锋贵金属和矿产基金	我们喜欢这只基金，因为它具备经验丰富的基金经理、超低的成本以及相对广泛的多样化。
富达精选科技基金	与同类基金相比，该基金费用低廉，为投资者提供了相当广泛的科技行业风险敞口。
安联RCM环球科技基金	基金经理沃尔特·普赖斯（Walter Price）和陈华晨（Chuachen Chen）已经以这种投资风格运营基金长达20年之久，自1995年末该基金成立以来，他们的这只基金一直非常成功。
伊顿万斯公共事业基金	对于寻求公共事业和电信类的大盘股风险敞口，并希望通过大量能源和外国股票实现多样化的投资者来说，该基金是一个不错的选择。

图7.7 我们最喜欢的行业基金

■ 在投资组合中使用房地产基金

尽管我们坚持认为没有人真正需要行业基金，但有些行业基金还是相当有用的，并且值得进一步考虑。房地产基金可以为投资组合增加很多的多样性。从技术上讲，它们是行业基金，但它们在投资组合中扮演着独特的角色，因此，值得单独对待。

一般来说，房地产基金与标准普尔500指数的相关性极低。这意味着，当标准普尔500指数上升或下降时，房地产基金很可能不会与指数同步运行。当大盘股下跌时，这使得房地产基金具有吸引力。房地产基金与债券市场的相关性甚至更低，它与雷曼兄弟综合债券指数呈负相关（这意味着该指数和房地产类别可能会向相反的方向移动）。

换句话说，房地产基金的表现与美国大盘股不同步，因此，大多数长期投资者将其作为（或至少应该作为）投资组合的核心资产。房地产基金的表现与债券也不同步，债券是稳定股票投资组合的常见选择。将房地产基金添加到股票和债券基金的投资组合中可以增加更多的多样性，从而获得更稳定的表现。看一下房地产基金从2000年到2002年的表现，很容易看出它的好处：大多数美国股票基金业绩都处在亏损状态，但典型的房地产基金在此期间获得了近25%的收益。多数债券基金在此期间均获得收益，但与房地产基金的成功相比却微不足道。

房地产基金的良好表现部分归因于许多房地产股票的高股息收益率。该类别中的大多数基金主要投资于房地产投资信托（REIT），该信托将投资者的资金汇集在一起，并投资于创收性房地产或抵押贷款。REIT会带来很多收入，但法律要求它们必须将大部分收入作为股息分配给股东。稳定的股息收益率可以增加上涨年份的回报率，并抵销下跌年份的亏损。此外，与其他分散投资主体（例如：黄金和外国基金）不同，房地产基金的收益率可防止它们异常波动。房地产基金也比债券基金等其他收益产品更具税收效率,出于会计原因,其部分股息被视为资本回报。这意味着并非所有房地产基金支付的收益都将被视为收入并以较高的税率缴税,而债券基金的所有收益都可能成为应税收入。

但这并不意味着你应该使用房地产基金来代替持有的所有债券基金。尽管它们不如黄金基金那么疯狂,但它们的波动性仍然太大,以至于无法提供类似于债券基金所能提供的避风港。当经济崩溃时,这类基金将遭受沉重打击,例如:1990年房地产基金平均亏损了14%。不过,如果你想使目前严重倾向于大盘股的长期投资组合实现多样化,则可以将全部投资组合中的一小部分资金投资于房地产基金,从而能够充分发挥它的作用。

图7.8显示了我们最喜欢的房地产基金。

摩根士丹利美国房地产基金	其基金经理经常在房地产市场发现被低估的资产,导致该基金积累了同类基金中最一致的业绩记录之一。值得注意的是,该基金是晨星401(k)计划中唯一的房地产基金。
证券资本美国房地产基金	即使其集中度较高的投资组合意味着一旦发生错误便会造成较大的损失,但我们有信心认为,该基金经验丰富的管理团队和深厚的研究资源将为他们赢得胜利。如果房地产股暂停上涨,我们认为这只基金完全具备挖掘价值股的能力。

图7.8 我们最喜欢的房地产基金

■ 在投资组合中使用大宗商品基金

对于寻求通过行业基金实现投资组合多样化的投资者来说,房地产基金将是他们的首选,但是,在过去几年中,另一类基金引起了我们的关注:

大宗商品基金。这些基金通常不会直接购买大宗商品，而是会购买衍生工具，为它们的投资组合提供原油、小麦、金属和生猪等大宗商品风险敞口。

对于专注于大宗商品的基金来说，可选择的范围还不是很大——截至2005年3月，只有少数几家基金公司提供这类基金。但是，与房地产基金一样，它们与美国股票市场的相关性很低。

作为单独投资，大宗商品基金的波动非常大。但是，当这些基金只作为更广泛的投资组合中的一小部分时，它们与股市有限的相关性意味着它们实际上可以降低该投资组合的整体波动水平，并有可能提高其回报潜力。大宗商品基金也有可能避免通货膨胀对你的股票和债券资产造成的破坏性影响。在通货膨胀的环境中，明天从你的股票和债券资产中获得的任何收入总是会比今天少。而大宗商品并非如此，当通货膨胀上升时，大宗商品总是会升值。

不过，投资者需要注意：在过去几年中，许多大宗商品的价格已经急剧上涨，因此，如同其他市场一样，不要奢望这种趋势能够一直持续。

■ 投资者检查清单：超越核心：使用特定股票基金

- ▶ 为了帮助你找到可以补充其他资产的外国基金，你需要深入研究其投资风格。我们在对美国股票基金进行分类时曾使用过九宫格，现在我们利用同样的九宫格对外国基金的投资组合进行分类。

- ▶ 为了获得直接的外国股票风险敞口，你需要选择一只投资于发达市场的大盘基金，不能选择在新兴市场或单个国家投入大量资金的基金。

▶ 根据基金是否始终对冲外国货币风险敞口来挑选基金。

▶ 偏爱那些正在努力阻止短期交易者的外国股票基金。询问基金是否采用公允价值计价，以及是否收取赎回费。

▶ 小盘基金增加了多样性并可能提高收益。但是，要当心增加的风险。

▶ 提防小盘基金的资产增长。某些基金并没有因为资产规模而受到太多影响，但是，对于许多基金而言，资产超过10亿美元可能会带来麻烦。

▶ 没有人真正需要行业基金：它们费用高，风险大，而且经常与你已经持有的其他基金产生重叠资产。

▶ 如果你决定购买行业基金，你需要使用平均成本策略。另外，将注意力集中在那些不受欢迎的行业上，而不是热门的行业上。

▶ 房地产基金和大宗商品基金可以成为出色的投资组合多样化产品，因为它们的表现不同于普通股票基金或债券基金。

HOW TO FIND IDEAS FOR YOUR PORTFOLIO

第 8 章

为你找到合适的核心债券基金

假设你正在参加一个晚餐聚会,有人开始吹嘘他的汽车。可以肯定的是,他在谈论运动跑车或SUV。可能是小型货车吗?不太可能。("我发誓,你可以装进20个购物袋,但仍有空间可以放下一个月的干洗衣物!而且至少有6个杯架,更不用说……")

债券基金就是投资界的小型货车。人们之所以谈论股票基金,是因为这些股票通常令人兴奋。债券基金通常并不令人兴奋。但我们的债券分析师会真心地反对这种说法,因为他们发现债券基金绝对具有吸引力。我们承认,基金投资的具体细节可能很有趣,但是,就波动剧烈的业绩表现而言,无论是盈利还是亏损,债券基金都无法与股票基金相提并论。实际上,不那么令人兴奋的业绩正是使债券基金成为非常有用的投资的重要原因。

投资者要想学习如何选择债券基金,首先需要了解债券的运作方式。债券和股票之间的本质区别在于,当你购买股票时,你将成为公司的共同所有者。如果你购买一只福特公司的股票,你就拥有一小部分福特公司。虽然这只是很小的一部分——大约有18亿股福特公司的股票在市场流通——但你确实拥有该公司的一部分。当你购买债券时，你就是在借给公司钱（或者，对于国债来说，你是在借给政府钱）。你的借款将会持续一段时间（直到债券到期为止），在此期间，你会定期获得一定的股息（通常称为票息）作为贷款的利息。因此，投资债券时要考虑的基本问题是债券支付多少利息或收益率，债券到期需要多长时间（这转化为利率风险），以及你对企业或政府偿还债务有多大的信心（称为信用质量）。

■ 了解利率风险

正如我们在第1章中所提到的，有两个主要因素控制着债券和债券基金的表现：利率敏感性（或久期）和信用质量（这两个因素是决定一只基金在晨星债券基金风格箱中的位置的关键决定因素，我们也在第1章中讨论过相关内容）。久期是债券基金投资者的一个关键考量因素，因为债券价格的走势与利率相反。当利率下降时，债券价格上升。为什么会这样呢？当利率下降时，具有较高收益率的旧债券（因为它们是在利率较高时发行的债券）对投资者而言要比具有较低收益率的新发行债券更具价值。当利率上升时，情况恰恰相反：现有债券（在利率较低时发行的债券）的价格会受到压制，因为投资者宁愿购买收益率更高的新债券。投资者要想确定某只债券基金的涨跌幅度有多大，需要检查它的久期。久期越长，基金对利率变化的敏感性就越高。

久期将债券的三个风险因素归结为：到期期限、票息和本金的现金流以及当前利率。为了帮助说明这三个因素是如何发挥作用的，可以将债券视为一份专业篮球运动员的合同。在谈判他的第一份合同时，一名顶级新秀希望他的工资能在整个NBA联盟内保持竞争力。在寻求不同的合同建议时，他将要考虑合同的期限（到期日）、工资（收益率或票息）和整个联盟的工资水平（当前利率）。他还将考虑允许他的合同提前终止的所有条款。在债券世界中，这些条款相当于允许债券发行人"赎回"债券，即在债券到期之前偿还债券持有人。例如：发行人可能会赎回高息债券，因为它可以以较低的利率发行新债券，从而节省大量资金。

假设该球员收到了一份为期5年的合同，每年的工资为100万美元。他虽然对工资满意，但却对较长的合同期限感到担忧。如果他签下合同并且NBA的平均工资大幅上涨，那么他的工资将不如以前那么有吸引力，甚至可能低于联盟的平均水平。久期因素会影响这些权衡，并形成一种可供投资者进行比较的风险衡量指标。在两种债券中，久期更长的债券更容易受到利率变化的影响。

对于久期来说，不那么直观的一点就是它以年为单位来表示，就像债券期限一样。麻烦的是，久期并没有像债券期限这样具体的概念。我们举个例子来说明，假设一只债券的期限为11年，久期为8.5年。在11年末，我们明确地知道会发生什么事情：发行人会偿还债券。债券发行人不必继续支付票息，并且债券持有人可以收回本金（他们借出的金额，也就是债券的票面价值）。但是,8.5年（久期期限）后会发生什么呢？实际上不会发生任何事情。相反，久期是一个有用的抽象概念：债券的久期越长，对利率变化的反应就越大。根据一般经验，现行利率每变化1个百分点，都会导致基金的价格根据久期发生变化。例如：如果现行利率从3%变到4%，则久期为8年的基金可能会损失其价值的8%。此外，久期为4年的债券基金对利率变化的敏感性应为久期为8年的债券基金的一半。

■ 了解信用质量风险

除了利率风险之外，债券基金还要面临信用风险，这是债券发行人可能无法偿还债务的风险。试想一下，如果你有一位6年没工作的妹夫，他想向你借50美元，你可能会担心他不会还给你这50美元。但是，你会更爽快地将钱借给你非常可靠的妹妹。公司和投资者之间也会发生同样的情形。投资者渴望借钱给政府或信誉良好的公司，这些公司很可能会还清债务，但对于没有良好业绩记录或陷入困境的公司，你在借钱给它们时往往会慎重考虑。由于人们对这些企业偿还债务的能力有更大的怀疑，借款方将不得不承诺更高的利率才能获取资金。

有关公司偿债能力的判断会被记入其信用评级。穆迪和标准普尔等信用评级公司会仔细检查公司的财务报表，以判断它属于无信用的公司还是属于偿还债务的好公司。然后，它们为公司的债务评定字母等级。在标准普尔系统中，AAA表示最高的信用质量，D表示最低的信用质量。因此，如果你持有的债券评级为AAA，则很有可能会收到所有利息，然后，在债券到期后会收到本金。评级为AAA、AA、A和BBB的债券被视为投资级债券，这意味着发行债券的公司很有可能会偿还其债务。评级为BB、B、CCC、CC和C的债券是非投资级或高收益（也称为垃圾）债券。这意味着人们非常担心债券发行人将不履行其向债券持有人支付利息的义务。最低信用质量等级D用于已经违约的债券。

如果你打算购买信用质量评级较低的债券（可能不会支付所承诺的利息并退还所有本金的债券），则需要一种激励措施。为鼓励你购买这些债券，它们将会提供前面提到的更高的收益率。在所有其他条件相同的情况下，债券的信用质量越低，其收益率就越高。因此，你可以找到收益率达8%或以上的高收益债券基金，而你能很幸运地从大多数投资级债券基金中获得5%的收益。由于投资级债券发行人更有可能履行其义务，因此，投资者为了获得更大的确定性（即发行人将履行偿还义务）而放弃更高的收益率。

信用质量也会影响债券的业绩表现。当经济处于衰退状态或投资者认为经济可能陷入衰退时，评级较低的债券往往表现不佳或价格下跌。经济衰退通常意味着公司利润降低，从而导致能够支付给债券持有人的资金减少了。如果发行人的偿债能力在健康的经济中看起来尚且有些不确定，那么在经济衰退期间，它的偿债能力就更值得怀疑了。因此，当投资者担心经济状况时，高收益债券基金通常会遭受打击。由于大多数高收益债券是由企业发行的，并且会受到经济状况的影响，因此，与其他债券基金相比，高收益债券基金为股票基金投资组合提供较少的多样化。

■ 购买核心债券基金

对于大多数投资者的投资组合中的核心债券基金而言，短期久期和中期久期（最长6年）的债券基金是比较合适的选择。与更长久期的基金相比，它们的波动性较小，并且提供的回报率几乎相同。

正如，我们认为大多数投资者会为他们的核心固定收益资产选择低等到中等利率敏感性的债券基金，我们希望你在信用质量方面采取类似的中等策略。你不必为所有固定收益投资组合都坚持使用国债基金（美国政府是最有信用的发行人，但国债收益率也往往低于所有其他债券类型），但我们建议你将大部分债券投资组合（例如：75%或以上）投入投资级或更高级别的债券基金。

晨星的中期债券类别通常涵盖不承担极端信用质量风险或利率风险的广泛多样化的债券基金，对于大多数寻求核心固定收益基金的投资者来说，它是一个理想的起点。大多数顶级债券公司，包括太平洋投资（PIMCO）、先锋、富达、都市西部（Metropolitan West）和西部资产（Western Asset）等，都拥有稳健的中期债券基金作为其基金家族的旗舰产品。对于那些为即将实现的目标而进行储蓄的投资者，晨星公司的短期债券类别是寻找核心债券风险敞口的好地方。先锋和富达都管理着一流的短期基金，一些投资者会寻求具有有限的利率敏感性的债券基金，这些短期基金可以作为他们有价值的核心资产（有关我们最喜欢的短期、中期和长期债券基金，请参见图8.1到图8.3）。我们还建议投资者（不仅是税率最高的投资者）调查市政债券基金是否适合自己的投资组合（在下一节中，我们将会讨论如何知道市政债券基金是否适合你以及如何选择市政债券基金）。

富达短期债券基金	大多数投资者都希望他们的短期债券基金是一项保守的投资，不会亏损太多资金，而该基金与上述描述完全吻合。与富达的其他债券基金一样，这只基金专注于通过选择债券来增加增量收益。我们还喜欢它较低的费用比率，维持较低的费用比率才能保障收益率。
先锋短期债券指数基金	该基金旨在追踪雷曼兄弟1-5年政府/企业债券指数，因此，主要投资政府债券和投资级公司债券。它没有承担太大的信用风险，并且拥有良好的长期业绩记录。超低的费用使其难以被击败。

图8.1　我们最喜欢的短期债券基金

都市西部总回报债券基金	投资级公司债券市场在2002年的困境使得该基金的运作失去了很多动力，但我们仍然是该基金及其管理团队的支持者。该团队拥有一些业内最有才能的人才，并且拥有实力雄厚的可靠的行业研究专家。
道奇·考克斯收益债券基金	该基金已经成立了好几年，在2002年，该公司的管理团队被评为晨星年度最佳固定收益基金经理。该基金从较低的费用比率中受益匪浅，这证明你无需为出色的主动型基金付出大笔费用。
先锋全债券市场指数基金	这只基金不算花哨，并且没必要那样。其超低的费用使其很难在任何投资期限内被击败。该基金旨在跟踪雷曼兄弟综合债券指数，实际上该基金在大多数时期都以微弱优势击败了该指数。
FPA新收益债券基金	该基金的管理团队由鲍勃·罗德里格斯领导，他们是业内最出色的团队之一。它采用了逆势策略，并且非常乐于涉足债券市场中不受欢迎的领域，通常会产生令人惊喜的业绩。
PIMCO总回报债券基金	比尔·格罗斯在1998年和2000年被评为年度最佳固定收益基金经理，他让该基金成为了明星基金。尽管格罗斯回避了大多数高风险赌注，而主要选择了高质量债券，但该基金在中期债券类别中拥有最好的业绩记录之一。
西方资产核心债券基金	尽管南加州的邻居太平洋投资管理公司吸引了债券界的更多关注，但西部资产管理公司的基金（包括这只基金）的业绩记录值得更多认可。较低的费用和深厚而经验丰富的研究团队使其具有极大的吸引力。

图8.2　我们最喜欢的中期债券基金

先锋长期投资等级债券基金	你可以将这只基金的成功大部分归功于其极低的费用比率。这使它几乎能够领先于所有其他同类基金。这也使该基金能够在与竞争对手抗衡的同时，保持相对较高的质量。该基金由著名的惠灵顿管理公司和掌舵人厄尔·麦克沃伊（Earl McEvoy）负责运营。该基金的高利率敏感性是该基金至关重要的组成部分，如果对通胀的担忧导致长期利率上升，则很可能会影响该基金的收益。

图8.3　我们最喜欢的长期债券基金

当你要寻找债券基金时，请遵循本书开头所提到的选择基金的标准原则。除此之外，还要特别注意以下三点。

寻找低成本基金

在评估债券基金时，必须精打细算。因为从长远来看，债券的收益通常低于股票，所以它们的成本成为一个沉重的负担。高费用似乎对收益的影响不太大，但高成本的债券基金通常要比低成本的债券基金具有更高的风险。费用会从基金支付给其股东的收益中扣除，因此，高成本基金的基金经理经常会做出一些有风险的事情，以使其收益率与较便宜的基金保持竞争力，例如：购买久期较长或质量较低的债券，利用杠杆或押注衍生品。这样做会增加基金的风险。相比之下，费用较低的基金经理可以提供相同的收益率和回报率却无需承担额外的风险。许多优秀债券基金的费率为0.75%或以下。

关注总回报率，而非收益率

许多债券基金投资者习惯于关注收益率。如果你是在退休期间寻求固定收益，自然会关注收益率——它会告诉你，当基金定期进行收益分配时，你能收到多少金额。但是，追逐收益率可能会受到惩罚。一些基金会利用会计技巧来提高收益率，同时你的本金或资产净值可能会下降。例如：基金经理可能会为高收益债券支付比面值更多的金额，并在债券贬值至面值时分配全部收益，或者说，为了获得高收益债券，他们实际上会侵占你的本金（在那种情况下，看似较高的收益其中的一部分，实际上是基金在用你自己的钱支付你的收益！也就是说羊毛出在羊身上）。这笔支出将反映在资产净值中，或者基金份额的价格中，这些数字会逐年下降。

与其仅凭借债券的收益率来评估债券基金，不如评估债券的总回报率：债券的收益率加上资本增值（资本增值来自利率变化导致的债券升值）再加上这些收益随着时间积累产生的复合增长。收益率将会占到债券基金总回报率的最大份额；你只需确保该基金不是靠削减资产净值才产生的那个收益率。相对于其他同类基金，具有更高的长期总回报率的基金是你最好的选择。

寻求多样性

你不会选择只购买医疗股的基金作为你的第一只股票基金，那么为什么你的第一只（也许也是唯一的）债券基金要仅限于吉利美（Ginnie

Mae）基金呢？（吉利美基金主要投资于由美国政府国民抵押协会担保的抵押贷款支持的债券。）然而，许多投资者持有的债券基金仅购买政府债券、国债或抵押贷款。对于你的核心债券风险敞口，可以考虑同时持有政府和公司债券的中期高质量债券基金。你可以获得更高的总回报率以及多样化所带来的稳定性。

■ 确定市政债券基金是否适合你

如果你处于较高税率等级，则可以考虑将市政债券基金作为债券投资组合的核心。州政府、市政府和地方政府会通过发行市政债券来筹集资金。它们将所得款项用于改造道路、翻新学校，甚至建造运动场馆。这些债券通常由主要评级机构（例如：穆迪或标准普尔）根据发行人的质量进行评级。与从公司债券或联邦政府债券中获得的收入不同，从市政债券中获得的收入可以免征联邦所得税。如果你恰好居住在发行债券的州政府所在地区，则这项收入也可以免除州所得税。因此，在检查市政债券的收益率时，重要的是要考虑隐性税收优势。市政债券通常由于其税收优惠而支付较低的税率（将税收优惠考虑在内，市政债券的收益甚至更高）。

你无须考虑税率等级，就可以购买捷豹汽车或在尼曼百货公司[①]定期购物，因为你有来自市政基金的避税收入，这对你来说是一笔很划算的交

---

① 尼曼百货公司（Neiman Marcus）是美国以经营奢侈品为主的高端连锁百货商店，是当今世界最高档、最独特时尚商品的零售商，已有100多年的发展历史。——译者注

易。这是因为应税债券的收入与你从股票或股票基金中获得的股息或资本收益不同，它们应该按普通所得税率纳税。因此，如果你可以通过购买市政债券来节省债券基金的税金，那么实际获得的回报率会高得多。举例来说，假设你是处于28%的税率等级的投资者。你想知道哪种投资能为你带来更好的收益：公司债券基金收益率为7%，市政债券基金收益率为6%。考虑税收因素之后，市政债券基金是收益率更高的投资：从公司债券基金7%的收益率中扣除28%的税率，得到的税后收益率略高于5%。

投资者在寻找合适的市政基金时，需要考虑以下几点。你可以在晨星公司的网站上的基金报告、股东报告或招募说明书、《晨星共同基金》杂志（可在公共图书馆中获得）或基金家族的网站上找到这些信息。

寻找中期久期债券基金

与应税债券基金一样，如果你正在寻找一种多功能的市政基金来稳固你的投资组合，你可能需要一个中期久期的债券基金。与大多数债券基金一样，市政债券基金的价值也会随着利率的变化而涨跌。投资者要确定基金的利率风险，就需要检查它的久期（久期较长的基金将被归入晨星债券风格箱中的右侧一栏中）。久期较长通常意味着短期盈利和亏损的可能性更大。在过去的几年中，先锋长期免税基金（Vanguard Long-Term Tax Exempt）的久期大约是桑伯格限期市政国民基金（Thornburg Limited-Term Municipal National）的两倍。难怪2004年第二季度利率上升时，先锋基金的亏损几乎是桑伯格基金的两倍（2.5%相比1.39%）。但是，鉴于利率自2000年以来一直处于下降趋势，因此，在过去5年中，先锋基金的更长久期的投资组合使其年化收益率超过了桑伯格基金，先锋基金获得了7.24%的年化收益率，而桑伯格基金则为4.69%。我们的建议：采取折中办法并选择一个中期久期的债券基金。对于短期投资者，我们建议他们考虑使用短期市政债券基金。普信、先锋、USAA和富达均提供出色的短期市政债券产品。

寻找信用质量可靠的债券基金

就像持有公司债券的基金一样，某些市政债券基金也容易受到信用问题和债券违约的影响（它们所持有债券的发行人可能无法偿还债务）。不过，有些债券则不会这样。例如：先锋长期担保免税基金（Vanguard Insured Long-Term Tax Exempt）只购买那些有信用担保的债券。担保债券获得AAA评级（最高），并且对利率变动高度敏感，但通常收益率低于低质量债券。处于信用问题另一侧的是富兰克林高收益免税收益基金（Franklin High Yield Tax-Free Income），它大量投资于低评级或无评级的高收益市政债券。

在20世纪90年代的大部分时间里，强劲的经济增长掩盖了高收益市政债券的风险。在经济增长强劲的情况下，这类基金扶摇直上，晨星的分析师们与基金公司的基金经理们产生了很多争论，他们不明白为什么在这类基金获得非常高的回报率时，我们警告投资者注意风险。在截至1999年12月31日的10年中，高收益市政债券基金的年均回报率比其优质债券的年均回报率高出大约3%。在经济放缓、陷入衰退之后，更多的市政当局威胁要违约，这损害了高收益市政基金的业绩。

你在决定愿意承担多少信用质量风险时，我们建议你采用折中办法。如果你要购买市政债券基金作为投资组合的核心，则需要选择那些平均信用等级为AA的产品。它们有足够的高质量债券来避开大多数信用恐慌，但仍然足够灵活，并能够击败高收益率的评级较低的债券基金。如果你想更加谨慎，最好使用AAA级或担保级债券基金。

了解你所在州的税率

一些市政债券基金可以为你提供州和联邦的税收减免。这是因为虽然一些市政债券基金在全国各地进行投资，但其他一些则集中在单个州。国家市政基金提供地区上的多样化，并可以抓住从纽约到新墨西哥的广泛地区中的投资机会。另外，单州市政债券基金可以为所在州的居民提供联邦和州的税收减免（国家市政债券基金只为你提供联邦税收减免）。加利福尼亚人不必对加利福尼亚市政债券基金的收入缴纳州所得税。如果你生活在高税率的州，则需要选择一只单州市政债券基金。否则，你需要选择一只国家市政债券基金，以寻求多样化的好处。

寻找低成本债券基金

成本对于所有债券基金都很重要，对于市政债券基金尤其如此。在任何给定年份，收益率最高和收益率最低的市政债券基金之间的差额都是很小的。因此，寻求低成本优势是值得的。投资那些费用比率低于0.75%的市政债券基金。

避免替代性最低税（AMT）

如果你面临替代性最低税（AMT），并且你投资的基金持有需缴纳该税的债券，那么你仍然需要对市政债券基金的收入缴税。替代性最低税旨在确保富人至少支付一些税金，但是，即使你不处在较高的税率等级，你也可能需要缴纳替代性最低税。例如：如果你兑现了大量员工股票期权，则可能需要缴纳替代性最低税。你可以在美国国税局的网站上查看"税收项目556"（"替代性最低税"），还可以查阅"IRS表格6251"（"替代性最低税——个人"），或者通过询问会计师来确定替代性最低税是否对你造成影响。

基金经理会购买须缴纳替代性最低税的市政债券，因为这些证券的收益往往高于没有这项税收的债券。如果你担心替代性最低税，则可以选择一只避免这类债券的市政基金，例如：普信免税收益基金（T. Rowe Price Tax-Free Income）。招募说明书会说明该基金是否有权避免这类债券。基金名称中含有"无税"（Tax-Free）或"免税"（Tax-Exempt）字样的基金必须将其资产的80%或以上保留在不须缴纳替代性最低税或任何其他联邦税的债券中。

在图8.4至图8.6中，我们列出了我们最喜欢的国家市政债券基金。

富达斯巴达中短期市政债券基金	多年来，该基金一直是市政短期基金类型中的佼佼者。富达的市政债券研究能力、该基金的合理定价以及马克·索默尔（Mark Sommer）的稳健投资风格都证明了该基金的优势。
普信免税中短期债券基金	该基金是一只可靠的多功能基金，长期以来取得了稳定的业绩。该基金保守的投资风格加上低于平均水平的费用比率，使其成为保守市政投资者的不二之选。
USAA免税短期债券基金	基金经理克里夫·格拉德森（Cliff Gladson）所选择的债券通常都会获得成功。而且，由于该基金的费用比率低于平均水平，因此，我们很有信心地推荐该基金。
先锋有限期免税债券基金	超低的费用比率是该基金的关键。而且由于具有费用优势，因此，该基金无须承担大量额外的信用风险便可使收益水平赶上该类型中的那些更激进的基金。
先锋短期免税债券基金	在我们推荐的两只先锋短期市政债券基金中，该基金较为保守。它距离货币市场基金仅一步之遥，并具有极低的波动性。但是，它的资产净值可能而且确实会波动，并且有可能会产生短期亏损。

图8.4　我们最喜欢的国家市政短期债券基金

富达斯巴达中期市政收益债券基金	富达公司的市政债券基金发展得越来越好了，这个投资组合是其发展的一个典型代表。它的投资策略可能有点过时，但是，富达公司知道如何正确地执行该策略。这包括将该基金的费用比率调整到适当的较低水平。
USAA免税中期债券基金	尽管其承担的信用风险高于平均水平（与其竞争对手相比，它拥有数量更多的中级债券），但该基金始终能够控制其波动水平。
先锋中期免税债券基金	你是否已经对这种说法感到厌倦？先锋相当于超级便宜的债券基金，而你有了这一优势就足够了。该投资组合几乎对于所有其他同类基金都具有巨大的起步优势，因此，即使该基金出现失误，也几乎永远不会使其业绩落后。

图8.5　我们最喜欢的国家市政中期债券基金

富达斯巴达市政收益债券基金	基金经理克里斯汀·汤普森（Christine Thompson）是我们评选的2003年度最佳固定收益基金经理。该基金费用适中，并且其分析能力可与任何其他公司媲美，因此，该基金是一个非常好的选择。
富兰克林联邦免税收益债券基金	该基金成为最大的国家市政长期债券基金是有理由的。就像其基金家族中的许多其他基金一样，这只基金获得了令人羡慕的业绩记录，不仅回报率稳定而且波动性适中。
先锋免税高收益债券基金	在某种程度上，这只基金可称得上鱼和熊掌可以兼得。尽管该基金由于没有持有足够多的低质量债券，因而不能被晨星公司归类为高收益市政基金，但该基金的低成本使其收益率可与许多高收益市政债券基金媲美，同时它又不会承担太多的信用风险。
先锋长期免税债券基金	该基金代表了先锋公司在市政债券基金领域内不可思议的成本优势，这里的成本因素要比其他任何债券基金都重要。该基金偶尔会因信用质量和利率影响而波动，但这似乎并不会影响其投资组合出色的长期业绩记录及其低成本记录。

图8.6 我们最喜欢的国家市政长期债券基金

■ 投资者检查清单：为你找到合适的核心债券基金

▶ 久期较长的债券对利率变化更为敏感。持有此类债券的基金，在利率下降时会大幅升值，而在利率上升时会贬值。

▶ 信用质量较低的债券需要支付较高的收益率，以向投资者补偿违约风险。持有这些债券的基金特别容易受到经济疲软的影响。

▶ 对于债券投资组合的核心部分，重点关注同时持有政府和公司债券的中期债券基金。如果你要为即将实现的目标进行储蓄，则需要从晨星公司的短期债券基金类型中选择你的核心债券基金。

▶ 成本在债券基金回报率中占很大比重。你需要寻找低费用的债券基金。

▶ 关注基金的总回报率，它反映了收入回报率加上资本回报率。收入回报可能很有吸引力，但如果以牺牲本金为代价，那么就没有吸引力。

▶ 如果你需要税收保护，则需要购买受利率或信用质量影响不大的市政债券基金。单州市政债券基金可以为你提供州和联邦的税收减免。

How to find ideas for
Your portfolio

第 9 章

超越核心：使用特定债券基金

债券型基金投资的关键是了解你的基金可以做什么和不能做什么。基本的优质债券基金可以很好地平衡股票投资组合，但是，不应期望它在很长一段时间内的业绩表现能超过股票基金（因为高质量债券承诺的确定性回报率要比股票高得多，因此，我们不应期望它们提供非常高的回报率来吸引投资者）。而且由于利率几乎永远不会保持不变，因此，不应期望债券基金每年都能带来正回报。正因为如此，所以有一些侧重不同领域的债券基金（例如：国际或新兴市场债券产品）或具有一定信用敏感性的债券基金（例如：垃圾债券基金）可能会成为令人欣喜的亮点。这些特定债券基金可能比我们在上一章中讨论的那些核心基金具有更高的风险，但它们也有可能提高你的投资组合的回报率。

■ 使用高收益债券基金

如果你希望提高债券基金的回报水平，那么高收益率是首先要考虑的领域之一。高收益债券通常被称为低质量债券或垃圾债券。不管名称是什么，这些债券提供的收益都比国债或其他高质量公司债券高得多。那是因为它们的风险更高，即它们的发行人可能无法支付利息或者无法偿还它们最初承诺要返还的本金（因此，正应了"垃圾债券"的名称）。如果经济放缓或公司陷入困境，它们可能最终沦为名不副实的便宜货。

鉴于它们的致命弱点是信用风险而不是利率风险，因此，垃圾债券基金可能是高质量债券基金的良好补充，后者通常对利率变化更为敏感。当利率发生变化时，偏爱远期高等级债券的基金可能会产生很大波动。但是，由于垃圾债券可提供更多的收入，而且期限通常较短，因此，它们对利率变动的敏感性通常不如久期更长的高质量债券。1999年利率飙升时，长期政府债券基金的平均亏损超过7%。不易受利率波动影响的垃圾债券基金实际上获得了4.2%的平均收益。因此，高收益债券基金可以很好地补充核心中期债券基金，后者持有美国国债、高质量公司债券和房屋贷款，所有这些债券均具有较高的信用质量。但是，垃圾债券基金的表现更像股票基金，因此，将其保持在你的债券风险敞口的15%以下。

在购买垃圾债券基金时，需要检查该基金的信用质量（这些信息可从基金公司和晨星公司网站的晨星报告中获得）。查看该基金是投资于较高级别的垃圾债券（例如：信用等级为BB和B的债券），还是为了增加收益而涉猎低级别的垃圾债券？同样需要检查该基金是否拥有可转换债券（转换为股票的债券）或新兴市场的债券。一些高收益债券基金甚至可能将股票纳入其投资组合。这些因素可能会使基金的波动性增加。最后，检查该基金在债券基金市场低迷时的表现。这将使你了解该基金的未来风险。垃圾债券投资者在1990年，以及更近期的1998年第三季度、2000年、2002年都经历了艰难时期。在20世纪90年代以及2003年和2004年，垃圾债券在强劲的经济中表现良好。但是，经济放缓可能会导致这些基金表现不佳。在2000年经济处于举步维艰的困境时，所有其他类别的债券型基金都赚到了钱，而高收益债券基金实际上平均亏损了7.6%。

图9.1显示了我们最喜欢的高收益债券基金。

伊顿万斯波士顿收益基金	近年来，该基金取得了可观的成绩。当高收益市场在2002年中期暴跌时，良好的发行选择和行业配置使其避免崩盘，而其配置的低质量债券帮助该基金参与了该市场为期两年的上涨。
东北投资者基金	该基金的业绩有时与高收益基金不同步，但其基金经理任期最长。低费用比率增加了吸引力。不过，追求高收益的投资者要注意：该基金还持有一些股票和新兴市场债券。
PIMCO高收益基金	比大多数高收益债券基金更为保守，该基金可能会在垃圾债券市场活跃时落后。尽管如此，它仍然拥有数量庞大的追随者和数十亿资产。它通常不购买低于B级的债券。
先锋高收益企业基金	该基金处于高收益债券池的低端。它所承担的信用风险不如典型的同类基金那样大，因此，波动性相对较小。低成本赋予了它极大的吸引力。

图9.1 我们最喜欢的高收益债券基金

■ 使用超短期债券基金

相比垃圾债券基金，超短期债券基金处于风险范围的另一端，它们的安全性在债券基金中是最高的。这些基金可以在你的投资组合中扮演同样重要的角色，但是，它们产生的收益通常要高于你从货币市场基金获得的收益，而无需承担更多风险。

货币市场基金的资产净值固定为1美元，而超短期债券基金却并非如此，其资产净值会（且确实会）根据所持资产的价值而波动。这意味着你可能会在超短期债券基金中亏钱。但是，任何此类亏损往往很小。实际上，早在1987年，超短期债券基金所遭受的最大月度平均亏损仅为2.4%。

一般而言，我们是这类资产的支持者，尤其是考虑到过去几年来货币市场的收益率特别低。投资超短期债券基金时要记住精打细算的重要性。请记住，基金的费用比率直接从其收益中扣除，因此，你支付的费用越少，你的收入就越多。在这类基金中，赢家和输家的差距很小，因此，通常最好选择你所能找到的最便宜的基金（如果你打算暂时持有该基金，则还需要确保该基金不仅仅是暂时地免除费用）。富达、嘉信和培登（Payden）都提供一流的超短期债券基金。图9.2显示了我们最喜欢的超短期债券基金。

富达超短期债券基金	该基金相对较新，但我们认为它本身就是一个有力的证明。它由安德鲁·达德利（Andrew Dudley）管理，他在富达短期债券基金上取得了很大的成功。该基金的费用比率比较合理，这为该基金提供了一个可持续的优势；并且坚持持有高质量债券，从而限制了其整体信用风险。
培登有限期债券基金	该基金费用适中，投资组合具有广泛的多样性，总体上比较谨慎，对于寻求高于货币市场基金收益的投资者而言，它是一个很好的选择。该基金比货币市场基金承担更大的风险，但是，对于那些希望本金波动较小的人来说，我们认为这是一个不错的选择。
道富收益增强债券基金	该基金是该类别中对利率最不敏感的基金之一，因此，我们预计在利率上升的环境下，该基金的表现将优于大多数同类基金。总体而言，我们认为，由于该基金的低波动性，对于那些不介意本金小幅波动的人来说，它是货币市场基金的一个不错的替代品。

图9.2 我们最喜欢的超短期债券基金

■ 使用通货膨胀指数债券基金

通货膨胀指数债券是收入投资的圣杯，因为它们可以保证你的回报率不会因高通胀而受到损害。通货膨胀指数债券的价值会随着通胀率的提高而上升，这几乎是必然的，正如死亡和税收一样无法避免。相反，通货膨胀指数债券的价值会在通货紧缩的情况下下降，但不会低于债券的票面价值或面值。当通货膨胀看起来比较温和而且传统债券价格上涨时，通货膨胀指数债券的表现通常不会很好，并且它们也无法避免与利率相关的波动。但我们仍然认为，它们是债券投资者工具包的一个重要补充。

大多数投资于通货膨胀指数债券的基金都坚持使用最高质量的债券，这些债券由美国财政部发行（通货膨胀保值债券，通常称为TIPS）。政府机构和公司发行的其他少量债券也试图跟上通货膨胀的节奏。截至2005年初，排名靠前的通货膨胀指数债券基金包括先锋通货膨胀保值债券、富达通货膨胀保值债券和PIMCO实际收益债券。

这种基金对于你的债券投资组合可能是个好的想法，因为它们解决了所有债券基金的一个关键问题：通货膨胀会削减你的收益。债券基金收益不大，因此，通货膨胀产生的影响要比股票基金更明显。即使通货膨胀率很低，也会逐渐侵蚀你的债券基金的回报率，这是你依靠债券基金获得收入时需要考虑的一个重要因素。

■ 使用银行贷款基金

要想从日常波动中获得更多收入，几乎没有比银行贷款基金（也称为"优惠利率"基金或"浮动利率"基金）更好的选择。优惠利率基金投资于带杠杆银行贷款。银行通常将这些贷款提供给公司（大多数信用状况不佳），然后，再将其出售给机构投资者和共同基金。贷款的收益率随着短期利率的上升和下降而变化，因此，它们的价格最终会保持相对稳定。正因如此，银行贷款基金才能将其资产净值波动率保持在风险范围的较低水平。

听起来似乎好得令人难以置信吗？在某些方面，确实如此。银行贷款基金有很多值得注意的地方。首先，与普通债券基金相比，大多数银行贷款基金收取相对较高的费用。其次，有些使用投资杠杆，这既会增加收益，也会增加损失。杠杆实质上是借钱进行投资。这样一来，与没有借钱的基金相比，这种基金会高出比如25%的债券风险。这可以使该基金的收益增加25%，但同时也会使亏损增加25%。

银行贷款基金的另一个缺点是，它们中的大多数都有限制性的赎回政策。在2002年末，富达基金推出了第一只允许每天赎回的银行贷款基金，但是，大多数其他银行贷款基金只允许你大约每季度才能赎回一次。而且，如果有太多人同时赎回，那么你可能将无法出售所需数量的基金份额（不过，你可以随时购买）。银行贷款基金也可能收取赎回费，因为公司贷款市场仍然相对缺乏流动性，这使得这些基金很难出售这些贷款来满足股东的赎回需求。

最后，尽管银行贷款基金对利率变动几乎不敏感，但这并不意味着它们永远不会亏损。大多数银行贷款基金在2000年、2001年和2002年都使本金受到了轻微损失，因为许多借款人违约。因此，尽管我们承认银行贷款基金承诺的相对较高的收益率和有限的利率敏感性颇具吸引力，但我们还是要注意将银行贷款基金在你投资组合中的配比限制在较小范围。另外，在同时拥有高收益债券基金和银行贷款基金时要小心，因为这两种类型的基金产品都可能在经济低迷期间遭受损失。

有关我们最喜欢的银行贷款基金，请参见图9.3。

伊顿万斯浮动利率基金	该基金相对较新，但是，伊顿万斯管理银行贷款基金的历史由来已久。总体而言，该基金比多数同类银行贷款基金更具防御性。
富达浮动利率高收益基金	该基金是银行贷款基金类型中的一个相对较新的成员，但我们喜欢它的低费用比率和研究能力。该基金也是银行贷款投资者的唯一免佣选择。鉴于该基金的资产规模在持续增长，我们预计会有更多的竞争者进入这一领域，但是，富达不断增长的经验将成为其一项宝贵资产。

图9.3 我们最喜欢的银行贷款基金

■ 使用国际债券基金

尽管美国是债券的主要发行国之一，但它仅占全球债券市场的不到一半。那么，投资者应该在国外寻找债券投资机会吗？不必要。这是因为许多投资国内债券的基金也会涉足国际债券。例如：PIMCO总回报基金的比尔·格罗斯通过投资欧洲债券，在2004年提高了该基金的回报率。

但是，如果你决定要投资国际债券基金，请记住，这些基金会有很多不同的变化。一些基金只投资于外国债券，而另一些基金则采取更全球化的方法，并将美国债券纳入其投资组合。有些基金坚持投资于发达市场债券；而另一些基金则更积极地涉足新兴市场债券。一些基金坚持投资于政府发行的债券（国债），还有一些基金则投资于公司债券。最重要的是，有些基金将全部或部分外汇风险对冲回美元，从而限制或消除了货币波动对其收益的影响；而另一些则不对冲。

寻求投资国际债券基金的投资者面临的最大决定是购买对冲产品还是非对冲产品。近年来，由于美元兑大多数主要外币贬值，许多投资者已开始购买外国债券，以利用美元疲软的优势。当外币兑美元汇率上涨时，以该外币支付的利息和本金可以购买更多美元，从而能够大大提高投资回报率。例如：坚持投资高质量债券并且不对冲其货币风险的普信国际债券基金，在2002年美元下跌时，暴涨了22%。不过，这样的大幅波动也可能是反向的。当外币兑美元贬值时，这些利息和本金付款折算成美元后的价值就会减少。相同的普信基金在2000年下跌了3%，而中期债券基金则平均上涨了10%。从长远来看，对冲和非对冲基金的回报率相近，但是，在这段时间内，相比那些投资于对冲产品的投资者，非对冲基金的投资者所不得不承受的波动性大约是前者的3倍。

尽管没有法规要求国际债券基金披露是否对冲，但是，大多数基金会在招募说明书或股东报告中提到其货币政策。晨星的分析师也可能会在分析师报告中讨论基金的对冲政策。

■ 使用新兴市场债券基金

新兴市场债券基金是国际债券的高收益基金。国际债券基金主要投资于欧洲和日本等成熟债券市场,而新兴市场债券基金则从拉丁美洲、亚洲的发展中经济体和东欧债券市场购买债券。的确,在过去的几年中,其中有许多国家已经进行了重要的经济和政治改革,这使得部分债券的信用质量得到了提高。但是,投资者仍然需要注意到这些市场充满潜在的陷阱。例如:阿根廷在2001年就发生了债券违约。尽管这种额外风险意味着这些债券的收益通常要比发达市场的债券收益更高,但它们的波动性也更大。在2003年,新兴市场债券基金的平均收益达到了令人惊艳的30%,但在1998年俄罗斯违约时亏损了令人惊愕的21%。

简言之,购买新兴市场债券基金并不是为了寻求刺激,大多数投资者可能根本不需要购买这类基金。像国际债券基金一样,它们可能会为投资于美国债券的投资组合增加一些多样化,而且相对于其他固定收益产品,它们的收益率也可能很诱人。但是,请注意,许多投资于美国债券的基金也可能涉足新兴市场,因此,如果你持有一只投资范围广泛的美国债券基金、国际债券产品或多部门债券基金,那么再增加一只专门的新兴市场债券基金可能会加倍扩大在一些高风险国家的风险敞口。

而且,如果你想寻找外国货币风险敞口,通常不能在这类基金中找到。大多数新兴市场债券以美元计价。尽管有越来越多的以当地货币计价的新兴市场债券可供选择,但货币风险使本已波动性较大的资产类别进一步增加了波动性。此外，新兴市场基金的成本可能很高，因此，如果你决定购买这种产品，你一定要找到一个成本合理的产品。最后，要注意避免将所投资的基金集中在一个地区，或者试图通过投资于评级最低的债券来增加收益，从而增加额外风险。

有关我们最喜欢的国际债券基金和新兴市场债券基金，请参见图9.4。

PIMCO外国债券（对冲）基金	该基金提供高信用质量的国际风险敞口，并将大部分货币风险对冲回美元。尽管该基金所提供的多样化投资与非对冲基金不同，但对于那些希望在国内固定收益投资组合中增加国际风格的人来说，它通常会提供更为稳定的收益。
普信国际债券基金	该基金坚持投资于高质量外国债券，并且不对冲其货币风险。这意味着当美元坚挺时它将会落后，而当美元疲软时则会上涨。此外，与一般的国际债券基金相比，它与美国固定收益市场的相关性往往较小。
富达新市场收益债券基金	该基金的温和风格取得了很好的效果。基金经理约翰·卡尔森（John Carlson）通常不会在某个国家或地区押大赌注，他避免投资于本币债券，并且他的投资组合比许多同类基金都更加多样化。
PIMCO新兴市场债券基金	与其他固定收益领域一样，PIMCO证明了其在新兴市场债券领域也是一位强大的竞争者。基金经理穆罕默德·埃里安（Mohamed El-Erian）是一位经验丰富的资深人士，该基金还得到了5位共同基金经理和PIMCO大量研究人员的支持。

图9.4 我们最喜欢的国际债券基金和新兴市场债券基金

■ 使用多部门债券基金

多部门债券基金试图将我们刚刚讨论的一些特定的债券类型整合到一个单一的、充分多样化的组合中。大多数多部门债券基金将资产分散投资于高质量的美国债券、垃圾债券和国际债券。由于这三种资产类别相互之间的相关性历来有限，因此，其目的是在不承担更高风险的情况下，实现比纯粹化的债券基金更高的收益率。

少数多部门债券基金已经兑现了这一承诺。例如：对于寻找充分多样化债券投资组合的投资者来说，普信光谱收益债券基金（T. Rowe Price Spectrum Income）是一个理想的选择，卢米斯赛勒斯基金（Loomis Sayles Bond）的丹·法斯（Dan Fuss）也很好地利用了多部门债券基金提供的灵活性。

但是，总的来说，我们不是多部门债券基金的忠实拥护者，因为许多多部门债券基金的基金经理追求的是收益率最高的债券，这导致其基金具有相当高的波动性。此外，与传统债券基金相比，多部门债券基金的成本往往也很高。一些充分多样化的中期债券产品，例如：PIMCO总回报基金、大都会西部总回报债券基金等，也会涉及多部门债券基金的目标债券，但它们收取的费用要低得多，并且不会仅仅为了让收益率有吸引力而追逐某些债券。

■ 投资者检查清单：超越核心：使用特定债券基金

- ▶ 如果你已经为债券投资组合打下了一个坚实的基础，则可以考虑添加垃圾债券基金。不过，注意避开那些投资于最低评级的垃圾债券的高收益基金。
- ▶ 超短期债券基金可以作为你的短期资金的一个有益的投资方式。这些基金的收益率通常高于货币市场基金，而其波动性却并不高。低费用是超短期债券基金的关键考量因素。

▶ 通货膨胀指数债券基金可以对你的投资组合起到有益的作用，因为它们有助于使其免受债券的天敌之一——通货膨胀的侵蚀，通货膨胀会侵蚀传统债券收益的购买力。

▶ 银行贷款基金承诺了诱人的收益率和有限的利率敏感性。但是，这些基金在疲软的经济环境中往往表现不佳，并且可能会带有限制性的赎回政策，这使它们对某些投资者失去了吸引力。

▶ 国际债券基金和新兴市场债券基金可用于分散专注于美国债券的投资组合，其收益也可能高于专注于美国债券的基金。但是，注意确保将它们在投资组合中的配比限制在较小范围之内，因为这些基金的波动性也可能很大。

▶ 多部门债券基金通常将高质量的美国债券、外国债券和垃圾债券纳入同一个投资组合之中。但是，需要注意一些多部门债券基金会为了实现诱人的收益率而追逐高风险债券。

HOW TO BUILD
A PORTFOLIO

第三部分
如何创建投资组合

HOW TO BUILD
A PORTFOLIO

第 10 章

让投资组合匹配你的投资目标

要想选择有价值的基金，如果不统筹考虑，不考虑好你究竟要实现什么样的投资目标，以及你要如何去实现这个目标，这就好像还没有图纸就打算盖房子一样。你很容易就组成一个包括不同风格的基金的大杂烩，虽然单个基金本身是合理的投资，但组合起来却不是一个令人满意的整体。

所谓的投资蓝图也就是指资产配置计划——由股票、债券和现金构成的目标组合，你可以根据这个计划来帮助你实现投资目标。如果你会因为市场的短期走势而做出情绪化甚至是非理性的投资行为，那么，资产配置框架可以帮助你保持冷静。

首先，考虑各种资产类别的潜在表现。从长远来看，股票比债券和现金更有可能提供更高的回报率，但股票承担着更大的风险。如果你的投资期限很长，比如说超过10年，你可能希望将大部分投资组合投入到股票。如果你想存钱好在几年内买套房子，那么你可能希望让投资组合更多地倾向于债券，因为债券可以提供固定收益，同时也会让你的本金相对安全。

其次，考虑一下你处在投资生命周期的哪个阶段。一个20多岁的人，如果将资金存入美国养老金计划账户，那么他（她）就处在积累阶段，他（她）可能希望将至少80%的资产投资于股票。中年投资者在存退休金时可能会更加保守。对于一个50岁有一定风险承受力的投资者来说，一个包括60%的股票和40%的债券的投资组合将是一个合理的选择。退休的投资者应该专注于保持他们所积累的财富，并将他们的股票配置比例限制在总资产的20%至40%。

不过，这些只是一般的指导原则。你的资产配置计划是专门为你和你的投资目标设计的，为了帮助你实现这个计划，你需要检查大量的变量，包括你的投资期限、你当前的储蓄率、每种资产的估计回报率等因素。

■ 评估你的投资目标和投资期限

也许你正在为存退休金、孩子的学费或一次度假的费用而投资。无论你的目标是什么，制订自己的投资计划时，第一步应该是明确自己的投资目标。

如果你和大多数人一样，要同时兼顾几个投资目标，有些近在眼前，有些则远在未来。出于创建和监控投资组合的目的，创建不同的投资组合通常是有必要的，根据每个投资目标和投资期限建立不同的股票、债券和现金组合。或者，如果你的一些投资目标具有相近的时间期限——例如：你希望在退休前后购买第二套房子——你可以建立一个针对特定时间期限的投资组合，同时实现两个目标。

反过来，你的投资目标决定了你的投资持续时间（也被称为你的投资期限）以及你能让多少投资资金承担风险。你的投资目标越近，你能承受的亏损就越少，你就越应该专注于保管好你已经取得的收益，而不是创造额外的收益。例如：如果你和你的配偶为了购买第一套房子而进行投资，那你可能希望确保把你的资金投入到安全的地方，比如货币市场基金。毕竟，你不能承受让你的首付款基金在几个月的时间里缩水20%，因为你可能随时需要动用它。但如果你希望在25年后退休，你可以接受把大部分积蓄投入风险更高、也有可能带来更高回报的投资。

你还需要计算出实现你的投资目标需要多少资金。有些目标比其他目标更容易量化——例如：估算下周去买套新房子的费用，要比估算你在2030年需要多少退休金容易得多。因为我们大多数人都不知道我们的投资目标将会需要多少资金，所以我们倾向于把钱存起来，尽管不知道我们的存款是否足够满足特定需求。例如：有些理财规划师说，我们在退休前需要将80%的收入存起来才能过上舒适的退休生活。实际上，许多节俭的退休人员靠比这更少的钱就可以生活得很好。与此同时，另一些人则把退休金花在了旅游或享受昂贵的爱好上面。（高尔夫，有人喜欢吗？）他们退休后的开销比工作时更多。

投资者在计算实现投资目标所需要的资金量时，也要考虑通货膨胀的影响。根据以往的通胀率，10年后，你实际上需要161270美元才能拥有与现在12万美元相同的购买力。当谈到退休计划时，许多投资顾问使用2%、3%或4%的通货膨胀率。然而，大学费用的增长远远超过了通货膨胀率。

有些投资顾问认为，大学费用将继续以每年10%的速度增长。

■ 估计回报率

在确定你的目标资产配置时，另一组需要考虑的变量是，你能从股票和债券市场获得多少收益。的确，要想准确地预测未来的市场回报率是不可能的。但是，你确实需要一些估计值才能制订合理的计划。查看股票和债券市场以往的回报率可以帮助你进行估算，回报率的估计值将有助于你计算出需要向每种资产投入多少资金。

在20世纪90年代，标准普尔500指数经常出现两位数的收益，因此，人们很容易对股市未来的回报率感到乐观。随着股票价格的不断上涨，许多投资者认为把资金投入债券基金或保守的股票基金没有太大的价值——股票，尤其是科技股，似乎才是正确的选择（事实上，晨星公司的分析师经常因为质疑超积极型基金或推荐保守型基金而受到批评）。

鉴于以往的股市回报率在10%左右，很容易看出20世纪90年代的牛市是不可持续的，因此，至少将部分投资组合投入债券是个不错的策略。由于2000年到2002年股市暴跌，因此，那些将过多资产投资于股票的投资者遭受了重大损失，而那些将一定资产投资于债券的投资者，他们的投资组合仍然运行良好。

投资者在预测股票和债券的回报率时，需要保守一些。最近，一些市场预言家认为，考虑到目前的高股价，未来10年股市收益率的合理预测值可能是8%。与此同时，现行债券市场的收益率通常是预测未来债券基金回报率的一个良好的指标。2005年3月，10年期美国国债收益率为4.5%，因此，未来10年债券市场回报率达到4%左右将是现实的。

在预测回报率时，你也要考虑通货膨胀率。虽然通货膨胀目前比较温和，但是，假设你的投资组合收益的通货膨胀率为3%或4%将是合理的。

■ 评估你的储蓄率

预测市场未来的回报率可能会让你感到有点无能为力，毕竟你不可能控制股票和债券的涨跌。但是，有个变量完全在你的控制之中，那就是你投入的资金数额。每月多投入一点资金会对你的长期财富产生巨大影响。例如：假设你计划在未来20年内，向一只年回报率为6%的基金每月投入500美元。到了2025年，也就是到20年末时，你将拥有超过231000美元——不算太少。但是，假设你不去星巴克消费，每天自带午餐，每个月还设法留出100美元用于投资。那么20年后，你的储蓄将增加近50000美元，即277244美元。

储蓄率能直接影响你的资产配置方式。如果你愿意留出更多的钱来进行投资，你就不必将投资组合的大部分资产投入高风险的股票基金，这样你就可以享受到投资组合带来的更稳定的收益。

■ 利用这些数值进行资产配置

到此为止，你已经明确了所有的关键变量——你的投资目标、投资期限、市场以往的回报率以及你自己的储蓄率。那么现在需要做什么呢？现在需要使用这些变量并根据每个投资目标和投资期限进行适当的资产配置了。

如果你愿意使用理财计算器，你可以输入一些我们刚刚讨论过的变量来帮助你得到一个适当的资产分配。比如说，你已经算好20年后需要200万美元退休金，而你每年可以省下大约5万美元（你真行！）。通过在理财计算器中输入这些变量，你会发现需要每年获得6.77%的收益才能实现你的目标。考虑到股票的预期回报率为8%至10%，债券的预期回报率为4%，这种情况下投资组合的资产配置应该向股票倾斜。如果你希望在5年内赚到2.5万美元的首付款，并已经预留出了2万美元，那么更低一点的回报率就能实现你的目标——只要4.56%，即使你不再存钱。这样的话，你可以轻松地将大部分投资组合投资于债券。

投资者要想得出精确的资产配置，可以使用互联网上提供的众多资产配置工具。晨星公司推出的这款理财计划软件名为资产分配器（Asset Allocator），会员用户可以在晨星公司的网站上下载。资产分配器通过使用不同资产类别的历史回报率，根据你的投资金额、投资期限以及你选择的资产组合，可以帮助你计算出实现目标的可能性有多大。举个例子，如果你希望在未来5年存下35000美元用于购买房子，而且你打算将你的大部分资产投资于债券，资产分配器会分别计算出你每月投资200美元、300美元、400美元时，达到这个目标的可能性。你可以根据需要调整这些变量。

■ 弥补不足

好吧，如果当你把这些数字输入理财计算器（或者在线资产配置工具）时，却发现实现投资目标的机会十分渺茫，你该怎么办呢？不要放弃。你可以采取以下四项措施来提高你实现目标的可能性：

1. **加大投资金额**。一般来说，前期投入越多，从长远来看，你就能赚得越多。你的初始投资金额越大，实现目标的速度就越快。

2. **增加你的每月投资额**。正如我们之前提到的，每个月多投资一点会让你更快地实现目标。

3. **延长你的投资期限**。如果你不能投入更多的资金，那么或许你可以让你的投资组合再多运行几年。更长的投资期限可以让你获得更多的复合收益。

4. **使投资组合变得更加积极**。如果你不能投入更多的资金或时间，那么可以尝试改变你的投资组合，调低现金和债券的比重，调高股票的比重。但是，要小心行事。近年来，许多即将退休的投资者因持有过多股票而付出了高昂的代价。

■ 避免市场择时陷阱

当然，投资者可能只持有那些在某段时间表现最好的资产，而忽略资产配置的复杂性。当大盘股表现强劲时，你只持有大盘股；当大盘股表现疲软时，你转换到小盘股；当股市毫无希望时，你可以转投债券。遗憾的是，这种策略几乎不可能奏效。晨星公司和学术研究人员的研究一再表明，所谓的市场择时策略是无效的。

《金融分析师杂志》在2001年2月发表的一篇文章，有力地证明了这一观点。作者研究了1926年至1999年期间，买入并持有策略和市场择时策略之间的差异，并总结了1926年至1999年期间，以不同的投资风格转换频率，产生的所有可能的市场择时变化。他们假设，在既定的某个月份里，投资者要么投资美国国债，要么投资股票，然后，计算所有可能的投资风格转换组合产生的收益。然后，他们将买入并持有策略的收益与所有可能的市场择时策略产生的收益进行比较，以此验证市场择时策略击败买入并持有策略的概率有多大。

结果，只有大约三分之一的月度市场择时策略组合击败了买入并持有策略。该作者又研究了5年期的季度市场择时策略组合，季度市场择时策略的结果变得更糟了：只有四分之一的季度市场择时策略击败了买入并持有策略。年度市场择时策略结果的糟糕程度更进一步：只有五分之一的年度市场择时策略击败了买入并持有策略。

如果你想采用市场择时策略，那么从上面的概率来看是对你不利的，尤其是当你考虑到交易成本的影响之后。更重要的是，任何一年的大部分收益（正的和负的）都来自一年当中的少数几天。这意味着，对于那些希望长期积累财富的人来说，不入市的风险也很高。

投资者与其在市场择时策略上纠缠不清，还不如持有一个包括各类资产的个性化的投资组合，并以此实现自己的投资目标。投资者通过在不同类型的资产之间进行多样化投资，不仅可以获得足够的回报率来实现投资目标，还可以控制收益的波动性。无论市场情况如何，你的投资组合中很可能有一部分资产表现相对较好，甚至可能实现大幅盈利。图10.1显示了不同基金类型在不同时期的收益率，而图10.2则显示了不同基金类型之间的相关程度。

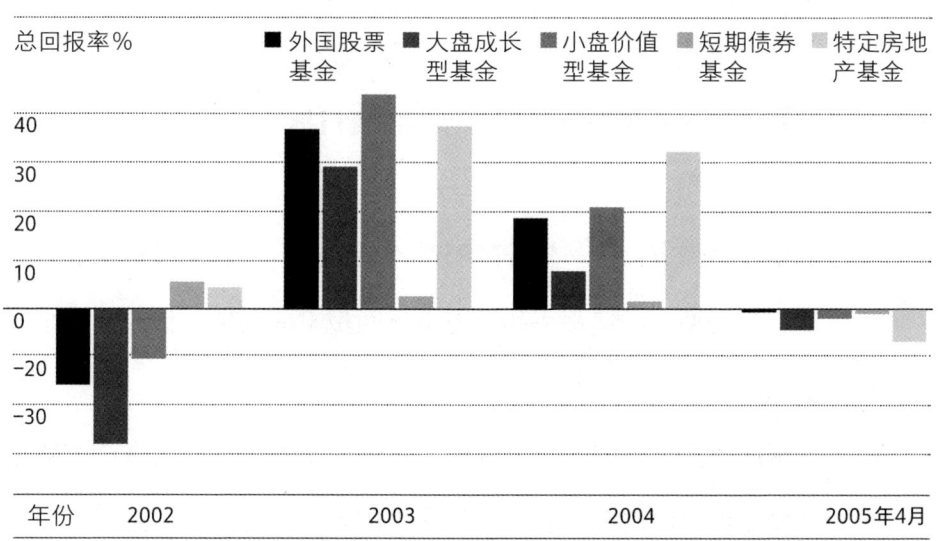

图10.1　通过在各种基金之间进行分散投资，你可以在市场表现良好时大幅盈利，而在市场表现不佳时获得一些保护

↓ 基金类型相关性 →	①	②	③	④	⑤	⑥	⑦	⑧	⑨
① 大盘混合型	1.00								
② 大盘成长型	0.96	1.00							
③ 大盘价值型	0.98	0.88	1.00						
④ 中盘混合型	0.90	0.88	0.90	1.00					
⑤ 中盘成长型	0.86	0.92	0.81	0.96	1.00				
⑥ 中盘价值型	0.90	0.85	0.94	0.98	0.88	1.00			
⑦ 小盘混合型	0.76	0.74	0.77	0.94	0.90	0.92	1.00		
⑧ 小盘成长型	0.77	0.83	0.74	0.94	0.96	0.86	0.96	1.00	
⑨ 小盘价值型	0.72	0.69	0.76	0.90	0.83	0.92	0.98	0.90	1.00

图10.2 晨星基金类型的相关性，基于截至2005年3月31日的三年期R平方[①]。数值越大，相关性越强

这就是为什么我们认为，如果你想实现投资目标，关键是要找到最佳的资产组合。事实上，这和选择优秀的基金一样重要。

■ 投资者检查清单：让投资组合匹配你的投资目标

▶ 每个投资者都应该有一个资产配置计划——一个基于投资者的投资目标、投资期限、储蓄率和历史市场回报率的股票、债券或现金投资组合。

▶ 为了帮助投资者建立一个顾及所有关键变量的个性化的资产配置组合，投资者可以借助互联网上的一些优秀的资产配置工具。

---

① R平方(R-squared) 反映业绩基准的变动对基金表现的影响，以0至100计。数值越小，说明业绩基准变化与基金表现的相关性越低。标准普尔500指数基金与标准普尔500指数的R平方为100，而一只货币市场基金与该指数的R平方为0。——译者注

▶ 如果你通过计算，发现可能达不到你的投资目标，不要绝望。你总是可以通过以下措施实现目标：加大投资金额，增加每月的投资金额，延长投资期限，或者将更多的投资组合投向股票（不过要谨慎采用最后这个方法）。

▶ 不要陷入市场择时策略的输家游戏。恰恰相反，投资者应该选择合适的资产组合来满足自身的需求，并坚持一个有纪律的投资计划。

HOW TO BUILD
A PORTFOLIO

第 11 章

把你的投资组合计划付诸实践

现在是时候把你的投资蓝图变成现实了。投资者要想建立一个广泛的投资组合，应该从核心基金开始，这一点我们已经在第6章和第8章讨论过。核心基金可以作为投资组合的基础，在一个单一的投资组合中为你提供大量的多样化资产，并且它们在年复一年的投资中往往是值得信赖的资产。短期内，核心基金通常不会带来令人瞠目结舌的收益，但它们的表现也不会很差。这让投资者在困难时期更容易坚持投资于核心基金，当其他基金陷入困境时，核心基金将会对你的投资组合产生有力的支撑作用。简言之，核心基金将为你的投资组合提供一个坚实的基础。

为了能够选择适当类型的核心基金（或多个核心基金），投资者应该为自己找到理想的资产配置。所有的投资组合都应该同时持有核心股票基金和核心债券基金，但是，资产配置框架会告诉你，每种资产应该持有多少比例。

至于核心股票基金，我们通常会推荐美国大盘基金，因为这些股票代表着美国国内经济的核心。大盘股占美国股市总市值的70%左右。

大盘混合型基金会持有那些同时表现出成长特征和价值特征的大盘股，这类基金是最主要的核心资产。许多广泛的市场指数基金都符合这个要求。大盘价值型基金和更保守的大盘成长型基金（如我们在第6章中讨论的蓝筹成长型基金）也可以成为核心资产。

投资者在建立投资组合的基础时，不应将外国股票基金或国际股票基金排除在外，这样你就不会把所有赌注都押在美国市场上了（按照晨星的定义，外国股票基金投资于美国以外的地区，而世界股票基金则投资于外国市场和美国市场）。该基金应该投资于全球发达市场，并投资大盘股，就像你的核心美国基金那样（在投资外国基金之前，请务必先阅读第7章的相关内容，其中有一节讲到了国际投资）。

对于核心债券基金风险敞口，我们建议大多数投资者坚持使用那些投资于中期高质量债券的基金。许多此类基金都属于晨星分类中的中期债券基金类别。如同大盘混合型股票基金，中期债券基金通常也具有多样化和多功能性。

如果你正在选择核心债券资产，并且你计划投资较短的期限（例如：5年或更短的时间），那么你也许应该从晨星短期债券基金中选择一只基金。专注于短期债券的基金所产生的回报率可能不如专注于中长期债券的基金那样高，但是，它们在保持本金价值稳定方面会做得更好。

如果你的纳税等级较高，你可以选择市政债券基金作为核心债券资产——你所获得的收入可以免交联邦和州所得税。重点关注那些偏爱高质量中期债券的市政基金；与应税债券基金一样，无需承担额外的利率或信用质量风险，即可获得稍微高一些的回报率。这里同样也要关注低成本的中期债券基金。第8章提供了有关选择可靠的核心债券基金的更多信息。

■ 为非核心资产留出空间

在确定投资组合的核心资产应该占多大比例时，不存在一个固定规则。但你应该将70%至80%的投资组合用于核心资产。毕竟，这些是你赖以实现投资目标的可靠的长期投资。

那么，你其余的投资组合该如何处置呢？投资于非核心基金。非核心基金并不适合所有人的所有投资目标。它们不像核心基金那样具有多样化或多功能性的特点。相反，它们专注于市场的特定部分。这些基金并非绝对必要的，但是，它们可以为你的整体投资组合增加多样性，提高其回报率并有助于降低整体波动性。小盘基金、特定的外国基金、垃圾债券基金和行业基金都是非核心基金（有关非核心基金的内容，请参见第7章和第9章）。

虽然你不应将投资组合的很大一部分投入其中任何一只非核心基金，但它们有可能带来超额回报率。当然，它们通常也承担较高的风险。但是，只要你限制投资组合中的风险较高部分的资产规模，就不会威胁到大部分资产。只要确保首先建立可靠的核心基金组合即可。图11.1列出了投资组合中不同基金的作用。

核心作用	支撑作用	特定作用
保守配置型基金	可转换债券基金	太平洋/亚洲（日本除外）股票基金
温和配置型基金	银行贷款基金	多元化的亚太地区股票基金
国际混合型基金	高收益债券基金	欧洲股票基金
短期债券基金	长期政府债券基金	日本股票基金
短期政府债券基金	长期债券基金	新兴市场债券基金
市政国家短期债券基金	超短期债券基金	世界债券基金
市政国家中期债券基金	多部门债券基金	高收益市政债券基金
中期债券基金	小盘价值型基金	特定通信基金
中期政府债券基金	小盘混合型基金	特定金融基金
大盘价值型基金	小盘成长型基金	特定保健基金
中盘价值型基金	多样化新兴市场基金	特定天然资源基金
大盘混合型基金	国外小盘/中盘价值型基金	特定贵金属基金
中盘混合型基金	国外小盘/中盘成长型基金	特定专业科技基金
大盘成长型基金		特定公用事业基金
中盘成长型基金		
国外大盘价值型基金		
国外大盘混合型基金		
国外大盘成长型基金		
世界股票基金		

图11.1　不同基金类别在投资组合中的作用

■ 为短期目标建立投资组合

不管你信不信，为短期目标而做的储蓄都可能是投资中最棘手的部分之一。一些短期投资者倾向于买入过多的股票，因此，在他们需要动用资金之前，他们的本金承担着急剧下跌的风险。其他人则过分谨慎，坚持投资于超安全的大额可转让定期存单（CDs）和上涨潜力有限的货币市场基金。

如果你需要在5年内开始动用你的资金，那么关键是找到一个折中的方法。你希望让自己的资金增长，至少是适度增长，但是，使其保值应该是首要任务。因此，你的投资组合应该主要投资于债券基金和货币市场基金。你投资组合中的任何股票基金都应该相当保守，如果你持有这类资产的话。

对于你的短期投资组合的核心，你应该重点寻找高质量中期债券基金，并且该基金应该在债券市场各部分之间实现充分的多样化。有几只不错的主动型基金符合要求，包括PIMCO总收益债券基金和道奇·考克斯收益债券基金。对于低成本的总体债券市场风险敞口，你还可以考虑使用债券市场指数基金，例如：先锋全债券市场指数基金。

此外，你还要为短期债券基金留出空间，这样你就可以在目标投资期限临近时开始动用资金。超短期债券基金主要投资于短期国库券、抵押支持债券和公司债券，当利率上升时，往往不会对其收益产生太大影响。

如果你愿意承担比超短期债券基金更多一点的风险，你还可以考虑将至少一部分短期投资组合投向短期债券基金。需要注意的是，如果利率上升，你可能会亏钱：1999年，短期债券基金平均亏损了0.70%。你还需要避开承担过多信用风险的短期债券基金。许多短期债券基金依靠中等信用质量的公司（A级或BBB级）来提高其分布式收益。但是，当投资者对财务状况不佳的公司产生担忧时（例如：2002年），这可能会损害其收益。

在你的投资组合中确定了适当的核心债券资产之后，你可以考虑对其进行一些补充。为了减少通货膨胀对债券基金收益的侵蚀作用（那些债券利息收益的购买力会降低），你可以考虑购买持有通货膨胀保值债券的基金。

如果你在短期投资组合中持有股票基金，则需要将总头寸规模限制在相对较小水平，并倾向于选择那些其基金经理采用保守策略的基金产品。重点选择那些充分多样化的，拥有具有价格意识的基金经理的基金（即基金经理不想为股票多付钱）。对于短期投资组合而言，大盘价值型基金或大盘混合型基金将是理想的股票资产。

投资者要想查看由晨星公司看好的一些基金组成的短期投资组合模型，请参见图11.2。

■ 为中期目标建立投资组合

也许你的女儿将在6年内去上大学，而你才刚刚开始为这个大事进行投资。为实现5年到10年的投资目标，你可以按以下方法进行投资。

因为中期投资者希望看到他们的资金增长，但又不想面对极端的波动，所以他们应该将25%的资金投入到债券基金或现金，而将剩余的75%投入到股票基金。那些担心风险的人可能希望将其投资组合的35%投入到债券基金或现金。

大盘混合型基金对于中期投资者的投资组合中的核心股票部分最有意义。中期投资者还可以考虑将一部分投资组合用于小盘基金或外国基金，以实现更大程度的多样化。对于核心固定收益资产，你需要寻找一种多功能的中期债券基金。

基金名称	类别	资产百分比
道奇·考克斯收益债券基金	中期债券	25.00
先锋全债券市场指数基金	中期债券	15.00
普信股票收益基金	大盘价值	15.00
ABN AMRO/Montag & Caldwell 成长基金	大盘成长	15.00
先锋通货膨胀保护债券基金	中期政府债券	5.00
富达短期债券基金	短期债券	10.00
东北投资者债券基金	高收益债券	5.00
道奇·考克斯国际股票基金	国外大盘价值	5.00
精选特殊股票基金	中盘混合	5.00
投资组合总计	—	100.00

投资组合分析

资产配置（%）
- 现金 10.80
- 美国股票 31.01
- 非美国股票 6.64
- 债券 50.98
- 其他 0.58

资产风格（%）

	价值	混合	成长	
	20	35	26	大盘
	9	6	3	中盘
	0	0	0	小盘

固定收益风格（%）

	短期	中期	长期	
	54	29	10	高
	0	0	0	中
	8	0	0	低

行业权重（%）

信息	15.88	服务经济	41.18	制造业经济	42.94
软件	1.89	卫生保健	14.04	消费品	15.90
硬件	5.87	消费者服务	8.45	工业材料	14.63
媒体	5.09	商业服务	5.00	能源	9.96
电信	3.03	金融服务	13.69	公共事业	2.46

图11.2 短期投资组合范例（针对投资期限约为5年的投资者）

当你还有几年就能实现投资目标时，你应该转换到前面讨论过的短期策略，因为那时候为了获得更大收益所承担的风险太大。你需要保持住现有的投资成果，而不要冒着投资组合失败的风险去追求更大收益。

投资者要想查看由晨星公司看好的一些基金组成的中期投资组合模型，请参见图11.3。

基金名称	类别	资产百分比
先锋500指数基金	大盘混合	25.00
先锋全债券市场指数基金	中期债券	25.00
奥克马克基金	大盘混合	15.00
道奇·考克斯国际基金	国际大盘价值	10.00
大都会西部总回报债券基金	中期债券	10.00
富达资本增值基金	大盘成长	10.00
韦茨山核桃基金	小盘混合	5.00
投资组合总计	—	*100.00*

投资组合分析

资产配置（%）

- 现金　　　　4.80
- 美国股票　　51.10
- 非美国股票　10.58
- 债券　　　　33.28
- 其他　　　　0.24

资产风格（%）

价值	混合	成长	
24	31	25	大盘
6	6	6	中盘
1	0	0	小盘

固定收益风格（%）

短期	中期	长期	
0	100	0	高
0	0	0	中
0	0	0	低

行业权重（%）

信息经济	23.70	服务经济	44.78	制造业经济	31.52
软件	2.80	卫生保健	10.69	消费品	11.51
硬件	9.09	消费者服务	11.17	工业材料	12.00
媒体	8.87	商业服务	4.61	能源	6.49
电信	2.95	金融服务	18.31	公共事业	1.52

图11.3　中期投资组合范例（针对投资期限为10年或以下的投资者）

■ 为长期目标建立投资组合

如果你的投资期限为10年或以上，那么你的投资组合就可以承受更多一些的风险。因为你的主要目标是确保你的资产不断增长，所以你可以将75%或以上的资产投入到股票基金，与债券基金相比，股票基金在更长的时间范围内具有更好的升值潜力。

而且，由于与短期或中期投资组合相比，长期投资组合对风险控制的考虑要少得多，因此，你还可以将更大比例的股票投资组合，投资于那些采用高风险策略的基金，但它们的潜在回报也会较高（你需要确信自己能够经受暴跌的考验，并且当基金遇到困难时也不会卖出，只有在这种情况下才适用该建议）。例如：你可能会考虑购买一只高度集中于前几大重仓股的基金；马斯科焦点基金、毅联精选股票基金（ICAP Select Equity）和奥克马克精选基金都是集中度较高的选股者基金。一些非核心基金，包括小盘基金，在长期投资组合中也可能发挥更大的作用。

对于长期投资组合的核心债券部分，稳健的中期债券基金可以满足需求，并可以提供广泛的债券市场风险敞口。另外，为长期目标进行储蓄的投资者可能会考虑将广泛的收益型基金用于其核心债券风险敞口，普信光谱收益债券基金和富达战略收益债券基金（Fidelity Strategic Income）是我们特别喜欢的两只基金。投资者要想查看由晨星看好的基金组成的长期投资组合模型，请参见图11.4。

基金名称	类别	资产百分比
海港资本增值基金	大盘成长	20.00
艺匠国际外国股票基金	大盘成长	15.00
西部资产核心债券基金	中期债券	15.00
毅联精选股票基金	大盘价值	10.00
美洲精选股票基金	大盘混合	10.00
奥克马克基金	大盘混合	10.00
特纳中盘成长基金	中盘成长	10.00
第三大道小盘价值基金	小盘混合	5.00
大师精选小盘基金	小盘成长	5.00
投资组合总计	—	*100.00*

投资组合分析

资产配置（%）
- 现金 10.03
- 美国股票 60.22
- 非美国股票 20.60
- 债券 8.58
- 其他 0.58

资产风格（%）

	价值	混合	成长	
	18	**26**	29	大盘
	3	7	11	中盘
	2	2	2	小盘

固定收益风格（%）

	短期	中期	长期	
		100		高
				中
				低

行业权重（%）

信息经济	24.41	服务经济	50.34	制造业经济	25.24
软件	5.06	卫生保健	9.59	消费品	8.82
硬件	9.51	消费者服务	12.49	工业材料	8.26
媒体	7.10	商业服务	6.61	能源	7.64
电信	2.68	金融服务	21.64	公共事业	0.52

图11.4　长期投资组合范例（针对投资期限为10年或以上的投资者）

■ 至少要知道持有多少只基金

我们大多数人都会收集一些东西。一些人会收藏葡萄酒或者棒球卡。还有一些人收集衣服。甚至有些人会收集投资。多年来，我们已经访问过许多投资狂热者，一些人的投资组合已经积累了50只甚至75只共同基金。

尽管在投资时通常需要多样化，但也有可能导致过度投资。一方面，你很容易"只见森林不见树木"。你之所以持有这些基金，是因为在你当初购买它们时，它们看起来很有吸引力，但是，你可能不清楚它们如何为你的目标做出贡献。拥有50只共同基金的投资者将要面临一个艰巨的任务，那就是记住所有这些基金的名字，而不用说他（她）还要记住购买它们的理由以及这些基金的匹配方式。

持有太多基金可能带来的更大的负面影响是，你最终可能会得到一个看上去类似于广泛市场指数（例如：标准普尔500指数）的投资组合，但这要比指数共同基金产生更多成本（以年度费用形式）。

那么，你需要多少只基金才能实现充分的多样化呢？晨星公司的确研究过这个问题。我们使用每种可能的基金类型，构建了包括1只到30只基金的假设投资组合。例如：30只基金的投资组合包括我们可以想到的每种包括30只基金的组合。然后，我们为每个投资组合计算了5年标准差（正如你在第3章中看到的那样，较高的标准偏差意味着可能会有较大的收益或亏损，而较小的数字则表明投资组合的波动较小）。

如你所料，单一基金投资组合的标准差最高，收益最大或亏损最大。因此，只持有一只基金可能是高风险的选择。向投资组合中添加另一只基金之后，标准差会明显下降。回报率可能降低，但下跌幅度也会降低。

如图11.5所示，添加4只基金之后，再添加1只基金的效果会减弱。增加第4只基金有助于降低投资组合的整体波动性，但不会非常明显。在添加7只基金之后，效果基本趋于平稳，而添加10只基金之后，投资组合的标准差几乎保持不变，无论你再添加多少只基金都是如此。因此，一旦你已经持有了7只到10只基金，可能就不需要添加更多基金了。实际上，你持有的基金越多，你就越可能持有至少两只起同样作用的基金。

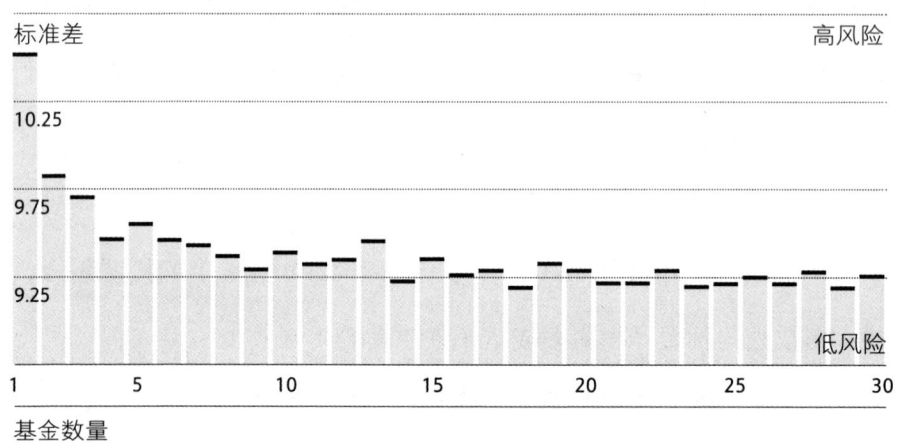

图11.5　投资组合中的基金数量如何影响标准差

■ 避免资产重叠

假设现在是1999年末，你持有十几只基金，包括骏利二十基金、骏利基金、骏利海外基金、骏利水星基金、骏利奥林巴斯基金和美洲世纪超基金（American Century Ultra）。你可能会自鸣得意；这些基金在当年的平均回报率为73%。

但是，让这些基金产生好运气的因素，同样也会使它们前功尽弃。换句话说，它们之所以有优异表现，是因为它们都持有相似的一组高价大盘成长股，而在随后的熊市中这些股票发生了暴跌。这些基金在2000年平均亏损为21.7%，并在2001年和2002年进一步下跌。

遗憾的是，这样的故事在熊市期间太常见了——投资者积攒了很多具有相似特征的基金，然后，又在熊市中付出了代价。我们从中可以得到什么教训呢？你应该提早检查自己的基金是否持有相同类型的股票或债券。这就是为什么你需要知道所持基金的投资风格。晨星公司的网站上的"即时分析"（Instant X-Ray）是一个快速简便的工具，可用来检查投资组合中是否存在重叠持股，或者检查你打算添加的基金是否会导致某类资产过量。你只需输入你持有的所有股票和基金，然后，点击"显示即时分析"。你将看到自己的投资组合在晨星风格箱中的每个方格的分布情况，其范围包括行业、现金、债券和美国股票与外国股票。

除了检查投资风格和行业重叠之外，还要注意你的基金是否全部都集中在一些同样的股票上。想象一下，如果你在2002年初持有两只到三只基金，每只基金都将大量资金投资于安然公司。毫无疑问，你可能已经有大量的风险敞口集中在有史以来最大的破产公司之一。当然，很有可能的情况是，你的基金会持有相同的股票——这并不一定有问题。你不希望看到的是，在多只基金中出现大量相同的股票。考虑一下这种情况：在2004年底，富达麦哲伦基金和富达成长收益基金，这是两只被广泛持有的大盘混合型基金，它们的前15大持股中共有10只相同的股票（见图11.6）。如果这些股票中有一只股票出现问题，那么你的两只基金都会受到影响。同样，如果你持有一些个股，则需要注意，你的基金也可能持有相同的股票——

这可能带来额外的风险。

富达麦哲伦基金前15大持股（截至2004年12月31日的净资产百分比）			富达成长收益基金前15大持股（截至2004年12月31日的净资产百分比）		
①	通用电气	3.91	①	通用电气	4.03
②	美国国际集团	3.25		SLM	4.03
③	微软	3.09	⑤	埃克森美孚	3.66
④	花旗集团	2.96	③	微软	3.16
⑤	埃克森美孚	2.48		威瑞森电信	2.57
	维亚康姆	2.38		联合健康集团	2.40
⑥	家得宝	2.30		西南贝尔电信	2.34
⑦	美国银行	2.13	⑧	辉瑞	2.21
⑧	辉瑞	2.11	⑨	沃尔玛超市	2.12
	泰科国际	1.91	②	美国国际集团	2.04
	强生	1.79		奥驰亚集团	2.02
⑨	沃尔玛超市	1.67	④	花旗集团	1.94
⑩	富国银行	1.64	⑦	美国银行	1.78
	英特尔	1.55	⑩	富国银行	1.55
	劳氏公司	1.51	⑥	家得宝	1.50

图11.6 在这两只出色的基金的前15大持股中有10只相同

如果你担心投资风格、行业或个股的重叠，请在将其添加到投资组合之前，仔细研究一下该基金的持股，并经常对它们的持股进行检查，以防止重叠持股。此外，请记住以下一些注意事项。

不要购买同一位基金经理运营的多只基金。斑马不会改变自己身上的花纹，基金经理也很少改变他们的投资策略。基金经理有着根深蒂固的投资习惯，并且对于他们管理的所有资金池都采用相同的策略——基金经理不可能为他管理的一只基金购买成长股，而为另一只基金购买价值股。因此，如果你购买由某位著名基金经理运营的两只基金，那么你可能会持有两只同样的基金。

不要买入过多同一家精品基金公司的基金。一些基金家族，例如：富达、普信和先锋等，提供了涵盖多种投资风格的系列基金产品。还有其他一些公司，通常被称为精品公司，它们更喜欢专门提供某种特定投资风格的基金。奥克马克意味着价值；沃萨奇通常专门运营小盘股基金。精品基金公司通常擅长于自己的领域，但是，值得怀疑的是，持有同一家精品公司的3只基金是否会比只持有其中一只基金带来的收益更多。

注意大盘股的重叠现象。大盘股和大盘股基金构成了核心资产，但是，它们可能是许多投资组合中的重叠持股的主要原因。为什么呢？因为大盘股的股票池相对较浅。所有美国股票中只有大约250只股票可以归为大盘股，其余数千只股票都属于中盘股或小盘股。因此，如果你持有多只大盘基金，那么重叠的可能性就会很大。如果你同时持有大盘股和大盘股基金，也会形成重叠持股。没有任何理由去同时持有多只大盘混合型基金。一旦你选择了一只大盘价值型基金和一只大盘成长型基金（或一只大盘混合型基金）——你就应该在风格箱的其他部分选择基金。

采取四角投资方法。晨星风格箱可以成为多样化投资者的好朋友。风格箱不仅可以告诉你你的基金经理是专注于大盘价值股还是小盘成长股，还可以用它来识别不同基金之间的相似之处。同时持有风格箱中的四个角落的基金类型（大盘价值型、大盘成长型、小盘价值型和小盘成长型）可以直接确保你建立了一个多样化的投资组合。晨星公司的研究表明，这些基金类别之间的相关性很低：四个角落中的基金在同一时间段内的表现可能完全互不相同。当2000年和2001年指数暴跌时，大盘成长型基金遭受的损失最大，两年累计下跌35%。同时期的小盘成长型基金下跌了12%，而大盘成长型基金勉强上涨了2%，小盘价值型基金大幅上涨了39%。每个群组在其他时期的表现都或者处于领先或者处于落后。如果你持有自己喜欢的基金公司的大盘价值型基金，那么你就应该再选择该公司的大盘成长型、小盘价值型或小盘成长型产品来添加新的基金。

■ 投资者检查清单：把你的投资组合计划付诸实践

- ▶ 通过投资于可靠的核心基金，为你的投资组合奠定坚实的基础。
- ▶ 如果你要为实现5年或更短的目标而储蓄资金，可以将投资组合中的大部分资产投入债券基金。如果你为短期投资组合中的股票基金留出空间，你需要确保它们是相当谨慎的投资风格。
- ▶ 如果你要建立中期投资组合（例如：你打算在5年或10年内开始动用这笔资金），则可以在股票和债券之间按照比较平衡的比例进行资产配置。
- ▶ 如果你要为将来的10年或以上的目标储蓄资金，那么应该将你的大部分资产投资于股票。你的长期投资组合可能还包括高风险基金的风险敞口，例如：那些集中投资于最大持股或购买小盘股的基金。
- ▶ 不要沉迷于你持有的基金数量。但是，如果你持有很多基金，则需要确保它们之间没有过多的重叠持股。

How to build
a portfolio

第 12 章

简化你的投资生活

比尔·米勒在2004年带领美盛价值信托基金（Legg Mason Value Trust）连续14年超越了标准普尔500指数，人们普遍认为他是华尔街最聪明的人之一。米勒是一个真正的逆向投资者，他经常会做出大胆的举动，买进那些其他人似乎都在卖出的股票。

那么，像我们这样的小投资者究竟需要向米勒这样强大的基金经理学习什么呢？事实证明，有很多值得我们学习的地方。

不，我们并不是建议你把投资组合的大部分资产集中投向某只股票，或者买入一些陷入严重困境的股票，这类事情通常最好留给专业人士去做。相反，你应该在更基础的层面上学习米勒。与包括沃伦·巴菲特在内的大多数最优秀的基金经理一样，米勒大量投资于很少数量的股票，在最近的投资组合中他仅持有34只股票。由于他对自己投资的公司进行了详尽的研究，并专注于管理良好、成长型的公司，因此，对于他挑选的很多股票，他都会持有很多年。

我们大多数人最好采取类似的精简方法来管理自己的投资组合。对于你挑选出来的少数资产，既然你有信心可以在任何市场环境下坚持持有，你难道不希望将自己的投资组合投资于你最有把握的这些资产吗？

的确，建立这样一个投资组合说起来容易做起来难。生活本是复杂的，随着我们的理财生活变得更加复杂，我们大多数人最终会管理着多个账户，例如：你本人及配偶的401(k)退休计划账户、个人退休账户（IRA）、教育基金账户（529s）以及各种应税账户。但是，通过遵循一些指导原则，你可以建立一个极简主义的投资组合，并且是自己真正可以信赖的投资组合。

■ 坚持基本原则

包括比尔·米勒在内的大多数顶级投资组合基金经理都会告诉你，市场上每天都有很多"噪声"，但是，其中大部分对他们所持有股票的实际价值几乎没有任何影响。个人投资者在创建自己的投资组合时，最好采取类似的心态。

的确，打开报纸的商业版，几乎总会看到关于美元贬值、油价飙升或中国经济增长的文章。但投资者是否应该把全部资金投资于某只专门针对这些趋势设计的基金呢？比如某个行业或地区基金？大可不必。这类基金的价格往往很高，波动性非常大，而且个人投资者有高买低卖的记录。

有个更好的策略，特别是当你旨在建立一个高质量、低维护成本的投资组合时，那就是完全避免这些细分市场基金产品，专注于寻找优秀的核心共同基金，这类基金应该是广泛多样化的基金产品，具有合理成本、经验丰富的管理团队和可靠的长期风险/回报记录。如果你做到了这一点，你就可以远离日复一日的噪声影响，让你的基金经理来决定下一件大事是否值得投资。想要了解我们最看好的核心股票基金和债券基金，请查看第6章和第8章的相关内容。

■ 调查一站式基金

当然，找到可靠的核心基金只是成功投资的一部分。建立与维护和你的特定投资目标相符的投资组合是另一项艰巨的任务。这就是为什么对于很多投资者来说，一站式基金，尤其是目标期限基金是有意义的。随着你的目标投资期限临近，目标期限基金就会到期，或者变得更加保守。由于这些是基金的基金，它们提供一篮子股票基金（包括外国的和美国的）、债券基金和货币基金的风险敞口，它们非常适合投资者建立精简的投资组合。

对于那些没有太多时间管理投资的人来说，目标期限基金是他们理想的选择。它们不仅会形成适合投资者的投资期限的股票/债券/现金组合，而且随着目标日期的临近，它们还会逐渐使资产配置变得更加保守。你只需购买一只与你的目标日期相匹配的基金——比如，你孩子上大学的预期入学日期或你计划退休的日期——然后就可以不管了。

在图12.1和图12.2中，你将看到我们最看好的保守配置型基金和温和配置型基金，这些是晨星投资最多的一站式基金。

普信个人策略收益基金	该基金旨在提供包括大多数资产类别的一站式风险敞口。其中的每只股票或债券成分基金都映射普信的某一只基金产品。它还有一项优势：普信除了基础基金的费用外，不收取任何其他费用。
先锋税收管理平衡基金	这只稳健的基金无疑可以成为投资者的唯一应税资产。该基金将其一半资产投资于罗素1000指数的精选成份股，重点配置那些股息收益率较低的股票。该基金的债券部分包括中期高质量市政债券。该基金会利用一些交易技巧，例如：出售亏损资产以抵销收益，来尽量减少资本收益。
先锋韦尔斯利收益基金	管理该基金的股票资产的共同基金经理杰克·瑞安（Jack Ryan），是一位以收益为导向的逆向投资者。该基金通常很少投资于成长型行业，例如：科技股等。该基金的债券资产（约占总资产的60%）以前拥有较长的久期（衡量利率敏感性），但是，负责投资组合的债券部分的厄尔·麦克沃伊现在管理的资产拥有较短的久期。

图12.1 我们最喜欢的保守配置型基金

■ 指数型基金

如果你希望简化自己的投资生活，但又不愿放弃目标期限基金所要求的那么多控制权，那么指数型基金可能是你最好的选择。使用指数化的方法，意味着你接受市场平均回报率（或者更确切地说，比任何基金费用都少的市场回报），而不是试图击败市场。

当你投资指数型基金时，你不必担心基金经理离职，也不必担心投资策略变动。无论是谁在管理这只基金，你都能知道该基金的投资方式。许多投资者觉得投资指数型基金很无趣，特别是那些共同基金爱好者更是这样认为。但即使是基金爱好者也认为，指数型基金也是维护成本最低的投资。当你为投资组合选择基金时，你实际上就是在进行指数化的工作。在

美洲基金美国收益基金	这只专注于收益的基金成为最大的平衡型基金是有理由的。一支经验丰富的投资顾问团队将资产分为支付股息的能源、公共事业、金融服务股票和高质量债券以及一小部分高收益债券作为补充。从长远来看，这种配置带来了强劲的相对总回报率、丰厚的收益率以及低于平均水平的波动率。费用比率也很低，为57个基点。
富达资产管理基金	与许多同类基金相比，该基金要温和得多，它只持有50%的股票资产，并且通常只持有少量现金。在此基础上，首席基金经理迪克·哈伯曼（Dick Habermann）对基金的资产组合进行了微小的战术调整，以利用市场趋势获利。尽管它在2003年和2004年发布了两次低于平均水平的回报率，但我们对管理人员仍然充满信心。负责股票投资组合的查尔斯·曼格姆使用与富达红利成长基金相同的策略建立了良好的长期记录。
帕克斯世界平衡基金	即使不考虑其具有社会意识的投资原则，该基金也将是我们的最爱之一。基金经理克里斯·布朗（Chris Brown）建立了一个具有成长倾向的股票投资组合，并管理着一个相对高质量的债券投资组合。该基金的长期收益令人赞叹，并且其波动率低于平均水平。
先锋退休目标2025基金	随着退休日期的临近，投资者需要不断修改他们的资产配置，该基金是专门为那些不愿亲自做这些事情的投资者而设计的。因此，随着时间的推移，其股票/债券投资组合（目前约为60/40）中的债券的权重会逐渐变得越来越大。
先锋惠灵顿基金	该基金采用以价值为导向和以股息为重点的方法，通常将大量资产投资于具有较高收益率的公共事业和能源公司。尽管这种策略可能使该基金在上涨的市场中落后于激进的成长型基金，但精挑细选的股票通常可以产生稳定的表现。

图12.2　我们最喜欢的温和配置型基金

这样做之前，请先阅读第6章中有关指数基金的部分。

■ 取其精华，去其糟粕

如果你只为自己管理一个退休投资组合，那么简化投资生活就不会太过复杂。但是，生活本身是复杂的，大多数投资者同时要兼顾多个投资组合和多个投资目标。例如：除了你自己的401(k)计划之外，可能还负责管理你本人及你的配偶的美国个人退休账户、孩子的大学储蓄计划以及家庭的应税资产。

如果你和大多数投资者一样，将这些不同的账户各自作为一个充分多样化的投资组合来管理，这样做并非不合理。但是，为了防止投资组合的扩张，可以考虑将所有在同一投资期限内的账户，作为一个单一的投资组合、一个统一的整体来进行管理。如此一来，你就可以减少自己必须监控的持股数量，还可以确保你挑选的每一只基金都是真正的优质基金。

例如：假设你配偶的退休计划账户缺少有价值的债券资产，但拥有几只非常好的核心股票基金；而你的退休计划账户有几只可靠的优质债券基金。在这种情况下，你可能希望将配偶的所有资金投资于股票基金，同时将自己退休计划账户中的很大一部分资金投资于债券基金。

实施此策略的关键是要使用一些资产配置工具，例如：晨星公司的投资组合管理器（Portfolio Manager）和即时分析，它们可以让你把所有账户当作单一的投资组合来管理。这样一来，你可以看到你的整体投资组合的资产配置是否符合你的投资目标，你也可以确定是否在不同投资风格和行业之间实现了充分多样化。

■ 写下每笔投资的理由

简化大师说过，写下目标，有利于我们统筹规划自己的生活并实现既定目标。这对于投资同样适用：通过写下你最初的投资理由，你更有可能确保这些投资能实现其最初的目标。如果你通过坚持特定的投资方式却没有达到你的预期，并且没有产生可观的长期回报，那么你就可以放弃这种投资方式了。记下你购买该基金的理由（比如，为了配置大盘成长股，并且由于基金经理已经负责管理该基金达数年时间，你想从该基金持续获得高于平均水平的回报率，等等），这会有利于树立纪律意识并避免情绪化的投资行为，从而有利于进行理性投资。

为了支付你女儿15年内的教育费用，假设你购买了富达反向基金。你之所以选择这只基金，是因为它的晨星评级为5星，这反映出该基金拥有一个良好的收益与风险组合；其费用低于该类别的平均水平；该基金也没有在科技股上冒太多险，而许多其他的成长型基金都集中投资于这些科技股。以上这些都是你投资富达反向基金的很好的理由。因此，除非这些理由不足，否则你甚至不应该考虑出售该基金。

举个相反的例子，也许你购买斯卡德国际股票基金是因为你想增加一些国际基金风险敞口，而且其长期任职的管理人员和稳定的表现也吸引了你。但自1999年以来，斯卡德股票基金的表现就没那么出色了，管理人员也发生了一些变化。该基金自2000年以来，5年中有4年落后于外国股票群组。由于该基金不再满足当初你投资它的主要理由，那么将其卖出会是一个合理的选择。其他合理的卖出理由可能是基金提高了其费用比率，或者资产规模过大以至于收益开始下降（有关促使你卖出基金的因素，请参见第15章）。

■ 将你的投资集中在单个基金公司或单个基金超市

投资者通过投资单个基金超市或基金家族，可以减少过度的复杂性，减少文书工作和归档工作。你将来收到的合并报表也会让你在纳税时更便捷一些。你不必将不同报表的应税收入和收益汇总到一起，你会看到它们在同一个报表上。

如果你只想投资于一个基金家族，可以考虑一个大型基金家族，比如富达基金、先锋基金或者普信基金。这些免佣基金家族的成本都相对较低，先锋是成本最低的公司，这些基金公司都提供多样化的共同基金产品。如果你更愿意在不同基金家族中挑选基金，那么共同基金超市可能会是你最好的选择。基金超市集合了各种类型的基金（有关基金超市的更多内容，请参见本书后面常见问题的第13个问题）。

■ 设置自动投资

你可以自动支付水电费，那为什么不以同样的方式进行自动投资呢？你不必每个月、每个季度或每年都寄送一张支票。定期投资相对较少的金额还有一个额外的好处（也称为平均成本法）：相比你在自己认为的合适时间一次性投入大量金额，你定期投资的总金额实际上也许会更多。当你使用平均成本法时，不管市场情况如何，你都在投入资金。实际上你对短期市场波动视而不见：不管市场是涨是跌，每个月都会有100美元（或你选择的任意的投资金额）进入你的基金账户。这是纪律。如果你的基金上个月损失了15%，你这个月还能开出一张100美元的支票吗？你大概不能。但这意味着当你的投资反弹时，能为你赚钱的资产就会少了100美元。

图12.3体现出自动投资是如何让投资者能够买进平均价格更低的股票，自动投资将给投资者带来更高的收益。如果有一位投资者在1月份投入600美元，将以每份10美元的价格买进60份基金份额。这些份额在6月份的价格为12美元，所以他的投资价值为720美元。如果按平均成本法投资，他每个月的投资是100美元，那么他就会以较低的价格买进一些基金份额，到6月份时，他的基金份额将达到62.1份。按每份12美元计算，他将得到745.20美元，比他在最初进行一次性投资多出25美元。

月份	投资金额	净值	购买份额
1	100	10	10
2	100	9	11.1
3	100	11	9.1
4	100	8	12.5
5	100	9	11.1
6	100	12	8.3
总投资额	600 →	12 ×	62.1 = 745.20美元

图12.3 平均成本法的原理

不过，如果你通过经纪人或理财顾问买卖股票，就要谨慎使用平均成本法。如果你还要支付前端费用，那么你就要为每一项投资支付同样多的费用。可能最重要的是，如果你投资的金额较小，你可能就没有资格享受费用折扣，而那些投资金额较大的人往往可以享受费用折扣。

■ 投资者检查清单：简化你的投资生活

- ▶ 避免旨在利用短期市场趋势获利的流行基金。相反，坚持投资于你不需要时刻照看的核心股票基金和债券基金。
- ▶ 考虑一站式基金，尤其是目标期限基金，当你接近投资目标时，它们会变得更加保守。
- ▶ 指数型基金为那些不想花大量时间管理投资组合的投资者提供了很好的选择。
- ▶ 如果你有几个投资组合具有相同的投资期限，那么可以把它们当作一个统一的整体来管理，在你的每个账户中重点投资于最佳资产。

▶ 当你进行投资时，写下你决定投资的理由。如果该基金不再符合你的买入理由，那就说明你应该卖出该基金了。

▶ 将你的投资整合到一个基金家族或基金超市。

▶ 通过制订一个自动投资计划来简化你的生活。平均成本法可以消除投资情绪，随着时间的推移，平均成本法应该会比无规则地买进和卖出产生更好的回报率。

HOW TO BUILD
A PORTFOLIO

第 13 章

明智地寻求投资建议

当你面对特别棘手的理财问题时，也许你需要得到一些帮助，比如，如何在不受税收影响的情况下，行使公司的股票期权。也许你的投资组合在熊市中的表现非常糟糕，反弹又如此无望，你已经意识到你需要些指导，好让你的投资组合回到正轨。也许，你看到最近的一本畅销书，你却提不起兴趣。不管是什么原因，你已经决定寻求理财顾问的帮助。这可能是一个明智的举动，尤其是当你没有时间、兴趣或能力来解决理财问题时（许多非常聪明的人符合这些描述之一）。

遗憾的是，一旦你决定寻求外部帮助，那你的工作就还没有结束。一些网站，包括www.fpanet.org和www.napfa.org，可以帮助你在所在地区找到理财顾问，你还可以考虑询问亲朋好友，问问他们是否找到了可信任的理财顾问。但是，即使是人们极力推荐的理财顾问，你也应该对他进行尽职调查，以确保这位理财顾问非常适合你和你的投资目标。

以下是判断一位理财顾问是否适合你的一些关键步骤。

■ 建立自己的投资目标

在你打算寻找一位理财顾问之前，必要的第一步是确定自己的投资目标。从选择保险到投资计划，再到税收管理，你在理财生活的每个阶段都需要帮助吗？或者，你需要在某个特定的理财问题上寻求帮助，比如一次性的投资组合检查？了解自己需要帮助的程度，有利于你找到合适的理财顾问来帮助你实现投资目标。

■ 了解不同类型的理财顾问

财富经理。理财顾问。理财规划师。欢迎来到理财建议的狂野西部。由于目前只有很少的关于提供理财服务所需资质的相关规定，所以别让花哨的头衔给你造成虚假的安全感。某些自称理财顾问的人其实主要从事证券销售业务，在提供理财建议方面可能并没有多大的实质性教育背景。而且，他们不一定会受到信托责任的约束，并将你的投资利益放在首位。

同样地，如果理财顾问的名字后面还有一堆头衔，你也无需过分惊讶。一些与理财规划相关的课程需要极其严格的学习过程和持续教育，而另一些则不需要。

找到一个有对应背景和教育经验的理财顾问，是你现在要努力完成的任务。如果你现在寻求的是广泛的理财计划帮助，那你最好寻找一位注册理财师（CFP），或者特许理财顾问（ChFC），又或者注册会计师-个人理财专家

（CPA-PFS）。获得这些资质的个人已经通过了一系列的课程和/或考试，这些课程或考试涉及范围广泛的理财规划主题，包括税收、投资和保险。

如果你的理财计划需要更加专业的顾问，那么你可以寻找那些专攻特定领域的人才。例如：如果你需要税收计划方面的帮助，那么就寻找一位注册会计师（CPA）或注册税务师。如果你正在寻找一位分析个别证券的专家，那么你可以寻找一位已经获得特许金融分析师（CFA）资格的人才。许多金融专业人士都会获得多个这类的证书，许多大型理财顾问公司也聘请了拥有各种专长和资质的人才。

■ 检查以往是否有违规记录

除了检查理财顾问的资质外，对于那些在你考虑范围内的理财顾问，你还应该花点时间检查他们的职业记录，以确保在其职业生涯中从来没有因为非法或不道德的行为而受到过纪律处分。很遗憾，这可能是一项棘手的工作，因为并非所有的理财规划师和理财顾问都受到相同机构监管。

注册投资顾问必须向国家或证券交易委员会（SEC）提交ADV表格[①]。在ADV表格中，你可以看到投资顾问的从业记录，同时也可看到投资顾问过往是否存在违规行为（包括虚假陈述、存在犯罪行为、违反相关法律法规等）。美国全国证券交易商协会（NASD）的网站上还有一个名为NASD BrokerCheck（经纪人核查）的方便工具，你可以查看某个经纪人的工作经历，了解他（她）是否曾经违反过NASD的规定。

■ 评估经验水平

除了确保理财顾问本人已经完成了严格的理财计划课程，并且没有违规记录，你还应该与未来的理财顾问进行面谈，以确保他们对你的具体问题或者基金有实际的经验。这位未来的理财顾问的从业时间有多久？他（她）的客户经常提出的需求与你有相似之处吗？询问这位理财顾问能否给你列出一份客户名单。电话访问这些客户并了解情况。的确，几乎不会有理财顾问会提到任何不满意其服务的客户。但是，通过与他们的客户交

---

① ADV表格包括四个部分：Part 1A、Part 1B、Part 2A和Part 2B。
Part 1A即向SEC申报有关投资顾问及其关联方的相关信息。
Part 1B为各州的证券监管机构所要求提交的相关信息。但是，如果投资顾问仅在SEC申请注册，则无需填写Part 1B。
Part 2A即要求所有向SEC申请注册的投资顾问（Registered Investment Adviser，RIA）制作包含咨询公司信息的叙述性说明册（Narrative Brochure）。
Part 2B为对于特定受监管人员（Certain Supervised Person）的补充性说明册（Brochure Supplement）。——译者注

谈，了解该理财顾问提供建议的类型以及该客户是否满意，你就能更好地了解这个理财顾问是否适合你以及你的需求。

■ 了解咨询成本

弄清良好的理财顾问服务要支付多少费用，这几乎和分辨不同名称的含义一样令人困惑。一般来说，理财规划师和理财顾问的收费模式有三种。第一种是他们可以按资产规模的一定比例持续收取顾问服务费（比如每年2%，这不包括经纪费用或任何与共同基金相关的费用）。第二种是按照咨询时间收费。第三种是以差别佣金方式收取顾问服务费。有些理财顾问还可能使用这些收费模式的综合模式——例如：理财顾问在帮你建立理财计划时，可能会按小时取费，并且当你买卖基金时，他还会收取差别佣金。

弄清哪种收费模式最适合你，这取决于你的需求和想要实现的投资目标。如果你所寻求的是持续的、全面的资产管理，那么按年度资产规模的一定比例付费可能比按咨询项目付费更划算。然而，如果你需要针对特定目标寻求帮助——比如一次性地对投资组合进行检查——你应该找一个收取固定费用的理财顾问。如果你不是投资一大笔资金，那么通过佣金付费可能更划算。

当你在面试未来的理财顾问时，别不好意思开口询问他们的收费细节。你还应该习惯于询问清楚将来所有咨询项目的估计费用。估计费用应该包括买卖理财顾问推荐的证券时支付的佣金。

■ 询问投资风格

如果想在投资方面寻求帮助，那你可以向理财顾问询问一些关于他（她）的投资理念方面的问题。挑选某只基金时他（她）采用什么标准？如果理财顾问只关注基金的以往业绩，而不考虑其他基本因素，比如基金家族或基金经理的素质，那么这可能是一个危险信号。在理财顾问选择基金时，费用有多大影响？（如果答案是"没有"，那这就是另一个危险信号。）有哪些因素会促使理财顾问卖出某只基金？他（她）是经常采用买进并持有的策略还是采用频繁交易策略？（请记住：很少有投资者能够通过频繁交易或追逐业绩来超越市场平均回报，所以要对任何声称能够做到这一点的理财顾问持怀疑态度。）

■ 权衡无形资产

最后，仔细想想，你和这位理财顾问在个人层面上是否合得来。理财顾问并不需要成为你在空闲时想要一起消遣的伙伴。但是，你应该感觉这个人是值得你信赖的。如果你无法信赖这个人，那么你就应该去寻找一个能够信赖的理财顾问。

■ 投资者检查清单：明智地寻求投资建议

▶ 许多人可以自称为理财顾问，但他们的资质可能大不相同。对于大多数一般的理财计划需求，可以寻找注册理财计划师、特许理财顾问或注册会计师-个人理财专家。

▶ 进行背景调查，以确保你打算雇用的理财专业人士在其专业领域内从未因非法或不道德的行为受到过纪律处分。

▶ 询问理财经验。该理财顾问是否帮助过与你具有相似需求的其他客户？询问一下能否提供这些客户的名单并电话访问这些客户。

▶ 了解清楚理财顾问会收取多少费用。

▶ 了解清楚理财顾问的投资风格。他（她）是采用买进并持有的策略，还是采用频繁交易策略？如果是后者，那么你就需要再了解一下其他理财顾问。

How to monitor
your portfolio

第四部分
如何监控你的投资组合

HOW TO MONITOR YOUR PORTFOLIO

第 14 章

安排定期检查

正如我们在第12章中所提到的,投资者最好不要去理会市场中的"噪声",因为日常的市场波动对你的投资组合是否能实现目标的影响微乎其微。如果你已经谨慎地根据你的投资目标和投资期限建立了一个投资组合,那么你就没有理由再花时间去不断地买卖基金。多年来,我们发现过度交易对投资者的投资组合的损害远远大于交易不足。

不过,聪明的投资者应该留出一些时间,用来对投资组合进行定期检查,以确保投资组合处在正确的轨道上。即使你的投资没有任何变化,但确保投资组合的资产配置仍能满足你的需求,这也是非常重要的。我们建议大多数投资者每季度进行一次简要的检查,每年进行一次全面的检查。如果在你的年度检查中,发现投资组合的资产配置偏离了你的投资目标,你应该考虑对投资组合做出一些调整(这个过程通常被称为投资组合再平衡)。

■ 对投资组合进行季度检查

每个季度进行一次小型的检查，以了解投资组合的主要发展态势。这不仅可以让你的年度检查不那么费时，而且也能及时检查出一些在年度检查时可能需要解决的潜在问题。

季度检查的目的是检查你的资产和投资组合的主要变化和趋势。它既不意味着要取代全面的年度检查，也不意味着要产生重大的买卖决定。所以，为了让你的季度检查简明扼要，你只需要检查投资组合三个关键领域中的几个项目：

1. 与业绩相关的数据

▶ 近三个月和近一年的投资组合整体回报率。

▶ 近三个月和近一年的最大涨幅和最大跌幅。

▶ 相对于适当的基准（例如：相对于适当的共同基金类别），表现最好和最差的基金。

在你进行季度检查时，你能想到的第一个问题可能是："我赚了多少钱？"（或者是："我亏了多少钱？"）季度检查的重点不是要过于强调单个季度的收益或亏损。比起知道自己在短短3个月时间内的整体回报率，更重要的是，要知道哪些资产的贡献最大，哪些资产的贡献最小。在你进行年度检查时，这些可能就是你需要做出调整的资产（包括买进或卖出）。

另外，还要记住，不仅仅是绝对回报率才重要。按绝对值计算，你的表现最差的资产，实际上可能是同类资产中表现最好的一个。如果这种资产在你的投资组合中起着重要的多样化作用，那么，即使它的风格与大盘不同步，最终你可能也会继续持有它。这就是为什么说了解每种资产的业绩相对于适当类别或指数的排名很重要。

2. 投资组合配置

- ▶ 资产配置。
- ▶ 投资风格配置。
- ▶ 股票行业比例。

在每个季度检查中，你应该检查你的资产配置，以查看投资组合的整体情况是否发生了变化以及发生了怎样的变化。你还应该检查投资组合中的资产在晨星风格箱中的位置是否发生了变化，并检查你的整体投资组合的行业权重。即使在3个月的时间跨度内发生了显著的变化，但这并不意味着现在就该买进更多的某种资产，并卖出另外一种资产。但通过密切关注与投资组合相关的重大变化，你就能让年度检查变得更容易，并在整体投资组合发生巨大变化之前及时了解趋势。

3. 基本面变化和新闻

- ▶ 基金经理变动或策略变化。

▶ 费用比率变化。

▶ 基金公司的新闻（并购）。

季度检查的这一部分可能是最重要的，如果发现你的某只基金发生了变化，你可能额外需要做一些深入的调查。例如：如果你发现共同基金的基金经理发生了变动，那你应该了解新任基金经理的背景，以及他（她）打算对投资组合做出哪些改变（如果有的话）。管理层变动本身并不是一个"卖出"信号，但这确实需要投资者做进一步的调查（有关如何解释这些基本面变化的更多细节，请参见第15章）。

■ 对投资组合进行年度检查

虽然你可以快速地完成季度检查，但一定要为年度检查留出足够充裕的时间，因为你需要判断是否应该对你的投资组合进行调整。一些在线投资组合工具，例如：晨星公司网站上的即时分析功能，可以帮助你迅速判断你的投资组合的配置情况。

当你进行年度投资组合检查时，你应该检查投资组合投资于以下领域的百分比：

▶ 现金、股票和债券。

▶ 各种投资风格，如"大盘价值"或"小盘成长"。

▶ 主要行业。

► 特定的个别证券。

► 国际投资。

资产组合。即使你对投资组合采取不干预的策略，也会发现包括现金、股票和债券在内的投资组合会随着时间而变化。股票通常会产生比债券或现金更高的回报率，因此，在不加以干预的条件下，股票在你的投资组合中的比例可能会持续提高。当市场处于萧条时期，问题可能正好相反：投资组合中的股票产生亏损，导致你的资产配置低于你的预期。无论市场表现如何，随着你越来越临近实现投资目标，你很可能希望将投资组合转变为更加保守的投资。因此，关键在于要密切关注现金、股票和债券的平衡，以确保它能与你的投资目标处于同步状态。

为了控制投资组合的波动性，并保护你已经获得的收益，你能做的最重要的事情就是，密切关注你的股票和债券投资组合，并在必要时做出调整。过多的股票风险敞口会导致你的投资组合更容易受到股市暴跌的影响。另一种极端情况是，过多地投资于债券可能会影响你的长期回报率，导致你无法实现投资目标。

投资风格。正如你的股票/债券投资组合会随着时间而变化一样，投资组合的投资风格也会发生变化。在某一个年份，不同类型的股票基金的表现可能大相径庭——这也正是你想在投资组合中持有多种股票基金的原因。在20世纪90年代末，大盘成长型基金的回报率是所有基金类型中最高的。于是，此类基金在投资者的投资组合中所占的比例远远超过了合理比例。在2000年和2001年，当大盘成长型基金变成了回报率最低的基金类型时，一些投资者没有关注自己投资组合的投资风格，从而遭受了巨大损失。

投资组合也可能会由于其他原因发生变化。例如：在2004年和2005年，许多价值型基金经理开始大量配置那些一直被人们称为成长型的股票，他们认为这部分市场太有吸引力了，因而不能被忽视。因此，你的价值型基金经理目前很有可能持有一些与成长型基金相同的股票，而你的整体投资组合也会向成长型股票倾斜。

为了帮助评估你的投资组合的投资风格组合，可以将其风格箱中的各种资产类型与大盘股票指数基金进行比较，例如：先锋全市场指数基金（Vanguard Total Stock Market index）。你不必建立一个完全模仿指数的股票基金投资组合（如果你想这样做，不妨直接购买一只便宜的指数型基金）。但你应该注意投资组合中比例较大、超出预期投资风格的资产，并在必要时考虑做出调整。

行业风险敞口。作为投资组合年度检查的一部分，投资者应该定期检查行业风险敞口。如果你发现自己的投资组合严重倾向于某个行业，那么需要考虑减少那些权重过大的基金（另外，如果一只价值型基金导致你的投资组合在某个市场的权重过大，你可以等待基金经理调整他的持仓）。集中投资于一两个市场领域可能会暂时提高你的回报率，但也会让你承担这些领域的下跌风险。

单个证券的集中度。虽然微软、通用电气或你老板的股票（对许多投资者而言）可能在你的投资组合中占据很大一部分，但你还应该准确地知道自己投资于这些资产的比例。检查股票重叠有利于确保投资者不会在不经意间将15%或者以上的资产投入到前一年表现最好的股票当中，而这样的业绩可能预示着即将下跌。

为了准确地评估你投资组合中的最大股票持仓，你需要把你持有的所有个股和你共同基金的重仓股汇总到一起。你会经常发现许多最受欢迎的共同基金都会投资于同一些股票。找到晨星公司的网站上的投资组合管理器，利用"股票重叠"（Stock Intersection）工具，根据你持有的个股和你基金的重仓股，即可查看你投资组合中的最大股票持仓。如果你将投资组合中超过5%的资产投资于单个股票，那么可以考虑减持重仓持有该股的基金，或者如果你直接持有这只股票的话，可以考虑降低该股持仓。

海外投资。最后，在你的投资组合年度检查中，查看你的投资组合中投资于世界上某些特定国家或地区的百分比。你的国外股票基金可能会频繁地改变权重，你需要密切关注这些基金的权重与其他资产的关系。甚至一些美国国内股票基金也被允许境外投资。因此，不要仅依靠基金名称中的"外国"或"全球"等词语来判断一只基金的国际投资意向。2005年初，美国国内股票基金经理经常对晨星公司的分析师说，他们发现外国股票比美国股票的估值更有吸引力。

除了评估你的投资组合中的国外股票配置以外，还要检查单个国家或新兴市场的风险敞口。评估一下你在易于发生动荡的市场中的风险敞口，例如：日本市场以及拉丁美洲、环太平洋地区和东欧等发展中地区的市场。

■ 投资组合再平衡

在你完成年度检查之后，决定需要做出一些调整，以使投资组合的资产配置重新匹配投资目标。那么，这个过程就被称为再平衡（rebalancing）。

从表面上看，再平衡似乎是反直觉的。如果你持有的一些股票一直表现很好，并且在你的投资组合中占据了更大的份额，那么为什么不继续持有它们呢？简言之，因为有风险。

想象一下，如果在1995年初，你理想的投资组合是股票和债券各占一半。为了简化说明，假如你在先锋全股票市场指数基金中投入1万美元，并且在先锋全债券市场指数基金中投入1万美元。如果你将这个投资组合持有5年，那么你持有的股票将会占到总资产的69%，债券将会占到总资产的31%。

由于在那段时期中股票上涨火爆，所以你会赚到很多钱，但是，当股票下跌时，投资组合中将会有额外19%的资产受到影响。随着2000年和2001年股市下跌，你的投资组合将会累计产生10.5%的亏损。如果在股市下跌期间，你将资产在股票基金和债券基金之间进行平均分配，那么你在这段时间里只会亏损2.7%。

你最初建立的投资组合是实现投资目标的最佳方案。如果这个组合出现了问题，那么你就再也没有适合你的投资组合了，那么，恢复之前的投资组合就是可行的。不但在你的资产配置偏离了你的投资目标（通常是时间的函数）时你应该进行再平衡，而且当投资组合的投资风格、行业配置或个股权重变得过于极端时你也应该考虑这样做。

不过，进行再平衡可能在心理上极具挑战性。这要求你从表现最佳的基金中撤出资金，把资金转投到表现不佳甚至可能亏损的基金。但请记住：当你进行再平衡时，你并不是在抛售所有资产——你只是在减持那些以前表现良好的基金。实际上，你是在通过减少赌注来保护已经获得的收益。通过将资金转入表现不佳的基金，你可能会以较低的价格买进更多的份额，这可以进一步提高你的回报率。

一般来说每年只需对投资组合进行一次再平衡。你可以选择任意一个日期，比如1月1日（或者另外一个日期，这取决于你如何定义新的一年），然后，检查并重新调整你的投资组合。你可以更经常地调整投资组合，但我们的研究表明，更加频繁地进行投资组合再平衡，例如：每3个月到6个月调整一次，对限制波动性的作用不大。

或者，当你的投资组合的资产配置偏离目标一定比例（比如5%或以上）时，你可以进行再平衡。

投资者进行再平衡时，必须注意税收的影响。毕竟，你是在卖出盈利资产，所以你很容易产生资本利得税。关于再平衡的高效税收方法是，不仅要降低盈利资产的持仓，而且要向亏损资产投入更多新资金。如果你的再平衡操作主要集中在你的避税账户上，例如：你的个人退休账户或美国养老金计划账户401(k)，你也可以减少税收的影响。

如果你确实是在对应税投资组合进行再平衡，那么你就要注意你的基金每年进行资本收益分配的时间。大多数基金会在10月到12月之间进行收益分配（你可以在秋季联系你的基金公司，了解预定的分红日期）。如果你在收益分配后卖出基金，你将为这些后来卖出的份额支付税金。最好在收益分配之前卖出。当你购买基金份额时，也要在收益分配完成之后。否则，你可能才持有几天就得到这些份额的应税收益。

■ 投资者检查清单：安排定期检查

- ▶ 每个季度进行一次快速的投资组合检查，以帮助你预测在年末时需要做出哪些调整。
- ▶ 每年进行一次更全面的投资组合检查，分析你的资产配置、投资风格组合、行业权重和个股权重。
- ▶ 进行投资组合再平衡时，优先检查你的投资组合中的现金、股票和债券组合；其投资风格组合，行业和国家的风险敞口以及个股集中度。
- ▶ 注意再平衡的税收影响。通过将新资金投入表现较差的基金（而不只是卖出表现较好的基金）来实现再平衡，并主要在你的避税账户中进行再平衡。如果你在应税账户中调整投资组合，请注意基金的资本收益分配日期。

HOW TO MONITOR
YOUR PORTFOLIO

第 15 章

知道何时卖出

聪明的投资者总是会以全新的眼光看待他们所持有的基金。他们不会对自己的基金产生好感，也不会对它们感到恼火——他们只会重新评估投资的潜力。如果共同基金发生变化，当这些变化表明其出现了问题时，你必须做好卖出的准备。

又或者是你的基金没有变化，但你改变主意了。也许你认为某只基金对你来说风险太高。又或者，换种乐观点的说法，你认为另一只基金更容易帮助自己实现目标，在你重新进行资产配置时，你需要将这笔资金转投到另外一只更为保守的基金。

正如我们在第14章中所提到的，很重要的是，定期检查你的基金，以确保基金的状态没有发生改变。你的基金经理是否仍在职？大量新资产的涌入是否会限制他（她）的投资风格？其基金家族是否有什么值得注意的事情？最重要的问题也许是，该基金是否仍然适合你的资产配置计划？

如果你确实发现了红色（甚至黄色）危险信号，那么你在卖出之前还需要做进一步调查。此外，在卖出基金之前，你还必须考虑税收和交易费用的影响。如果你已经持有了相当长一段时间，可能已经积累了可观的收益，那么当你卖出时，可能要缴纳税金。或者，如果你使用了经纪人或投资顾问的服务，那么你可能需要支付销售费用才能卖出该基金，然后，再购买另一只基金。如果你卖出亏损的基金并转投到另一只新的基金，那么从一开始你就会处于亏损状态（晨星公司的网站上有一个名为"交易分析器"的工具，可帮助你解决交易中的税收问题）。

■ 评估弱势基金

尽管一年的弱势表现可能没什么好担心的，但看到自己的基金落后于其他基金达两三年或更长时间，这可能会令你感到沮丧。在卖出一只基金之前，你需要将弱势基金与适当的基准进行比较，例如：晨星基金分类或适当的指数。检查该基金业绩下降的原因，仅是一次近期业绩表现不佳，还是长期业绩弱势的一部分。例如：低于平均水平的3年业绩排名实际上可能只是由一个亏损年份与两个业绩不错的年份造成的。根据短期业绩表现就放弃这只基金，这是不正确的。

此外，投资者应该深入调查该基金落后的原因。花一些时间来研究该基金是否只是因为其投资风格而表现不佳，还是因为它还存在更严重的问题。很多时候，投资者在放弃表现不佳的基金之后，没过多久就会看到这只基金开始反弹。因此，你需要深入调查一下，该基金的经理是否仍在职，他(她)是否仍在采用之前让基金盈利的策略？基金公司是否发生了剧变？

例如：该基金公司是否与别的公司进行了合并？还是因为投资者投入了大量资产，导致该基金的规模过大？

不管你相信与否，在考虑是否卖出时，极好的业绩表现可能是比极差的业绩表现更有力的卖出理由。这是因为较高的收益往往意味着该基金承担着很大的风险。举例来说，如果你的中期债券基金的年回报率超过10%，那么它实现这一回报率所承担的风险可能高于投资组合中"乏善可陈"的部分。你需要查看那些超额收益源自何处，并确定这是否会带来麻烦。

■ 了解基金经理离职的原因

正如我们在第4章中讨论过的，主动型共同基金的业绩表现取决于其背后的基金经理和分析师。因为基金经理是基金业绩的最主要的负责人，所以许多投资者想知道，在基金经理离职后他们是否应该卖出该基金。简明的答案是，这要视情况而定。

基金公司通常会声称基金经理变更只是偶然事件，基金的运营状况一切照旧。这可能是事实，但也是值得怀疑的。为了帮助评估管理人员变更的潜在影响，投资者需要调查以下一些因素，例如：离任基金经理是唯一的掌舵人还是管理团队中的一员。投资者还应考虑新任基金经理会以哪种方式利用分析师支撑团队。他（她）是依靠大量分析师的研究还是独自管理基金？

此外，投资者应仔细检查新任基金经理的经验，包括他（她）管理其他共同基金的记录。如果新任基金经理拥有一个管理同类基金的长期记录，那么应该很容易弄清楚他（她）是否是一个称职的继任者。如果新任基金经理来自同一家公司，又没有多少从业记录，那么投资者应该查看该公司其他同类基金的记录。一些基金家族有着深厚的团队基础，可以非常有效地替代离任基金经理。而在其他情况下，你会发现该公司的大多数同类基金都表现得很糟糕，而你持有的是唯一的好基金。如果是这样的话，可能是时候放弃这只基金了。

请记住这一点，相对来说，有些基金类型受到基金经理变更的影响会更小一些。例如：指数型基金的基金经理不必主动挑选股票。他们只是在模仿一个基准。因此，即使一些能力较强的基金经理可以更紧密地跟踪指数，但基金经理变更对指数型基金的影响要比主动型基金小。

最后，投资者应调查新任基金经理是否计划引入新的投资策略。即使他（她）在自己的投资策略上拥有可靠的成功记录，但投资策略的转变也可能意味着该基金不再适合你。例如：可能新任基金经理打算购买小盘股，而你购买这只基金是为了大盘股风险敞口。

请记住：基金不是股票。基金经理的变更不会在一夜之间影响你的基金价值。你可以而且应该花时间去调查是否应该做出改变。

■ 评估投资策略变更

通常，与基金经理变更相比，投资策略变更可能会引起投资者更大的担忧。这可能表明曾经成功的投资组合经理对他（她）的投资风格失去了信心。而且在最坏的情况下，频繁的策略调整表明了该基金缺乏明确的投资风格，而基金经理仅仅是在设法适应当时的市场趋势。这个问题在于，追逐趋势的基金经理的行动总是滞后的。为了击败市场，你需要一只能够坚持其投资策略的基金，即使这可能会使它暂时跟不上市场潮流。

基金经理并非总是在自愿的情况下改变投资策略。急剧的资产增长（我们将在本章后面深入讨论），可能会迫使小盘基金经理买入比以往更多的大盘股，或者买入更多的股票，又或者两者兼而有之。

无论原因是什么，策略的改变都可能会导致你的基金不再满足你的需求。假设你投资小盘价值型基金是因为你想拥有小盘价值型股票风险敞口。如果基金经理开始投资大盘价值型股票，那么你的投资组合中现在拥有多个大盘价值型基金，而没有小盘价值型基金。你可能需要卖出其中一只大盘价值型基金，然后，再选择另外一只小盘价值型基金，以此来恢复到初始时的平衡配置。

但是，投资者应该注意如何定义投资风格变化。有时，基金经理的股票会发生变化，但他（她）的策略却没有改变。巴伦资产基金（Baron Asset）就是这样的一个例子。虽然基金经理罗恩·巴伦（Ron Baron）开始购买市值更大的股票，但该基金并没有从小盘价值型基金转变为中盘价值型基金。他仍然购买小盘股。他只是在这些小盘股变为中盘股或大盘股时仍在继续持有它们。同样，奥克马克基金经理比尔·尼格伦（价值专家）近年来一直在购买传统的成长型股票，因为他认为成长股的价值要高于传统价值股。尽管这两只基金的投资组合在风格箱中的位置与以往有所不同，但是，他们的投资策略都没有改变。

■ 关注基金家族的增长、合并或收购

也许你所持基金背后的基金家族正在推出一系列新的基金。也许是更大的公司要收购这家基金公司。你为什么要关注这些呢？毕竟，不是基金经理在替你管理基金吗？然而，这样的变化可能会产生出人意料的影响，因为它们可以干扰基金经理的本职工作——管理投资者的基金。

基金公司所有权的变化也可能导致基金业绩的放缓。例如：我们已经看到很多案例，发起收购的基金公司渴望在短期内获得投资回报，大幅提高管理费用或让基金资产规模变得过大。基金公司兼并时还经常会导致流失大量工作人员，在一家公司被出售之后不久，原有的顶级基金经理很容易离职。换句话说，你所信任的基金经理可能无法继续管理你的基金——有时他还会带走一些分析师。

你如何确定基金公司是否处于变化的边缘呢？首先，投资者应该定期访问他们的网站，了解有关增长计划和新基金发行的消息。还可以在证券交易委员会的网站（www.sec.gov）上了解即将发行的新基金信息；在发行新基金之前，基金家族必须在证券交易委员会进行注册。查看基金公司寄送到你邮箱的营销资料。还要留意独立消息人士如何评论你所投资的基金及其基金家族。

■ 评估监管问题

尽管长期以来，人们一直认为基金是金融服务业的一片"净土"，但过去几年的发展证明，"投资需谨慎"（让投资者注意风险）这样的告诫也适用于共同基金投资者。

纽约总检察长办公室于2003年底启动了现在被称为"基金丑闻"的诉讼，当时它指控几家共同基金公司允许大客户从事共同基金的不正当交易，损害了普通投资者。有关不正当交易的丑闻迅速蔓延开来，在少数一些案例中，基金经理和基金公司高管被指控对其公司自有基金进行不正当交易。从2003年末到2004年，州和联邦监管机构对许多业内最大的基金公司提出了多项指控，最终导致了对这些基金公司的罚款和改革（包括强制的和自愿的），在许多案例中，还导致了高级管理人员被革职。

最近，监管机构一直在调查基金行业的销售行为，他们认为某些基金公司向经纪公司进行了不当付款或定向交易，以换取其基金出现在经纪人的推荐名单上。在未来的几年中，势必还会出现其他基金公司的违规案例。

那么，如果你的基金公司被指控违反监管规定，你应该怎么办？首先，尽可能多地收集有关这个问题的信息。如果美国证券交易委员会已对该公司提出正式指控，或者该公司已经与证券交易委员会达成和解，则可以在证券交易委员会的网站上找到更多信息。如果某个州的监管机构对一家基金公司提起了执法行动，那么你可以在该州检察长办公室的网站上找到有关该公司的信息。在晨星公司的网站上也能获得这类信息。

此外，你还应该评估基金公司采取了哪些措施来解决这个问题。它是否实施了旨在防止再次发生类似错误的改革？它是否解雇了所有从事不正当交易的个人？

最重要的是，考虑一下公司的整体股东友好程度记录。监管问题是一个孤立事件，还是基金公司一直在将自身利益置于基金股东之上？如果你的基金公司还有其他一些不友好的记录，例如：运营高成本基金，允许基金资产规模不断膨胀，发行几乎没有投资价值的流行新产品，则说明这家公司没有将你（基金股东）的利益放在首位。由此可以判断，是时候将你努力赚到的钱投资于其他公司了。现在，晨星公司推出了一项功能，名为信托责任评级，其中包括了对所有这些问题的讨论（包括每个基金公司的企业文化）。晨星公司网站的会员用户可以使用这一功能，这有助于你一次性地解决许多此类问题（我们在第4章中讨论了信托责任评级）。

■ 关注持续上升的费用比率

晨星公司发现较低的费用是预测基金出色业绩的最佳指标之一，因此，当基金增加成本时，这确实可能是一个非常危险的信号。你会发现很多优质的核心股票型基金，它们年度费率不会超过1.00%，很多一流债券型基金收取不到0.75%的费用。因此，如果你发现自己的基金费用已经大大超出了这一水平，那么就有理由进行深入调查了。你可能希望给小盘基金和国际股票基金一个更大的费用空间，但是，无论如何，当费用比率超过1.5%

时都应该引起你的注意。

如果你注意到自己的基金费用比率有所上涨，你应该检查该基金的资产基础。该基金最近下跌了吗？许多基金采用所谓的分界点（breakpoints），即资产达到一定水平时，费用比率会上升或下降。因此，如果你的基金最近有大量的资产流出，那可能可以解释基金费用增加的原因。你还可以选择不再持有该基金，但是，你至少应该能够得出费用增加的合理解释。

在计算费用比率时，其他一些基金（尤其是富达、先锋和运通等基金家族中的一些基金），采用所谓的基于业绩的费用比率。这意味着，如果基金收益在一定时间内超过了给定的基准，则管理费（基金公司为管理你的资产而收取的费用）就会上升，反之则会下降。由于业绩费用有助于使基金公司的利益与股东的利益保持一致（如果基金公司表现良好，则将获得更高的报酬；而如果表现不佳，则将获得较低的报酬），因此，你不必担心这种由业绩提高引起的较高费用比率。

如果业绩费用或资产外流都不能解释基金费用比率的上涨，那就值得引起重视了。如果你的基金费用高于同类基金产品，那就更加值得引起重视了。这可能表明该基金的董事会在与管理公司进行谈判时没有考虑到股东的利益。这可能是一个转投其他基金公司的很好理由。

■ 密切关注资产增长

随着基金吸引新的投资者并不断扩大规模，它们的盈利能力通常会降低。这些基金失去了上涨潜力，它们的收益又回到了同类基金的平均水平。之所以会发生这种现象（通常称之为资产膨胀），这是因为当基金的资产不断增长时，其基金经理必须投资更多的股票，市值更大的公司，或者两种情况兼而有之。如果过去购买小盘股或集中投资于重仓股是该基金成功的关键，那么当基金经理被迫以竞争对手的方式来管理基金时，该基金的业绩可能会变得平庸。

资产基础迅速增长的基金也可能减少交易频率，因为其交易行为会影响股票价格。因为基金经理有大量资金可以投入到同一只股票，所以这种购买行为可以通过破坏供需之间的平衡来推高股价——更多的资金追求同样多的股票份额。基金经理几乎不可能一次性地购买他（她）想要的所有份额，因此，最后购买份额的成本可能要高于起初购买的份额。由于这种影响，资产不断增长的基金会产生自身的不利因素，过于频繁地交易会使业绩受损。晨星公司的研究还表明，随着资产的增长，基金可能承担更多的风险（见图15.1）。

为了避免受到资产膨胀的影响，一些基金公司在资产规模增长过大时会停止接受新投资者的资金。例如：从2002年到2005年，有大量的小盘基金关闭了交易（实际上，在这段时期的大部分时间里，晨星公司的小盘价值分析师都没有列出推荐基金，因为所有最好的基金都已经停止交易了）。理论上，基金会在资产膨胀之前停止交易，但实际上许多基金却不是这样做的，因为停止交易会导致基金公司无法收取管理费。

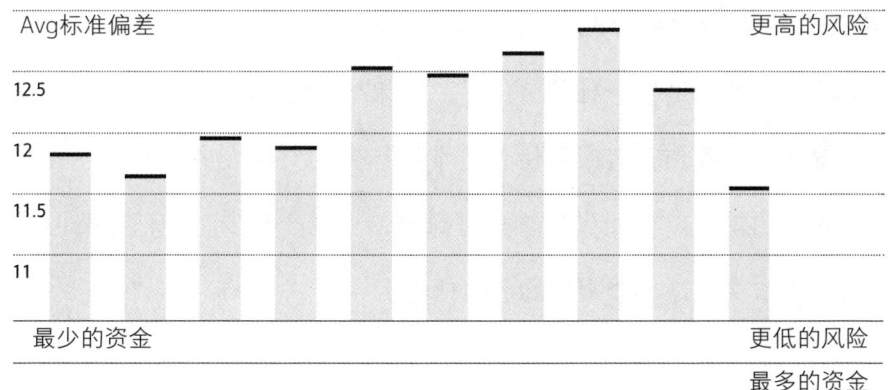

图15.1 资产规模与风险相关，随着资产的增加，
许多基金倾向于承担更多的风险

晨星公司研究了资产膨胀在哪种基金中会造成最大的影响，答案是在专注于小盘股或成长型股票的基金。小盘成长型基金最容易受到资产膨胀的影响。不断膨胀的资产也会给其他小盘股基金或成长型基金带来负担，但负面影响可能不会那么大。采用高换手率策略或集中投资方法取得成功的基金，也容易受到资产膨胀的影响。

即使你的基金业绩还没有开始放缓，仍需要密切关注资产增长如何影响基金的投资策略以及该基金如何适应你的投资组合。基金会通过改变自己的投资策略来应对不断膨胀的资产，卡拉莫斯成长基金（Calamos Growth）就是一个最近的例子。该基金专注于中盘股，并将宏观经济行业与自下而上的选股策略相结合，它在大部分时间里都取得了较高的回报率。但是，随着投资者蜂拥而至，其基金经理将更多的资金投向了大盘股。他们还将投资组合中的持股数量增加了一倍，从而稀释了其重仓股的影响。尽管该基金的业绩没有下滑，但今天购买该基金的投资者所获得的产品与

5年前的产品已经截然不同。

资产收缩可能是另一种预警信号。如果一家公司损失了大量资产,则可能不得不进行裁员。有必要检查一下该基金的支撑人员数量与过去几年是否有明显的差别。正如我们前面提到的,当资产减少时,基金费用通常会提高,这本身就是一个明显的危险信号。

■ 评估你自己的需求

随着投资目标的改变,你的投资也应该改变。假设你开始投资平衡型基金(该基金将其资产平均分配到股票和债券),目标是在未来5年内购买一套住房。如果你已经结婚并且你的配偶已经拥有住房,则可以决定将这笔钱作为退休金。在这种情况下,你可能会卖出平衡型基金并买入一个股票基金的投资组合。你的投资目标和投资期限已经发生了变化。投资也应该随之改变。出于同样的原因,当你接近投资目标时,债券在你的投资组合中的比例应变得越来越大。

你也可能从一开始就认为某只基金根本不适合你。在熊市期间,有很多投资者执着于持有高风险的、配置大量科技股的基金,晨星公司的分析师对他们进行了访谈。一些投资者只能祈祷自己的投资能够回本,并且在此期间他们还会失眠。我们通常的建议是什么呢?如果你确定某只基金的波动太大,以至于让你无法处理,那就需要及时止损,并继续选择其他基金,或者至少在下次上涨时将其卖出。你要保证做到,了解你的基金,了解你自己，并且永远不会再犯同样的错误。

■ 评估你的税收状况

当你决定是否卖出时，必须要考虑税收因素。如果你已经持有一只基金很长一段时间并获得了丰厚的回报，那么你可能要支付一笔巨额的资本收益税，它可以抵销你转投其他更有前途的基金所能获得的所有收益。如果你认为新的基金可以比目前的基金表现更好，但又想避免缴税，则可以考虑将新资金投入到新基金中（是的，我们建议你违反有关基金重叠的规定，但是，当你要面临巨额的税金时，将所有资金转投到业绩更好的基金是没有意义的）。

但是，如果你的基金已经亏损到了一定程度，则可以通过卖出基金来获得税收减免。这可能是双赢的交易。美国国税局（IRS）允许个人在一年中使用3000美元的资本损失来抵销普通收入（其税率远高于资本收益税），超过3000美元临界值的资本损失可能会无限期结转（在决定是否确认税收损失时，请务必考虑所有递延费用或赎回费。还要注意，如果你通过经纪人进行交易，你还要支付佣金）。如果基金由于我们已经讨论过的某种原因而表现不佳，则最好是卖出更早买入的基金，而不是卖出后来买入的基金。如果你确实需要税收减免，你甚至可以卖出表现好的基金；不过需要记住，你至少在30天内不能再次购买这只基金，否则美国国税局将不允许你抵销税金（不过，你可以购买另一只投资风格相似的基金）。

■ 投资者检查清单：知道何时卖出

- ▶ 注意过度的资产增长。专注于小盘股或成长股并且频繁交易的基金尤其容易受到资产膨胀的影响。
- ▶ 如果更换基金经理，请回答以下四个问题：
    - ▶ 基金经理是独立运营还是整个管理团队中的一员？
    - ▶ 新任基金经理在过往有哪些管理经验？
    - ▶ 基金公司以往在处理基金经理变动方面有多成功？
    - ▶ 这家基金公司的基金经理和分析师阵容强大吗？
- ▶ 基金家族的重大变化可能是一个危险信号。要注意基金家族大量发行新基金，或与其他基金公司发生合并或收购。
- ▶ 在决定是否应该卖出基金时，检查一下卖出的六个理由：
    - ▶ 你需要进行基础的投资组合再平衡。
    - ▶ 该基金的投资风格等基本面已经改变。
    - ▶ 你错误判断了基金的基本面。
    - ▶ 你的投资目标已经改变。
    - ▶ 你可以使用税收抵销。
    - ▶ 对你来说，这只基金的波动性太大了。

HOW TO MONITOR
YOUR PORTFOLIO

第 16 章
在动荡的市场中保持冷静的头脑

假如你要买辆车，肯定希望物美价廉，对吧？汽车制造商也许更在意其他方面，但如果是你想买车，那就越便宜越好。

然而，当股票下跌时，大多数人却不是这种思维方式。如果你打算买进并持有至少5年时间，那么在熊市期间你应该乐于寻求买进便宜股，或者向共同基金投入更多的资金，这样基金经理就可以帮你买进更多的股票。然而，投资者却倾向于在熊市撤资，将他们的资金撤出股票基金。当股市价格开始上涨时，他们才会开始买进。这就好像等到汽车的价格和贷款利率开始上涨时才去买车。

上述例子源自伟大的沃伦·巴菲特。他的观点是，你如何看待熊市取决于你是买家还是卖家。如果你正在存养老金，你就应该把自己当成一个买家，那么低股价对你来说是件好事。而对于退休人员和其他想靠基金赚钱的人来说，股价下跌则是坏消息。

事实上，投资成功的一个关键是要理解（并始终牢记）股票的波动性。许多投资者根本不了解股票市场的回报率变化有多大。以经常被引用的数据为例，长期来看，股市产生的收益约为10%。但在每个给定年份中，股市的回报率往往会偏离正常水平。

事实上，尽管市场评论员经常把10%的收益称为"正常"回报率，但股票几乎不会在一年内就实现这样的涨幅。从1975年到2005年，只有1993年和2004年的标准普尔500指数达到了8%到12%的回报率。在此期间，标准普尔500指数的年回报率从高达37.5%（1995年）到亏损22%（2002年）不等。在过去的30年里，标准普尔500指数有四分之一的年份是亏损的。这一统计数字凸显了拥有一个在股市涨跌时都行之有效的投资计划的重要性。投资者通过保持头脑冷静，并坚持明智的投资原则，可以在熊市时限制其投资组合的亏损，并在股市反弹时大量获利。

■ 在熊市中投资

首先，当股市开始下跌时，很重要的一点是清楚什么是不可为的：别试图预测市场时机。尽管许多所谓的市场分析师声称能预测市场的短期走势，但很少有人（如果有的话）能够始终准确地预测市场走势。因为很难预测短期内推动股市的事件，例如：货币危机、恐怖袭击、一系列出人意料的好的（或坏的）经济报告等。

曾经的明星基金经理伊莱恩·葛莎莉（Elaine Garzarelli）曾在1987年10月股市崩盘前正确建议自己的客户卖出股票。在那次成功的预测之后，葛莎莉自然受到了一阵追捧和欢迎，但她后来的资产管理工作就没那么成功了。她在20世纪90年代的业绩充其量也只能说是时好时坏，最终她也不再将择时交易纳入自己的基金管理策略。

葛莎莉并不是个案。事实上，我们没听说过哪个基金经理能够通过预测市场的短期走势来实现持续增值。鉴于基金经理比普通投资者拥有更多的资源可供使用，既然他们都无法使用择时交易策略获利，那么普通投资者更应该三思而行。

大量的证据也表明，总体而言，共同基金投资者都是差劲的市场预测者。他们一次又一次地在股市已经开始下跌之后从股票基金中撤出资金，因此，未能完全参与随后的反弹。例如：在1987年10月，股票基金遭遇了有史以来规模最大的资金外流（按资产比例计算）。投资者被市场单日25%的巨大跌幅吓坏了，他们纷纷抛售基金。因此，这些基金投资者错过了1987年12月至1988年2月期间标准普尔500指数17.4%的涨幅。

平均成本法

因为不可能预测市场的短期走势，所以投资者积累长期财富的最佳途径是通过平均成本法形成一套有纪律的投资方法。如果你定期将资金投入市场，甚至在市场下跌时仍买进基金份额，这通常是一种非常有利可图的方法。通过持续地定期投资（也就是你的退休计划），你甚至可以把表现低迷的市场转变成你的优势。

为债券留出空间

除了坚持一个有纪律的投资方法外,适当地根据资产类别和投资风格让你的投资组合实现多样化也是至关重要的。这对于退休人员以及其他想要从股票基金中获得固定收益并避免巨额亏损的人来说更是如此。

无论你的投资期限是多久,你都需要记住,债券是任何充分多样化的投资组合的必要组成部分。在1995年至1999年期间,人们就很容易忘记这一点,因为当时标准普尔500指数每年的收益都超过了20%,而债券的回报率相对较低。但债券除了提供退休人员和其他人所需的利息收入之外,还有助于使投资组合保持稳定,因为高质量债券往往不会与股票同步波动。股市动荡时期,债券经常会上涨,这是因为投资者会远离高风险资产去寻求避风港。从2002年5月到7月,标准普尔500指数遭受了超过20%的严重亏损。但由于利率下降推高了债券价格,大多数长期政府债券在这3个月内至少上涨了几个百分点(有些甚至上涨了更多)。当然,3个月时间不长,但对于持有全股票投资组合的投资者来说,3个月已经不算短了,可以避免惊慌以及在错误的时机卖出基金。持有一些债券来缓冲打击,可能刚好足以让你保持冷静来渡过难关。

通过对比先锋全股票市场指数基金和先锋平衡指数基金(Vanguard Balanced Index),可以生动地说明债券的稳定性。先锋全股票市场指数基金跟踪涵盖所有美国公司的威尔希尔5000指数。先锋平衡指数基金将其60%的资产跟踪威尔希尔5000指数,但又将其40%的资产投资于债券,这些债券跟踪雷曼兄弟综合债券指数中的投资级债券。从2000年4月1日到2002年6月30日，纯股票基金——全股票市场指数基金——下跌了32%。相比之下，平衡指数基金的表现要好得多，在此期间仅下跌了13.5%。

添加外国股票基金

外国股票和外国债券提供了另外的多样化来源。虽然美国和其他发达国家的股票市场有时同步运行，但并非总是如此，国际投资可以增加投资组合的多样性，这可能有利于我们应对熊市。

我们不希望美国发生经济危机或通货崩溃，但是，把部分的资金投入到海外市场可以对冲这种风险。这样的经济灾难会危害一个以工业为主的国家吗？问问日本投资者就清楚了。20世纪80年代，日本股市的表现轻而易举地超过了美国股市。关于日本经济体制优越性以及先进劳资关系的文章，充斥于美国的大众报刊。人们认为日本公司更有远见，并且还产生了一个共识（更不必说大量关于如何应对这种形势的畅销书）：美国公司通过效仿日本，也能取得很好的效果。

对于那些认为没有必要在海外进行投资的可怜的日本投资者，我们同情他们的遭遇。从1989年的峰值到2002年6月30日，代表主要日本公司的日经指数缩水了近四分之三市值，而到2005年4月，它仍然远远低于其峰值。渴望获得固定收益的日本债券投资者，他们的业绩也不太好。由于通货紧缩持续折磨着日本经济，所以日本的债券发行人无需支付太多的利息。事实上，很多高质量日本债券的收益率多年来一直接近于零。问问那些长期饱受股市折磨的日本投资者，多样化投资和将部分资产投资到海外市场是否有意义。我们愿意打赌，大多数投资者会说"是"！

20世纪70年代，美国投资者也从海外投资中受益匪浅。"水门事件"政治丑闻，1973年和1974年"漂亮50"泡沫的破裂以及经济不景气（包括通货膨胀、利率上升以及美元疲软），这让美国投资者在这十年中受到了数次重创。同期，外国股票的主要指数、欧澳远东指数（MSCI EAFE），轻松超越了标准普尔500指数。与那些只在美国进行投资的投资者相比，在那动荡的十年里，通过购买外国股票和债券进行多样化投资的投资者，他们获得了更高的回报率。

最近的熊市也让美国投资者意识到了境外多样化投资的重要性。在2002年，典型的外国股票基金下跌了1.2%，这还不到标准普尔500指数跌幅的十分之一。在随后的3年里，外国基金的年均下跌幅度为3.8%。标准普尔500指数在这一时期的亏损大约是其2.5倍。

投资风格多样化

同样地，如果你注意在不同投资风格的基金之间进行多样化投资，则可以在熊市期间减少投资组合的亏损。许多投资者的投资组合大量集中在大盘成长型基金上，在2000年至2002年熊市期间，这类基金遭受的损失尤其惨重，尽管如此，投资者仍有很多可用来躲避风险的基金类型。从2000年4月到2002年6月，持有大量银行股和工业股的小盘价值型基金上涨了39%。投资于房地产的信托投资基金也相对活跃。

这是否意味着每次市场下跌，小盘价值型股票基金和房地产信托投资基金都能表现良好呢？答案是：不是。因为在股票市场低迷时期，很难事先预测市场的哪个部分会表现更好。但我们知道某些资产类别，包括房地产信托投资、小盘价值型和自然资源型股票，它们的表现通常与美国大盘股不同步。投资者通过将资金分散投资于这些基本不相关的特定市场，可以避免在熊市中遭受过度的亏损。

税收减免计划

虽然我们经常鼓励投资者在市场下跌期间坚定持股并持续投入，但有时投资者可以通过卖出基金来使自己受益。在上一章中，我们讨论了卖出基金的一些理由，但是，市场的大幅下跌带来了一些投资者不应错过的卖出机会。

如果你在应税账户有大量未实现亏损，你不妨确认其中的一些亏损并给自己减税。可以肯定地说，在亏损的情况下卖出基金并不是令人愉快的事，但这通常是明智的。提前确定这些亏损有什么好处呢？你可以利用卖出基金或股票产生的资本亏损来抵销高达3000美元的普通收入，也可以利用亏损来抵销投资组合中其他资产的收益。

即使投资者对现有持股感到满意，亏损状态下卖出基金也有意义。在熊市期间，通过确认亏损并获得税收优惠，投资者将会有更多的可用资金，并能在熊市中以较低的价格买入基金。投资者也许可以从卖出中受益，并将这些资金投入到更好的低成本基金。

从税收的角度来看，熊市也可能是投资者调整投资组合的大好时机。也许你意识到你的投资组合太倾向于成长型基金了，你现在想将这笔资金分配给所有类型的基金，包括价值型基金。因为在熊市期间，你的成长型基金可能会亏损，因此，你可以通过卖出它们来获得税收优惠，并将资金重新投入到价值型基金。在这种情况下，你会通过再平衡获利。

投资组合再平衡

正如我们在本书各个地方所指出的那样，再平衡始终很重要。在市场动荡时期，当各种资产类别和投资风格可能带来明显不同的回报时，这一点尤其重要。

2000年3月，拥有充分多样化的投资组合的投资者，如果在股票和债券之间以50/50进行平均配置，那么到2002年底，其资产配置比例会发生很大的变化。这是因为，在此期间债券的表现轻而易举地超过了股票，因此，该投资组合的配置可能接近64%的债券和36%的股票。当股票在2003年反弹时，以债券为主的投资组合的表现要低于50/50平均配置的投资组合。此外，长期来看，股票的回报率往往高于债券。债券权重过高的投资组合可能过于保守，无法为投资者提供所期望的长期收益。

■ 在牛市中投资

好了，我们已经谈了够多的令人消沉的内容。我们大多数人进行投资是因为我们想赚钱，而不是因为我们想在熊市中赢得相对的胜利。那么，当股市上涨时，明智的赚钱方式是什么？事实证明，在熊市期间导致成功投资的许多原则，在牛市行情中也同样适用。

多样化投资

我们一直在反复强调这句话，多样化在牛市中的重要性不亚于熊市。不必理会市场评论员和自封的预言者的说法，他们声称能够识别出表现更为出色的某个特定市场，并且能够在未来继续跑赢大盘。他们真正提倡的其实是在价格已经上涨时买入的策略，这从来都不是明智的投资方法。

投资组合再平衡

无论市场环境如何，再平衡对大多数投资者都是有意义的，不过，在牛市中进行再平衡通常会付出一定的代价。如果一种资产类别或投资风格轻而易举地领先于另一种，则你可能必须卖出一些升值的资产来对投资组合进行再平衡，从而会产生应税资本收益。

好消息是，在牛市期间，可以通过一些税收友好的方式来实现再平衡。正如我们在第14章中讨论的，一种方法是，利用新的资金来对你的投资组合进行再平衡。在这种情况下，如果在20世纪90年代末，一位投资者希望增加价值型基金的配置，那么他就可以采用这种方法，至少可以在一定程度上这样做，通过将新的资金投入到价值型基金来实现再平衡，而不是通过卖出带有收益的成长型基金。

你还可以同时使用应税账户和避税账户，以最大限度地减少再平衡的税收影响。在20世纪90年代后期，股票配置权重过大的投资者应该卖出个人退休金账户或401(k)退休计划账户中的一些股票基金，然后，将这些资金重新配置于债券基金。在牛市期间，使用避税账户进行再平衡是有意义的。

如果再平衡迫使你从应税账户中卖出股票，那么你可以使用一种称为"指定具体份额"的方式来减少税金。"指定具体份额"是指某些基金公司允许投资者选择卖出特定基金份额的政策。例如：如果你的基金当前的资产净值（NAV或每股价格）为20美元，并且你持有了一些分别以12.50美元和17美元买入的基金份额，那么你应该卖出那些17美元的份额。这样，你的收益将会较少，而且税金也会较少。

在牛市期间，除了税收以外，基金的费用比率是值得关注的另一项成本。当回报率较低，而费用又消耗了大部分的收益时，投资者往往会更加关注基金成本。但以实际金额计算，由于复合效应，较高的费用比率在强劲牛市时的实际金额要高于中等回报率的时期。

■ 通货膨胀时期的投资

回首过去10年，投资者既能看到疯狂的牛市，也能目睹残酷的熊市。不过，自20世纪70年代以来，投资者还从未遇到通货膨胀的市场环境——从食品到天然气再到住房，所有东西的价格都在飙升。在通货膨胀时期，投资者从股票和债券基金中获得的收益的购买力都会比以前降低。

尽管目前关于通货膨胀威胁的数据存在矛盾，但由于全球经济的复苏以及中国和印度等快速增长经济体的强劲需求，过去几年的商品价格已经大幅上涨。在过去几年，美元普遍下跌的事实也预示着通货膨胀，这是因为和几年前相比，现在购买进口商品需要花费更多的美元。

我们之前已经说过，风险很大的一种做法是，彻底调整投资者的投资组合来适应当前的市场环境，但是，在建立投资组合时，忽略通货膨胀的潜在侵蚀作用也是错误的。在第9章中，我们讨论了为什么在充分多样化投资组合中持有一部分通货膨胀保值债券基金是有意义的，这是因为通货膨胀保值债券的本金价值会随着通货膨胀而上升。反向投资者可能也会将一小部分投资组合用于大宗商品基金，这类基金将受益于各种大宗商品价格的上涨，从石油、金属到农产品等。但是，请记住，这类基金的波动性极大，因此，投资者应将其持仓限制在总投资组合的5%以下。还要记住，大宗商品基金往往会产生大量的应税收益，因此，如果可能的话，需要把它们放在避税账户，比如：个人退休账户。

■ 保持简单

正如我们之前指出的，不管市场是处于牛市还是熊市，某些投资原则都是适用的。作为投资者，你要把重点放在你可以控制的事情上面。购买低成本基金。即使在市场大幅下跌的情况下，你也要坚持执行投资计划并

● PART 4 / 第 16 章

继续买进基金份额。维持充分多样化的投资组合，以降低风险并提高潜在回报。

最后，请记住，对于决定长期投资成功的最重要因素之一——投资金额，你有着极大的控制权。即使只是将投资金额稍微提高了一点，当股市的长期趋势不如你预期的那样强劲时，这也会影响你的长期投资业绩。而且，你还可以避免那些较差的投资决策，之所以会产生这些决策，通常是因为投资者认为自己尚未存够退休金，因此，需要抓住更多的机会来加快盈利速度。

通过遵循这些指导原则，坚持你的计划，以及从那些你无法控制的外部力量中获得一点好运气，你将能够享受到实现长期目标带来的好处。

■ 投资者检查清单：在动荡的市场中保持冷静的头脑

- ▶ 预测市场行不通。无论你是在熊市还是在牛市中投资，你都应该坚持长期投资计划，并适时地对投资组合进行再平衡。
- ▶ 当市场下跌时，平均成本法可以成为一种特别有效的投资方法，因为随着价格不断下跌，你会自动买进基金份额。
- ▶ 无论市场是处于熊市还是牛市，投资者都要确保维持一个适当多样化的投资组合。对于大多数投资者而言，这意味着要投资于各种类型的股票基金——大盘基金和小盘基金，成长型基金和价值型基金，美国基金和外国基金——并且要持有债券基金以保持收益稳定。

- ▶ 考虑在熊市期间卖出亏损的股票基金,来为自己提供税收减免。
- ▶ 为了在牛市中控制税金,可以通过投入新资金并在避税账户中配置更多不同风格的资产来实现再平衡。

MORE ON MUTUAL FUNDS

第五部分

有关共同基金的更多信息：常见问题

1. 晨星公司如何对共同基金进行评级

晨星评级（通常被称为"星级"）能够指导投资者发现那些为股东提供了更高的风险调整后收益的基金。尽管投资者不应仅根据星级评级来买卖基金，但投资者要想识别那些值得进一步研究的基金，星级评级是一种便捷的方法。

晨星将所有基金分为50个晨星类别，而晨星评级是该基金相对于同类基金的风险调整后收益的一种衡量标准。基金的评级分为1星到5星，表现最好的基金被评为5星，表现最差的基金被评为1星。我们根据比例来进行分级，以便每个类别中的5星基金和1星基金一样多。晨星评级的主要目标是提供过去的业绩快照，包括回报以及股东为获得这些回报而必须承受的波动程度。

尽管我们的星级评级的计算方法是由金融博士制定的，但你无需亲自计算就可以将其用作选择优质共同基金的指南。星级评价可以帮助投资者确定哪些基金最能补偿基金经理承担的风险。它是在扣除所有佣金费用、销售费用和赎回费用后，从各基金的总回报率中减去风险惩罚后得出的。风险惩罚是通过检查基金每月回报率的变动来确定的，并且更看重下跌的变动（换句话说，当一只基金相对于同类基金的亏损较大时，它们对基金的计算风险惩罚的影响要大于具有强劲收益的基金）。变动越大，惩罚越大。这可以奖励稳定的业绩，并减少强劲的短期业绩掩盖基金固有风险的可能性。

一旦我们为一个类别中的所有基金都计算了风险调整后收益，我们就可以根据结果对其进行排名。评分最高的10%的基金，评为5星；接下来的22.5%，评为4星；中间的35%，评为3星；接下来的22.5%，评为2星；最低的10%，评为1星。

只有拥有3年以上业绩记录的基金才能获得星级评价。基金最多可以评估三个时期，即连续的3年期、5年期和10年期，并且每个月都会重新计算评级。对于在整个评估期内仍属于同一晨星类别的基金，将使用以下权重来计算总体评级：

基金年限	总体评级
3年以上5年以下	100% 3年评级
5年以上10年以下	60% 5年评级
	40% 3年评级
10年以上	50% 10年评级
	30% 5年评级
	20% 3年评级

附图1　基金年限和评级分类

如果基金所属的晨星类别发生了变化，则根据变化的幅度，来降低其长期历史表现在计算中的权重。例如：相比从中盘股到大盘股的变化，从小盘股到大盘股的变化则更明显。减少基金在具有另一种风格时的业绩权重，可以确保进行最公平的比较，并可以阻止基金公司为了获得更好的评级，而改变基金的风格并转移到另一个晨星类别。

■ 使用晨星评级时要注意的重要事项

- ▶ 星级评级是严格的量化指标——较高的评级并不意味着晨星分析师认可或支持某只基金。
- ▶ 晨星评级是根据基金的历史业绩表现计算出来的。但要注意，不仅过去的业绩不能保证未来的收益，而且评级较高的基金的投资组合经理也许会换人，或者也许不再继续使用之前获得出色业绩的那种投资策略。
- ▶ 因为基金是在各自的类别中进行评级的，所以并不是所有的5星级基金都同样好。例如：5星级行业基金在其特定类别中可能具有最佳的风险调整后收益，但它的风险可能远高于高评级的多样化基金。
- ▶ 星级是有时效性的，并且基金的星级每月都会更新（有关这个问题的更多信息，请参见对问题2的回答）。

投资者不应仅根据评级来选择基金，而应使用评级作为初步筛选，以识别出值得进一步研究的基金。

2. 当我的基金评级下降时该怎么办

坐下来，深呼吸。最重要的是，不要惊慌或立即卖出你的基金份额。尽管星级评价系统是分析基金如何平衡风险和回报的快捷方法，但我们也要看到它的局限性。它并非旨在为投资者提供明确的买进/卖出建议。它只是一种定量工具，有助于了解基金的过往业绩表现。因此，基金的星级评价应该仅用作对基金进行广泛分析的其中一个步骤。

当某只基金的星级下降时，就意味着该基金相对于同类基金的风险调整后收益有所下降。但是，实际上可能并非如此。即使该基金的相对表现有所下降，也可能无法证明你应该决定退出该基金。

基金的星级可能会由于以下几个原因而发生变动。星级评价是根据基金及其类别的风险调整后收益计算的，并且每月都会重新计算（有关更多信息，请参阅问题1的回答）。当一个业绩表现特别强或弱的月份被纳入计算之内或被排除在计算之外时，这些风险调整后收益可能会有很大差异。如果由于使用新的计算周期，该类别中的其他基金的风险调整后收益变化不大，则该类别中的基金排名可能会发生变化，从而它们的星级也会发生变化。由于我们严格限制基金改变相对排名的捷径，因此，即使其相对排名只是略有变化，该基金的星级也会发生变化。例如：如果某只基金的排名从该类别的前9%下降到前12%，那么该基金的星级将从5星下降到4星。这样的变化可能不值得视为危险信号。

同样，如果一只基金拥有4年零11个月的业绩记录，那么到下个月其业绩记录将达到5年，其星级评价的计算方式将会发生变化，它不再根据3年记录进行计算，而是根据5年记录以及3年记录进行计算。与之前提到的每月重新计算产生的简单变化相比，这种变化可能对基金的星级产生更大的影响。如果该基金在最初的两年中表现不佳，那么这种影响就会突然出现在其星级评价的计算中。在这种情况下，该基金的星级可能会下降，但可能无法反映近期业绩的强弱。

然而，事实可能会证明，你的基金并不是仅仅由于技术上的原因才下降一星，而是由于最近的表现非常疲软。如果是这种情况，你需要仔细研究阻碍你基金发展的因素。了解基金重大变化的最简单方法是阅读《晨星分析师报告》。我们的报告会定期分析影响基金的长期和短期收益的因素。我们通常会强调那些表现出色或糟糕的股票或行业，并且你也可以查看该基金的最大持仓，找出最近表现较差的股票或行业。良好的股东报告还应该说明哪些因素阻碍了业绩，哪些因素一直在起作用。大多数基金会在其网站上发布投资报告，还有一些基金每月或每季度发布股东信函。

即使该分析对你的基金发出了危险信号，你仍然必须仔细考虑是否卖出该基金。研究我们在第15章中讨论过的基本面问题，例如：该基金最近是否经历了管理人员或投资策略方面的变动。你还需要考虑可供选择的替代基金。当然，还有更多高评级的基金，但是，你对表现出色的基金经理所采用的策略感到满意吗？说到基金经理，表现出色的基金经理的业绩记录是否足够优秀，可以让你相信他们可以继续表现出色？你还要分析高评级基金的基金公司。它们的声誉比你正在考虑卖出的基金所属的公司更好还是更差？它们的业绩记录更长还是更短？最后，不要忘记考虑卖出你的基金所带来的税收影响。

3. 如何使用晨星风格箱

风格箱是一种以图形形式表示股票特征的工具。对于股票和股票基金，两个数据确定了股票在风格箱中的位置。一个是市值：公司规模的大小。大盘股显示在风格箱的第一行，中盘股显示在第二行，而小盘股显示在最后一行。

决定股票在风格箱中的位置的另一个因素是其投资风格。投资风格是基于增长得分和价值得分。股票增长得分的一半是基于其相对于市值范围内其他股票的长期预期收益增长率。增长得分的其余部分是基于其相对于市值范围内其他股票的历史收益增长率、销售增长率、现金流量增长率以及账面价值增长率。其得分范围为0到100。股票价值得分的一半是基于其相对于市值范围内其他股票的预期市盈率。价值得分的其余部分是基于其相对于市值范围内其他股票的市净率（价格/账面价值）、市销率（价格/销售额）、市现率（价格/现金流）以及股息收益率。其得分范围也为0到100。

晨星公司通过从增长得分中减去价值得分来得出股票的投资风格。得分为很小的负数的股票被归入风格箱的"价值"一列，得分为很大的正数的股票被归入"成长"一列，得分处于两者之间的被归入风格箱的"核心"一列（对于基金来说，这称为"混合型"）。分界点可以随时间变化，但平均而言，每种风格将占到每个市值范围内的股票数量的三分之一。

股票共同基金的风格箱定位是基于其投资组合中的所有股票。投资组合的市值是基于投资组合的几何平均值。该计算考虑了每只股票的市值及其在投资组合中的权重，从而得出一个最能代表该基金定位的数字。投资组合的整体股票风格是基于其所有股票的风格得分的加权平均值（权重是基于每只股票占投资组合的百分比）。平均值较低的基金被归入"价值"一列，平均值较高的基金被归入"成长"一列，介于两者之间的基金则属于"混合"类型。

固定收益债券风格箱

固定收益债券风格箱是一个九宫格，其中考虑了决定债券基金业绩的两个关键因素：信用质量和久期。该风格箱允许投资者快速评估其债券基金的风险敞口。固定收益债券风格箱的横坐标显示了基金的利率敏感性，该敏感性通过其投资组合中所有债券的平均期限来衡量。晨星公司将利率敏感性分为三类：短期、中期和长期。短期债券基金受利率变动的影响最小，因此，波动性也最小。长期债券基金的波动性最大。平均久期少于3.5年的应税债券基金（与免税的市政债券基金相对）被归入"短期"一列；平均久期超过6年的债券基金被归入"长期"一列；其他的债券基金则属于"中期"（市政债券基金的税收起征点略有不同，但差别不大）。

该风格箱的纵坐标表示信用质量。它也分为三类：高、中和低。我们通过查看其投资组合中所有债券的平均信用质量来确定基金的定位。信用质量高的基金往往持有美国国债或信用质量略低于国债的公司债券。相反，信用质量低的基金通常持有大量高收益债券。平均信用评级为AAA或AA的基金被归类为"高质量"，而平均信用评级低于BBB的基金被归类为"低质量"，"中等质量"的基金介于两者之间。

债券风格箱可以使投资者更容易地找到合适的基金。假设你需要一只收益率比货币市场基金高一些的基金，但是，你不希望它的风险太大，你只要寻找处于风格箱的"短期""高质量"方格内的基金即可。或者，也许你想要更多的收益，但你不愿意购买垃圾债券，你要找的答案可能是处于"长期""中等质量"方格内的基金。

4. 如何购买我的第一只基金

作为自主投资者，你可以直接从富达、先锋和普信等基金公司购买基金。许多基金公司提供同一基金的含佣版和免佣版，因此，请务必明确说明你对免佣版感兴趣。

如果你打算购买多只基金——并且大多数基金投资者确实持有多只基金，那么你需要从这些较大的基金家族之中选择一家基金公司。它们提供股票和债券基金，美国和国际基金以及大盘和小盘基金。你可以建立一个充分多样化的基金投资组合，而不必在该基金家族之外选择其他基金。通过在其中一个主要基金家族进行投资，你可以轻松地将资产从一只基金转移到另一只基金。你还能合并文书工作，获得一份涵盖所有基金的报表，而不是每只基金单独获得一份报表。

实现多样化的另一种方法是投资一系列擅长某个领域的精品基金公司。你可以从马斯科基金购买大盘成长型基金，从罗伊斯基金购买小盘价值型基金，从都市西部基金（Metropolitan West）购买债券基金，从特威迪－布朗基金购买外国股票基金，等等。

你也可以考虑通过所谓的基金超市购买基金。通过使用基金超市，你可以从许多不同的基金家族中购买基金（有关基金超市的更多信息，请参阅问题13）。

进行购买

如果你自己购买基金（不通过经纪人或理财师），则需要联系你所选择的基金家族或超级市场。这意味着你需要打电话索要招募说明书和申购表，你可以访问它们的网站，请求将文件邮寄给你，或者从网站上下载。填写完申购表后，你需要将其与支票或汇款单一起寄回以开设你的账户。许多基金和基金超市还允许你在线上开设账户，而无需将申请表邮寄回去。

填写申购表时，不必担心要购买多少股票。专注于你要投资的金额。与股票不同，你可以拥有部分基金份额。如果你将1500美元投资于一只价格或资产净值为122.50美元的基金，你将获得12.245份额的该基金。

申购表包含许多关于你要购买的基金的选项。关键的选项是，是否要对股息和其他收益分配进行再投资以及是一次性地大额投资还是每月定期投资少量金额。

对收益分配进行再投资

除非你打算利用这只基金来获得固定收益，否则请务必对收益分配（分红）进行再投资。你不是每当基金进行股息收益或资本收益分配时就收到支票，而是获得更多的基金份额。再投资对你的长期回报率有很大的影响——研究表明，股东从基金赚取的资金中有20％以上来自这种再投资。请记住，你看到的基金总回报数字，是在假设你确实将收益分配进行了再投资的情况下取得的。你不能将收益分配取出来，但仍期望获得可观的回报率。

一次性投资还是自动投资

选择一次性大额投资还是制订一个自动投资计划，这部分取决于你是购买免佣基金还是通过理财师或经纪人进行投资。对于免佣投资者来说，自动投资计划是一个不错的选择。在这种计划下，基金公司每月自动从你的支票账户中扣除一定金额。这很容易实现，你一次可以投入少量资金，而不必一次投入大量资金。这听起来也许很熟悉——如果你参加工作中的退休计划，就意味着你正在执行自动投资计划。该过程也称为平均成本法，因为你的购买价格会随着时间的推移而变得平均。

但是，如果你要购买含佣基金，那么你一次性投资的金额越多越好。含佣基金通常具有费用临界点，在该临界点以上时前端销售费用会降低。对于较大金额的投资，费用会进一步下降。但是，大多数含佣基金家族也会给你提供一份协议。该协议使你有13个月的时间来投资指定金额；如果你的投资总额达到了费用临界点，那么你的投资将会被收取较低的销售费用。

跟踪你所购买的基金

无论你是一次性地大额投资，还是使用平均成本法进行投资，抑或两者结合使用，请务必保留基金报表的副本，因为在这些报表上有你购买基金份额的记录。这些报表对于跟踪你所持有的基金份额至关重要。如果你在应税账户中持有该基金，那么准确地知道购买这些份额的时间以及金额会很有帮助。当你赎回或兑现基金份额时，你可以通过关注价格和持有时间来最大限度地减少应税收益。

你持有至少12个月的基金份额所获得的税率要低于持有不到一年的基金份额所获得的税率，后者应按你的所得税率缴税。通过卖出接近当前价格的基金份额，你可以使收益最小化。假设当前的基金价格为每份20美元，你持有的基金份额包括你在15个月前以每份17美元购买的份额以及你在20个月前以每份13美元购买的份额，那么卖出前者所产生的应税所得要少得多。在你卖出基金份额时，一定要明确告知基金公司你要卖出哪只基金以及哪些份额。

伟大的第一只基金

大多数首次投资基金的投资者都希望找到不需要大量初始投资的基

金。遗憾的是，最好的"第一只基金"之一，先锋公司的全股票市场指数基金（Total Stock Market Index），初始投资至少需要3000美元（我们喜欢将全股票市场基金作为第一只基金，因为它们拥有包括价值型、成长型和混合型股票的投资组合，它们为投资者提供了各个行业中的许多股票的风险敞口，并且它们主要持有大盘股，同时又提供面向中小盘股的多样化）。

如果你同意执行自动投资计划，则可以享受较小的首次最低申购金额。如果你同意每月自动从你的支票账户中提取一定金额来进行投资，你通常可以最低用50美元或100美元购买基金。即使你设置了自动投资计划，先锋公司仍要求首次最低申购金额3000美元，但是，普信、富达和美国教师退休基金之类的基金家族同样提供了全股票市场指数基金，它们可让你以更少的资金设置自动投资计划。

如果你不想设置自动投资计划，则还有另外两种选择可以让你投资于那些最低申购金额超出你的承受能力的基金。一种是建立个人退休账户。在个人退休账户中，即使是具有极高的最低金额要求的基金，也常常会将最低申购金额减少到1000美元。但是，你在退休之前不能动用退休账户中的资金，因此，如果你希望在退休之前使用这笔资金，那这就不是一个好选择。基金超市也可以允许你以较低的最低申购金额购买基金，这要少于你通过基金公司直接购买时的最低申购金额。下图列出了一些我们最喜欢的第一只基金。

考虑购买的第一只基金	首次最低申购金额
保守配置型基金	
富达资产管理基金	2500美元
普信个人战略收益基金	2500美元
先锋明星基金	1000美元
先锋目标期限2025基金	3000美元
温和配置型基金	
TIAA-CREF股票指数基金	2500美元
先锋全股票市场指数基金	3000美元
精选美国基金	3000美元
普信股票收益基金	2500美元
进取型基金	
马斯科成长基金	2500美元
富达资本增值基金	2500美元
海港资本增值基金	2500美元

附图2　按风险等级分类的入门基金

5. 我的基金经理离职了该怎么办

这是一个好问题。幸运的是，我们有一个很好的答案：观望。很大胆吗？但是，我们很认真。在无法对新任基金经理做出评判之前，投资者不应轻率地卖出基金。另外，也没有需要做出评判的规定时间。但是，当你的基金经理离职时，你要问自己以下四个问题。

（1）**该基金是在应税账户中还是非应税账户中？** 如果你的基金在应纳税账户中，则你不应该在没有正当理由的情况下匆忙卖出，特别是如果你已经持有了一段时间。卖出基金可能意味着大量的实际收益，从而还意味着向国税局缴纳大量的税金。但是，如果你在延税账户[例如：IRA或401(k)

中持有该基金，卖出基金则不会产生同样的税收影响。

（2）会改变投资策略吗？如果新任基金经理带来了一个新的投资策略，则该基金可能不再符合它在投资组合中所起到的作用，这是卖出的正当理由。例如：一只小盘基金变成了大盘基金，它显然不会继续适应同样的资产配置需求。即使新任基金经理承诺会坚持原有策略，为了确保其履行承诺，你要比以前更经常地检查该基金。新任基金经理通常会说保持现状，但是，大多数基金经理一旦到任，他们至少会执行一些改进措施。

当你得知基金经理变更时，你需要密切关注其投资组合和业绩表现。你可以使用晨星公司网站上的个人基金报告来获得关于该基金运营情况的摘要信息。确保将这份报告打印出来，以便更轻松地跟踪变更信息。每隔几个月重新查看一下该基金的晨星报告，以确认其基本策略仍然有效。你怎么知道呢？首先，你需要确保该基金在风格箱中的定位保持不变。你还需要关注周期率。由于换手率代表着基金资产的变化频率，因此，周期率激增可能意味着该基金经理抛掉了前任基金经理的股票而采用了新的投资策略。

（3）新任基金经理是谁？基金公司不会拿拥有良好业绩的基金去赌博。在这些情况下，新任基金经理通常是已知因素：要么是从竞争基金中聘请的，要么他曾管理该基金家族中的其他基金，要么是知名的分析师。

使用晨星公司的个人基金报告，查看新任基金经理以前所负责基金的业绩记录。阅读晨星分析师关于新任基金经理能力的评论。

（4）基金家族的其他成员表现如何？如果你的基金是其基金家族中的

唯一基金，那么基金经理的变动绝对值得密切关注：它们没有同样风格的后备管理人员来填补这个职位上的空缺。像富达或普信这样的大型基金公司拥有深厚的研究和管理资源，因此，它们会比那些拥有单只基金的公司更能消除基金经理的变动带来的影响。

6. 我应该购买新基金吗

为了弄清楚这一点，你需要问自己以下五个问题。

（1）**基金经理的业绩记录如何？**一只基金是新发行的，并不意味着其基金经理也是新手。了解其基金经理在其他基金上的业绩记录。查看新基金的招募说明书或基金公司的网站，以了解该基金经理以往管理过哪些基金；然后，查看晨星报告，以了解该基金经理以前的基金费率。晨星分析师研究新基金时，他们会告诉你其基金经理的以往业绩。

（2）**基金家族的业绩记录如何？**如果其基金经理也是新手，那么在购买之前，你至少应该对其基金家族充满信心。考虑一下新基金的母公司是否有好几只不错的基金。如果该基金家族中全是表现平平的基金，甚至有表现更糟的基金，那么你有什么理由认为自己所选的基金会有不俗表现呢？

（3）**该基金投资哪类资产？**了解该基金的投资策略，你可以从中了解该基金可能持有哪类资产，从而你可以知道该基金的预期回报和风险水平。假设该基金将专注于快速成长的小盘股，这表示你可以取得较高的长期回报，但是，在此过程中的波动性会很大。

（4）费用是多少？年度费用比率是任何基金（新基金或老基金）都可以预测的事情之一。你不知道该基金明年能赚多少钱，但是，你知道它们会向你收取费用的比率。

新基金往往不会特别便宜。低费用通常是由于基金资产基础的增长带来的规模经济所致，因此，新基金的资产规模可能不足以将收益传递给股东。因此，你需要调查该基金家族的其他基金。与同类基金相比，它们的费用是否适中？

投资者需要与基金公司取得联系，以了解新基金的费用是否只是暂时的上限。许多新基金会在一年内按一定的费用比率收取，但此后可能会收取更多费用。

（5）基金是否提供任何额外服务？选择那些承诺在资产阻碍其表现之前向新投资者关闭的新基金。正如我们在第15章中讨论的，小型基金公司和集中度较高的基金在资产膨胀时很可能遭受亏损。快速交易的基金（高换手率的基金）也可能很容易遭受亏损。如果你打算在应税账户中持有基金，则需要确定该基金是否致力于减少税金。如果你必须向国税局缴纳巨额税金，即使该基金提供了丰厚回报的前景，但这也意义不大。

7. 我应该购买即将关闭的基金吗

格劳乔·马克斯（Groucho Marx）曾说过："我拒绝加入任何接受我为会员的俱乐部。"这个笑话反映了封闭式基金的一种特殊魅力。如果它们不让投资者加入，那么这些基金肯定在发生着一些很酷的事情吧？

有时候会有，但通常没有。关闭基金是一个成功的标志，但通常是在辉煌的岁月之后。

基金为什么关闭

关闭共同基金的理由只有一个：保持基金经理的策略。例如：如果基金经理迅速交易少量的小盘股并获得成功，则投资者可能会注意到并向这些基金投入资金。面对不断增长的资产基础，这些基金经理可能不得不增加持股数量，放慢交易速度，投资大盘股，或采取所有以上这些措施。基金经理以击败竞争对手为荣，而其基金公司在资产增加时能赚更多的钱，这就导致基金经理与基金公司之间形成了紧张关系。尽管许多基金公司在对投资组合经理进行补偿时不重视资产增长，但是，基金公司有时会根据他们管理的资金金额（而不只是根据业绩表现）对基金经理进行补偿，从而分享自己的利益。许多基金经理也拥有该基金公司的股份，因此，当基金规模扩大时，他们也将从中受益。

因此，基金经常会在其收益受损之后选择关闭，这也就不足为奇了。晨星公司的分析师就此问题进行了一项研究，他们发现，关于已封闭基金的平均表现，封闭之前的3年它们在同类基金中排名前20%，而封闭之后的3年它们只能排到中等水平。

此外，对于那些在关闭之后其相对业绩有所改善的基金，在关闭之后的3年中又有3只基金业绩下跌。平均而言，已封闭基金相对于同类基金的回报率从最高的20%降至平均水平以下，中等表现的基金占62%。

这是否意味着关闭基金实际上会造成损害？并非如此。实际上，业绩下降可能与关闭基金没有多大关系。原因很简单，热门基金通常会逐渐冷却。尽管基金可能在其整个生命周期中的大部分时间都有稳定的资金流入，但通常会在资金流入量最大时选择关闭。当基金的投资策略或资产类别产生异常高的回报时，几乎总是会发生这种情况。对于任何能在短期内产生巨大回报的策略，可以肯定的是，在接下来的一段时间内，其业绩会回落到平均水平或更差。

已封闭基金业绩低迷的另一个原因是，基金公司等待的时间过长，直到业绩下滑或资产庞大时才决定关闭。到那时，为时已晚。如果业绩已经下降，则可能表明它应该在数十亿资金涌入之前关闭基金。拒绝新的资金并不会使基金的规模缩减到以前创造辉煌业绩时的水平。

业绩并不是侵蚀已关闭基金的回报率的唯一因素。它们的税收效率也下降了。但是，与业绩下降不同，该因素可以归因于基金关闭。资金流入可能对交易成本产生负面影响，但对税收效率会产生积极影响。它们减少了所有股东的税收负担，因为该基金可以将资本收益分配给更多的人。晨星公司发现，平均而言，基金的税收效率在关闭之后下降了五个百分点。

当基金关闭时

关闭基金也有一个好消息。如果提前计划关闭，则关闭会起到效果。那是因为该基金公司考虑了该基金可以管理多少资金，然后，承诺在达到这个资金规模时关闭它。然而，我们所研究的大多数基金，只有在该公司终于觉察到规模问题后才会关闭基金。

如果你要购买一只基金，尤其是那些投资组合集中度较高、采用快速交易策略或专注于小盘股的基金，那么你需要寻找一只承诺在资产达到预定水平时将会关闭的基金。

8. 我应该购买一只表现不错的基金吗

大多数投资者不可能不注意到6个月内上涨了30％、40％或50％的基金。有谁不会呢？但是，很多人不只是旁观。他们屈服于诱惑并且购买了这些基金，追逐它们的诱人回报。这样的诱惑很难抗拒。

购买热门基金是一个坏主意。由于风格、市值和行业在市场中趋于轮动表现，如果基金经理的风格恰好与市场中表现最好的资产相吻合，那么这些基金必然会在短期内飙升。在20世纪90年代后期，科技和大盘成长型基金飙升，吸引了许多投资者的注意力，他们的投资组合与这些炙手可热的基金相比不温不火。在过去的5年中，小盘价值基金以及能源和房地产产品一直是"热门"。那么现在是否应该增加你的投资组合对小盘价值基金的配置或选择一个能源行业基金？

你的购买动机不能仅仅由于它们很热门。原因如下：

在一种市场环境中炙手可热的基金通常会在其他市场环境中冷若冰霜。此外，现在热门的基金在某些时候一定会降温。而且，许多投资者具有不可思议的能力，可以在其降温之前就注意到热门基金。那是因为他们将强劲的近期收益视为基金运行良好的证据。他们说："哪里有烟，哪里就有火。"但是，当投资者看到足够多的烟雾时，产生大火的燃料往往已经用尽了。

需要更多的证据吗？晨星公司的研究发现，所有基金类型（包括股票和债券基金）的投资者都已经为购买热门基金付出了代价。购买热门股票基金的投资者损失更大，尤其是在购买波动性和诱惑力最大的进取型基金时。毫不奇怪，晨星公司在一项关于小盘成长型基金的研究中发现，投资者通过追逐业绩而不是每月简单地投入少量资金（平均成本法），在5年内的年均回报率降低了1.8个百分点。

寻求一致性的业绩表现

人们很容易被超常收益所吸引。尽量不要这样。你应该怎么做呢？在你的投资组合中强调一致性表现。这样的基金很少能引起广泛关注，它们所吸引的关注远不及波动更大的基金。它们提供的是可靠性和舒适性。它们使你更容易坚持持有，并且通常可以转化为良好的长期回报。

具有一致性表现的基金每年都能排在其晨星类别的前二分之一至前三分之一。当然，很少有基金能一直这样。但是，当排名前半部分的基金业绩明显下滑时，这种基金通常不会下滑那么严重——这与那些一年排在榜首而次年却排在榜尾的基金不同。

有了具有一致性的业绩表现的基金，你可以充满信心地持有该基金，因为你知道无论其同类基金在一定时期内表现如何,你的基金都将具有竞争力。而且,由于你会更喜欢该基金,因此,你很可能会长期持有。执迷于追逐热门基金的投资者,当他们的基金受到市场冷落时,他们会抛弃这些曾经的热门基金。

1998年,晨星公司进行了一项研究,对两只基金进行了比较,一只是非常具有一致性的基金——威廉·布莱尔成长基金(William Blair Growth),另一只是波动性更高但回报率也更高的基金——特拉华趋势基金(Delaware Trend)。特拉华趋势基金的10年回报率更高,但是,当我们根据现金流量进行调整以反映典型投资者的持有经历时,威廉·布莱尔成长基金更胜一筹。那是因为投资者发现在下跌时期很难坚持持有特拉华趋势基金。它在短短3个月内亏损了多达43%,而威廉·布莱尔成长基金则下跌了25%。由于错过了特拉华趋势基金反弹时的早期阶段,投资者每年损失的回报率大约为3个百分点。如果你投资了10000美元,那么这3个百分点将使你10年后的收入减少3400美元。

追逐热钱的投资者通常会玩火自焚。他们在基金产生巨大收益后买入,在基金失去上涨动力时卖出。如果你不是那种被基金的大幅波动振荡出局的投资者,那你将是少数的成功者。寻求可靠的一致性表现,你可能会更加成功。

9. 我应该购买下跌中的基金吗

精明的读者可能已经注意到这是一个棘手的问题。其答案取决于你指的是绝对表现还是相对表现。尽管我们对前一个问题的回答已经讨论了如何对待那些产生较高绝对收益的基金，但在这里我们会提供一个更为具体的答案。

这要视情况而定。（会产生多大差别？）

如果基金处于绝对下跌中，那么它可能是很好的投资。我们知道这是反直觉的，但是，通过与大多数人相反的逆向投资，可以让你现在把握未来趋势。整体而言，基金投资者的交易时机很糟糕。大多数投资者高买低卖，而不是相反。因此，机会主义者可以通过购买多数人所卖出的基金来获利。晨星公司对年度"最不受欢迎基金"的研究证明了这一点。通过"不受欢迎"策略，投资者可以从每种基金类型中购买一只去年赎回量（百分比）最大的基金。我们发现，在接下来的3年中，这些不受欢迎基金的表现在70%的情况下超越了标准普尔500指数，并且这些不受欢迎的基金类别在90%的情况下击败了3个最受欢迎的基金类别。

如果你因为发现某个基金类别总体上落后于大多数其他基金类别，所以你正在考虑购买其中的某只基金，那么在该类别内寻找表现相对较好的基金就是一个很好的办法。也就是说，当该群组整体下跌时，你不一定要从搜索范围中排除那些比同类基金表现较差的基金。尽管很难证明购买这种基金的合理性，但你可以在它受到市场欢迎时，评估一下该基金的表现是否优于同类基金。例如：1999年，斯卡德卓曼高回报股票基金严重落后于大盘价值型同类基金，当时大盘价值型基金总体落后于大盘成长型基金。但是，基金经理大卫·德雷曼拥有在价值股表现强劲的情况下击败对手的良好记录，而且该基金的长期相对记录也更好。尽管当时这是一个艰难的买入决定，但在1999年中期购买该基金的投资者将会获得丰厚的回报，因为从那以后，该基金遥遥领先于其同类基金以及更广泛的大盘股市场。

当你的投资组合中没有代表其风格的基金时，购买表现不佳的基金是最有意义的。当基金的风格、行业或资产类别不受欢迎时，它可能会在适当的时候为你提供一个使你的投资组合实现多样化的机会。

10. 如果我的基金持有上头条新闻的股票该怎么办

等一下——难道专业基金经理收着投资者的管理费，他们不应该提前发现这些问题吗？这就是许多基金投资者在熊市期间提出的问题，当时许多基金被发现持有因财务造假或管理层违规行为而破产的公司股票。甚至最好的基金经理都被发现持有上头条新闻的股票，从安然到世界通信再到南方保健（Healthsouth）。

当你的一只基金在其持有的一只或多只股票上犯了重大错误时，你应该问自己以下三个问题，以弄清这是一个孤立的问题，还是其基金经理没有做好自己的功课。

（1）这项投资是否符合该基金的既定策略？第三大道价值基金的经理

● PART 5

马丁·惠特曼在2002年因世界通信的债券而损失了一些资金,但毫无疑问,该债券符合惠特曼的投资策略。他靠购买那些不受市场欢迎的股票或债券来获利。他了解破产法的复杂细节,因此,可以确保在公司破产时率先获得赔偿。他会考虑到最坏的情况,通常只有在认为自己在最坏的情况下不会赔钱时才会购买。他购买了世界通信的债券而不是股票,因为他认为破产的确有可能。虽然第三大道基金的世界通信投资通过了这项测试,但其他基金却没有通过。例如:一些本应关注估值的基金在安然接近其顶部时购买了该股票,当时的估值非常之高。那本来应该是一个危险信号,而且该公司从事财务造假的事实使情况变得更糟。

(2)这是孤立的事件,还是其投资组合中充满了很多错误?每个投资者都会犯错。但是,如果你发现一只基金购买的公司大多都是注重大肆宣传而不是发展业务,则你有充分的理由质疑管理层的研究能力。

(3)对基金的伤害有多严重?在查看了基金错误的详细情况之后,退后一步并总结出一些结论。大多数基金都会持有大量股票,而一项不良投资几乎不会造成一场灾难。但是,如果基金经理在不进行充分研究的情况下对一只股票押大赌注,那就值得引起更多关注了。查看该基金的长期业绩记录,弄清该基金中的好的投资是否多于坏的投资。

11.如何减少税金

我们既有好消息,也有坏消息。让我们先从坏消息开始说起。即使你在一年中不卖出自己持有的任何基金份额，你仍然有可能在来年4月15日需要向山姆大叔缴纳税金。根据法律，该基金必须向其股东分配利息收益和已实现的资本收益（当你的基金经理在盈利时卖出股票时就实现了收益）。否则，基金本身必须缴税，而且你知道那不会发生（即使基金这样做，这笔税金也会出自该基金的资产，因此，你仍然会受到打击）。

"但是，"你反驳道，"我选择将所有收益分配进行再投资。这与基金每次进行收益分配时就给我支票是不同的。"

这并不产生实质影响。如果你进行再投资，你将获得更多的基金份额，这就如同是该基金向你寄送了支票，然后，你用这笔资金购买了这些额外的基金份额。

不过，不要垂头丧气。下面还有一些好消息：有很多方法可以减少税收负担。考虑一下以下策略。

专注于税收优惠基金

如果你想最大限度地减少投资税，则最好避免使用支付大量收益的基金，这些收益以最高税率（你的一般所得税率）缴税。如果你要投资债券，并希望尽量减少税金，则应考虑选择市政债券基金。市政债券的收益无需缴纳联邦税，如果该债券是你所纳税的州发行的，则也有可能无需缴纳州税。

基金是否支付资本收益是另一回事。一些基金一直将应税收益保持在最低水平，从而使投资者得以保留大部分税前收益。但是，即使历史上税收有限的基金也偶尔会卖出其成功股票。长叶合伙人基金和美盛价值基金都拥有避免税收的良好记录，但在1999年，这两只基金都在大幅上涨之后抛售了大量股票，给股东带来了应税事件。

为了识别对纳税人有利的基金，最可靠的方法是，寻找名称中带有"税收管理"字样的基金。税收管理基金的基金经理会避免利息收益和资本收益分配。近年来，许多基金公司推出了这类基金，因为很多投资者意识到，如果在缴税后只能剩下三分之二的收益，那么30%的收益也不是很大。先锋公司提供了涵盖不同投资风格的多种税收管理基金。富达、美洲世纪、伊顿万斯（Eaton Vance）和普信是其他一些提供税收管理产品的基金家族。

出售特定份额

当你卖出基金份额时，应税收益是通过从卖出价格中减去买入价格（你的成本基础）确定的。假设你用平均成本法买入一只基金，从而会以不同的价格买入基金份额。卖出时的成本基础是什么呢？对于大多数基金公司，默认的成本基础是你买入的平均价格（美国国税局的默认成本基础是你买入第一个份额的价格——这不足为奇，因为该方法通常会产生最高的应税收益）。

许多投资者可以通过确定要卖出哪些特定份额来减少税金。假设你在一只基金中的平均成本基础是10美元，但是，你最近以16美元的成本基础购买了一些份额。如果你现在以20美元的价格卖出，那么与以默认的10美元的成本基础相比，以16美元的成本基础卖出份额所获得的应税收益要低得多。

特定份额方法比默认的平均成本方法涉及更多的记录保存和繁杂的工作，但是，考虑到可以节省的税金，这样做是值得的。你只能将此规则应用于从未使用平均成本方法卖出过份额的基金，因为一旦在基金上使用过这种方法，美国国税局便要求你继续使用该方法。

有目的地卖出

假设你持有一只长期亏损的基金。实际上，它的表现要差于你的投资亏损。你应该考虑将亏损变为你的优势。有时，我们之所以坚持持有我们不特别喜欢且表现不佳的基金，是因为我们期待这只基金能够回本。相反，你应该考虑卖出这只拖累收益的基金，并利用其亏损来抵销应税投资组合中其他基金的收益。

尽最大可能避税

充分利用你可以使用的所有延迟缴税选项，无论是401(k)账户、403(b)账户[①]还是个人退休账户。如果你在这些账户中投入大量资金，你应该考虑使用税收管理型基金。而且，如果你购买个股，则应纳税账户是持有它们的好地方。当你建立一个股票投资组合时，你可以完全控制何时卖出你所持有的股票。与共同基金相比，这是一个关键优势，因为无论你是否卖出过基金份额，共同基金都会支付资本收益。ETF基金通常也比一般

---

① 403(b)账户是公立学校和非营利组织的某些雇员的退休账户。参与者包括教师、学校行政人员、教授、政府雇员、护士、医生和图书馆员。宗教部长也可以参加这些计划。——译者注

● PART 5

的共同基金具有更高的税收效率。那是因为ETF在交易所交易，这意味着ETF基金经理不必出售股票（潜在地实现应税资本收益）即可满足投资者的赎回需求。

12. 如何确定基金最适合应税账户还是避税账户

在1999年至2001年之间，使用应税账户持有共同基金的投资者，在他（她）获得的每100美元收益中实际仅能剩下77.50美元的收益，而其余的收益都用在了缴税上面。这个数字仅基于基金的利息收益和资本收益分配；它不考虑投资者自己实现收益可能造成的任何其他损失。

正如我们在对问题11的回答中所指出的那样，将支付大量收益的基金放在你的避税账户中通常是有意义的。但是，即使是该原则也并非在所有情况下都适用——而是取决于你是谁，以及距离动用你的资金还有多长时间。

为了帮助确定投资者应该在哪类账户中持有哪类基金，普信公司的税务专家研究了三种基金：成长型基金、成长收益型基金以及应税债券基金。他们假设每只基金的投资额为10000美元，持有期限分别为10年、15年和20年。他们还假设该账户在期末将会兑现。税务专家会根据所有所得税率来计算结果。该研究表明，你的持有期限、你在账户中兑现时的预期税率以及该账户是延迟缴税账户（即传统个人退休账户）还是允许免税提款账户（即罗斯个人退休账户，Roth IRA[①]），是决定哪种账户是最适合你避税的关键因素。

指导原则

普信公司的研究结论可以归结为三个有关投资的基本避税规则。

（1）离退休日期越近，退休时的税率越高，将债券基金放在避税账户中越好，将股票基金放在应税账户中越好。此原则包括两个部分：

A. 如果你距离退休还有15年或以上的时间，并且希望处在较低的税率等级，则可以将股票基金放在避税账户，并将债券基金放在应税账户。

B. 如果你距离退休不满15年，并且你希望退休时的税率比现在更高，则可以将债券基金放在避税账户，并将股票基金放在应税账户。

（2）由于罗斯个人退休账户允许免税提款，因此，无论你的投资期限和预期税率等级如何，都可以将你的股票基金放在罗斯账户。股票基金的长期收益应该比债券基金高得多，罗斯账户可以确保你不必为巨额收益缴税。

（3）如果你是用延迟缴税账户进行投资，例如：传统IRA账户，而不是罗斯账户，则应将税收管理基金和其他具有税收效率的股票基金放在应税账户。这些基金避免了资本收益的分配。如果你将这些基金放在传统IRA账户，则在提款时需要按你的所得税率缴税，而所得税率会始终高于

[①] 个人退休账户（IRA）可分为传统型和罗斯（Roth）两种。传统型：先存入，未来提取时再缴纳个人所得税（Pre-Tax），可享有"延迟纳税"（Tax Defer）的好处。罗斯：需先缴纳个人所得税才能存入（After-TAX），取出时无须再缴税。——译者注

你兑现应税股票基金时要支付的资本收益税率。

13. 如何找到最佳的基金超市

在祖父母节[①]那天，人们都要去肉食店、面包店、蔬菜水果店，甚至可能去药店和烟酒店，以采购一切所需。现在，我们可以在超市中买到所有这些东西（甚至更多）。基金超市具有真正超市的最大特征之一——它们在一个地方提供各种商品。

什么是基金超市

一家基金超市可以为投资者购买基金提供一站式服务，通常提供数千种不同的基金。嘉信理财公司（Charles Schwab）[②]是最早提供基金超市服务的经纪商之一，现在，富达、先锋等众多基金公司和大多数主要经纪商都提供自己的基金超市版本。通常，你会在基金超市中看到两种基金：无佣金且无交易费（no transaction fee，NTF是此类基金的简称）的基金以及有佣金或交易费（或两者都有）的基金。

---

① 美国的祖父母节（Grandparents' Day）源自1978年，当时的美国总统卡特签署了一项法案，将每年的9月份美国劳动节后的第一个星期天定为美国的祖父母节，这天全美各地都要举办敬老活动，实际上也成为了美国的敬老节。——译者注

② 嘉信理财公司（Charles Schwab）是一家总部设在旧金山的金融服务公司，成立于1971年，如今已成为美国个人金融服务市场的领导者。——译者注

基金超市的优势

基金超市的主要吸引力在于其便利性。设立一个免佣共同基金账户并非难事,但如果你从多家不同的基金公司购买基金,则必须多次经历相同的步骤。如果你使用基金超市,则只需设立一个账户。此外,与在不同的基金公司之间转移资金相比,在同一个基金超市中转移资金通常要简单得多。

基金超市不仅可以让你在一个地方购买基金,而且还可以获得这些基金的合并报表。这是一个巨大的优势,尤其是在纳税期间。计算6只不同基金的短期和长期收益是很麻烦的。所有基金公司必须在其1099表格[①]中报告相同的信息(向你显示你从投资中获得的股息收益和资本收益的数额),但是,没有哪两种表格是相同的格式。你必须仔细检查这些表格,以确保你在纳税申报表上输入了正确的信息。

即使你不太在意便利性,你仍然可能会发现基金超市可以满足你的需求。假设你对某只特定的基金感兴趣,但无法满足最低申购金额要求,基金超市通常会让你以较低的最低申购金额买入该基金,因为它们通过将投资者的资产汇集在一起,可以轻松达到该基金的最低申购金额。

---

① 1099表格(1099 forms)是一个大家族。如果你有投资,你就会收到以1099编号的一些表格。例如:如果你在银行中有固定存款,你就能收到银行寄来的1099-INT表。如果你购买的股票有分红,你就能收到1099-DIV表。——译者注

大收获

那么有什么收获呢？任何一家基金超市的真正弊端在于，基金必须为货架空间付费，它们必须为加入基金超市的基金产品阵容而付费。这增加了基金的年度费用，而这些费用来自你的资金回报。你也可以将这笔费用看作是你为便利而支付的价格。

不过，真正令人烦恼的是，无论购买基金的方式如何，投资者都会为便利付出代价。例如：如果某只基金属于嘉信理财的NTF基金之一，则即使你直接从基金公司购买该基金，也要支付基金超市费用。这确实很让人气愤。值得称赞的是，晨星公司最喜欢的基金公司之一——戴维斯精选顾问公司（Davis Selected），推出了精选美国基金的非基金超市份额类别，其价格远低于基金超市份额类别。这样，它使直接从戴维斯精选顾问公司购买基金的投资者能够规避基金超市费用。不过，该公司并未引发规避费用的趋势：几乎所有其他通过基金超市出售基金的基金公司都向所有投资者收取费用，而不仅仅是基金超市的投资者。

此外，大多数基金超市都提供在线交易，并且包括来自众多基金家族的各种类型的大量基金，因此，具有很大的诱惑力。但是，交易过于频繁会损害你投资组合的整体表现。

我应该在哪里购买基金

一般来说，基金超市越大越好。除了合并报表和一站式购物的便利之外，精明的投资者还希望有更多选择，尤其是，他们希望获得尽可能多的不包含交易费用的基金产品（所谓的NTF基金）。例如：如果一家基金超市没有提供你打算加入投资组合的那只基金，那就没有必要在该基金超市注册账户。

因此，你需要对基金进行抽样检查以确定哪家基金超市最适合你。一旦你研究透了一家拥有各种基金类型和大量同类产品的基金超市，便可以更好地评估其竞争对手。

14. 如何阅读基金招募说明书

请注意：这些文件不是很容易读懂。它们会充斥着法律术语、令人费解的句子和引用信息，以满足美国证券交易委员会的信息披露要求，并保护基金公司免予承担法律责任。但是，如果你打算购买基金，则招募说明书是重要的文件。阅读它应该有助于你了解基金的投资政策，基金的投资灵活性，持有的资产，运营的人员以及表现如何。

招募说明书会告诉你如何开设账户（包括你需要开设的最低金额），如何买卖份额以及如何与投资客服联系。但更重要的是，在决定购买份额之前，你首先绝对有必要了解以下六个事项。

投资目标

投资目标是共同基金所满足的生活中的目标。该基金是寻求长期回报吗?还是试图每月为投资者提供固定收益?如果你为了孩子学费而投资,则需要前者。如果你已经退休,并希望每月收到股息支票,则需要后者。但是,众所周知,投资目标可能很模糊。因此,请查看下一部分。

投资策略

招募说明书还描述了该基金计划投资的股票、债券或其他有价证券的类型(不过,它没有列出该基金所持有的确切股票。你会在股东报告中找到该清单)。股票基金列出了它们所寻找的公司类型,例如:小型、快速成长的公司或大型、知名的公司。债券基金详细说明了它们通常持有的债券类型,例如:国库券或公司债券。如果该基金可以投资外国证券,招募说明书也会说明。其中还提到了对基金投资范围的多数(但不是全部)限制条件。晨星分析师对这一部分非常重视,因为这使他们了解了基金经理的约束条件,并且可以揭示未来可能产生的意外投资(如做空股票)的可能性。

但是,你需要保持谨慎。基金在招募说明书中列出它们的投资范围并不罕见。你不应该认为该基金投资了所列出的所有类型的证券。招募说明书写得很宽泛,因此,它们并不总是能够反映出该基金通常如何进行投资。

风险

这部分可能是招募说明书中最重要的部分。每项投资都有与之相关的风险,招募说明书必须说明这些风险。一项投资于新兴市场的基金的招募说明书显示，该基金可能比投资于发达国家的基金更具风险。债券基金的招募说明书通常会讨论基金投资组合中债券的信用质量以及利率的变化会如何影响其资产的价值。即使有良好的业绩记录，基金也应阐明其策略的所有潜在风险。

费用

投资共同基金要付出成本，不同的基金有着不同的费用。每份招募说明书前面都有一张表格，可轻松比较一种基金与另一种基金的成本。在这里，你可以找到基金买卖所收取的销售佣金（如果有的话）。招募说明书还以百分比的形式告诉你，为了支付管理费和运营成本，每年从基金资产中扣除的金额。它甚至显示了在预计的1年、3年、5年和10年期间拥有该基金的估计成本。这些金额假设你在年初开始投资了10000美元，该基金的基本费用结构保持不变，并且该基金每年回报5%。招募说明书的"财务摘要"部分（通常会在最后）还为你提供了过去5年的历史费用数据。

注意：某项基金的实际费用可能低于招募说明书中的数字，尤其是在其资产基础不断增长的情况下。如果有一份股东报告的日期比招募说明书的日期更近，你需要检查它的最新情况（在报告末尾查找"财务摘要"部分）。相反，基金有时会发布招募说明书的补充说明文件，以改变未来的收费水平。这些补充说明可以让你最准确地了解基金的未来费用比率。

过往业绩表现

正如基金公司总是在广告中指出的,"过去的表现不能保证未来的结果"。但是,它可以表明基金的回报有多稳定。称为"财务摘要"或"每股数据表"的图表将提供基金过去10年每年的总回报以及其他一些有用的信息。它还对基金的收益分配、费用比率和换手率进行了细分,并提供了年底的资产净值。

对于拥有超过一年历史业绩的基金,招募说明书必须包括一个条形图,该条形图显示最近10个自然年的每年收益。如果该基金的年限不到10年,则条形图将涵盖该基金的整个时期。这张图可以帮助你了解一段时期以来该基金的涨跌幅度。在图表下方,该基金必须披露图表这段时期的最高和最低季度收益。招募说明书也可以使用图表来显示投资于某只基金的10000美元随着时间的推移会如何增长(也称为山形图,因为其波峰和波谷类似于山脉)或者显示将该基金的业绩与指数或其他基准的回报率进行比较的图表信息。最后,该基金过去1年、5年和10年的平均年回报率将显示在图表后面的表格中(除非另有说明,否则总回报数字不考虑销售费用)。

警惕基金与自选基准之间的比较。基金公司会希望以最好的方式介绍其产品。有一些原则可以防止该基金公司严重误导投资者,但是,并不能保证该基金会选择最合适的同类群组来比较回报率。使用像晨星这样的独立第三方数据来确保你进行适当的比较。

基金招募说明书也需要提供税收调整后的回报率信息。这些信息可以在前面提到的条形图后面的回报率表格中找到。如果你打算将基金放在应纳税账户，则应引起你的注意。你将看到不同标签的回报率，包括1年期、5年期和10年期的税前回报率，收益分配税后回报率以及收益分配及赎回税后回报率。

第一组回报率只是总回报率，未进行税收调整。下一组显示了投资者在对基金分配的所有股息收益或资本收益缴税后的回报率。如果基金从其所持有的债券或派息股票中获得了股息收益，或者卖出证券获得了资本收益，则必须将其分配给股东。大多数股东选择进行再投资并获得更多的股票而不是支票，但是，他们仍然必须对这些收益分配进行缴税。最后一组回报率是投资者卖出基金份额并就其从基金中获得的所有收益缴纳税款后的回报率。这些计算均假设投资者以最高联邦税率缴税，并且未考虑州税。

管理人员

"管理人员"部分提供了有关那些花费你的钱去工作的人们的详细信息。直到最近，基金才能够不告诉你是谁实际上在管理着你的基金，相反，它们可以简单地列出"管理团队"。在2005年2月28日当天或之后提交的招募说明书必须披露负责基金日常管理的人员的姓名、职称、服务年限和业务经验。该披露仅适用于责任最重的五个团队成员，但这应该可以很容易地覆盖整个管理团队的大部分基金。

一定要检查当前基金经理已经管理该基金多长时间了。如果该基金过去的大部分记录是在其他人的帮助下取得的，那么该基金的过往业绩表现可能不会告诉你有关现任基金经理的能力或风格的任何信息。找出该基金经理过去是否负责运营过其他基金。查看这些基金是否可以为你提供有关该基金经理的投资风格和过往业绩的一些线索。

15. 关于附加信息说明书，我需要了解什么

招募说明书中充满了重要信息，但它不应成为你唯一的基金数据来源。基金的附加信息说明书（SAI）包含有关基金内部运作的更多有用信息。当你要求获得有关基金的信息时，请务必特别索要该文件：基金公司会定期发送招募说明书和年度报告，但它们不会将附加信息说明书视为同等重要的文件。一些基金公司现在会在其网站上提供其基金的附加信息说明书。

如果基金家族认为附加信息说明书是次要的，为什么还要索要一份呢？因为对于初学者而言，附加信息说明书通常会提供比招募说明书更详尽的信息，说明基金能够投资和不能投资的范围。另外，在该文件中你通常可以找到，谁代表了你在基金董事会中的权益，你付给他们的费用有多高，他们管理的基金数量（越少越好）以及他们是否投资于自己所负责的基金（如果没有，这是一个危险信号）。

自2005年初以来，附加信息说明书还被要求提供有关基金经理薪酬的关键信息。例如：它会告诉你，基金公司是否根据短期回报（通常是坏的）、长期回报（通常是好的）和/或资产增长（坏的）为基金经理支付薪水。它还会告诉你，基金经理在其他账户中有多少资金以及这些账户是否有基

于业绩的费用——存在潜在的利益冲突。最后，它将披露每个基金经理在预设的投资限额内向自己管理的基金投入了多少资金（同样，如果基金经理向自己管理的基金投入了很少的资金，那么这可能值得引起关注）。

最后，你可以在该文件中找到有关你的基金费用的更多详细信息。除非投资者阅读了布兰迪基金的附加信息说明书，否则这些投资者不会知道他们在2004年扣除了3100万美元的经纪费用（经纪费用是基金买进和卖出股票所产生的费用，并且不包含在费用比率当中）。附加信息说明书也会详细说明12b-1费用（如果该基金向他们收取该费用的话，这些是基金可用于营销、奖励经纪人和吸引更多投资者的费用）。

16. 如何阅读基金的股东报告

共同基金的股东报告既像档案，又像蓝图，还像分类账簿。

一份好的股东报告就像一份档案，因为它详细说明了该基金在过去1个季度、6个月或1年中发生了什么事情以及原因。它又像一个蓝图，因为它向你展示了该基金已经进行的所有投资（股票、债券和其他证券）。它还像一本分类账簿，因为它公开了基金的成本、利润和许多其他财务事实。共同基金每年至少需要发布两次股东报告，尽管有些基金家族会每季度发布一次股东报告。从2004年下半年开始，还要求共同基金每季度向SEC提交其全部投资组合的清单。

法律并没有规定这里讨论的所有项目都要出现在共同基金的报告中。

SEC允许某些信息包含在其他文件中，例如：基金的招募说明书或附加信息说明书。但是，一份好的股东报告将包含以下所有要素。

总裁致股东的信

通常，你在股东报告中看到的第一项内容是基金公司总裁致股东的信。最好的信函将包含对过去6个月或1年内影响市场的经济趋势的简单、有用的讨论。这些讨论为评估你的基金提供了一些背景信息。但是，如果你持有一只由大型基金公司运营的基金，则不应期望在这部分看到有关你自己的个别基金的太多细节。

基金经理致股东的信

与总裁的信函类似，这封信是针对个别基金的，因此，对你作为股东而言更为重要。由于《萨班斯-奥克斯利法案》(Sarbanes-Oxley Act)可能使基金经理对股东报告中的任何错误陈述承担刑事责任，因此，许多基金公司现在仅在报告中包括一份简要信函，但会单独向股东发送更详细的信函，尽管从技术上来讲这不是报告的一部分。这些信函通常也可以在基金公司的网站上找到。

写得很好的股东信函会讨论该基金所持有的个股及其所处行业。第三大道价值基金的基金经理每3个月发布一份堪称模范的股东信函。在这些信函中，他描述了自己已经卖出、买入或继续持有的股票以及原因。

一封好的基金经理信函也会说明是什么因素助长或阻碍了基金的表

现。在这方面,韦茨基金(Weitz Funds)的股东信函值得关注。韦茨基金在2002年6月的半年度报告中直截了当地写道:"在过去两年中克服了市场的下降趋势之后,我们(完全)参与了2002年第二季度的下跌。"并继续解释道,阿德菲亚公司(Adelphia)的财务欺诈行为使该基金损失了3%的资产。由于对奎斯特通讯公司(Qwest Communications)的投资,该基金也损失了约5%。

最后,根据基金经理的策略,一封好的股东信函应该表明你能够对该基金的未来产生多大的期望。

业绩信息

看了基金经理的评论之后,需要查看该基金的业绩表现。一份好的报告可以将你的基金的表现与基准进行比较,例如:标准普尔500指数(大盘基金的标准基准)或罗素2000指数(小盘基金的基准)以及与具有类似的投资策略的基金的平均业绩进行比较。

在评估基金的业绩表现时,你需要确保基金选择的比较基准适合其风格。科技基金不应将自己与标准普尔500指数进行比较。它应该根据科技行业基准来衡量其业绩表现。

除了将你的基金的业绩与相关标准进行比较之外,一份好的报告还应使你了解该基金在短期和长期的不同时间范围内的表现。如果你在应税账户中持有该基金,则需要检查其税收调整后收益。尽管这些内容也可能会出现在招募说明书中,但你会在股东报告中获得最新的数字。

● PART 5

检查投资组合持仓

基金股东报告经常引起人们对投资组合的最大持仓的关注，并提供有关这些股票所属的行业或基金经理的持股理由等一些信息。一些报告还会以饼状图或表格的形式表示投资组合资产在各行业之间的分布情况。国际基金通常也会对投资组合的国家风险敞口进行详细说明。

截至报告发布之日，在大多数情况下，这部分提供了完整的基金投资组合清单（包括股票、债券和现金）。这些资产通常按行业列出清单（外国基金可能会按国家列出资产清单）。即使你也许并不认识投资组合中的所有股票，但如果你想知道该基金在特定行业中是否持有很多股票，或者是否在几只精选股票中投入了大量资金，则该清单还是有用的。而且，如果你不认识某只基金的投资组合中的股票，那也可以说明一些问题，即该基金不仅仅局限于投资知名公司的股票。最近允许基金在股东报告中只列出其前50大持股以及在投资组合中占比超过1%的所有关联持股，但似乎很少有基金公司采用这种方式。无论如何，所有基金必须在每个财政季度向美国证券交易委员会提交全部资产清单。这些信息可以从SEC网站上获得。你可以查看N-CSR[①]、N-CSRS[②]和N-Q[③]表格。

董事会和顾问合同审批

股东报告包括基金董事名单（之前讨论过的附加信息说明书包括有关董事会的更多信息）。所有结束于2005年3月31日或在此之后的股东报告，还必须详细说明董事会在审批与管理公司签订的基金合同时所考虑的因素（如果在报告所涉期间获得批准）以及董事会针对每个因素得出的结论。根据所显示的详细程度，这可以帮助你确定董事会是否在致力于实现你的最佳利益。

附注

不要忘记阅读精美的印刷品。在附注中，你可以了解基金经理是否正在实施做空股票或对冲货币等策略，这些策略可能会严重影响基金的业绩。

附注还可以提供对特定投资组合持股的见解。巴伦资产公司（Baron Asset）于2004年9月30日发表的报告中的附注显示，该基金在某些股票中投入了大量资金，因此，被视为"关联公司"，这意味着该基金与这些公

---

① N-CSR：Certified Annual Shareholder Report of a Management Investment Company，即投资管理公司认证的年度股东报告。——译者注

② N-CSRS：Certified Semi-Annual Shareholder Report of a Management Investment Company，即投资管理公司认证的半年度股东报告。——译者注

③ N-Q：Quarterly Schedule of Portfolio Holdings of a Management Investment Company，即投资管理公司季度投资组合持股一览表。——译者注

司具有特殊的所有权关系。其他股票被视为限制性股票，这意味着它们比普通股票更难交易。如果出现问题，基金经理很难摆脱这些股票，因此，它们可能给基金带来更大的风险。

财务报表

基金的年度报告以其财务报表为结尾。打起精神：这里有大量数据，通常不会放在任何有用的背景资料之中。晨星公司从报告的这一部分中获取了大量数据。

如果你想深入研究原始数据，这里就是你应该关注的重点。首先，检查报告的"财务摘要"部分，该部分通常是实际信息的最后一页，位于会计惯例的法律讨论之前。你可以在这里找到过去5年（或更长时间）中每一年的基金资产净值、费用比率和投资组合换手率。检查基金的费用比率是否随着时间的推移而下降（如果基金管理的资产一直在增加，则应发生这种情况）以及其换手率是否随着时间的推移而发生了很大的变化（如果是的话，则可能要找出原因——其基金经理是否改变了其投资策略）。

关注成本的投资者可以在运营报表中查看基金费用（包括管理费）的详细记录。最后，在资产负债表中找出基金有多少未实现或未分配的资本收益。这些数字可能是基金未来税收效率的关键。

当股票价格上涨但基金经理尚未卖出股票时，这项收益就是未实现的。基金卖出股票时，就实现了收益，该收益必须分配给股东。这意味着，如果一只基金有大量未实现或未分配的收益，那么当该基金实现收益时，你将会受到税收影响。不过，高额的未实现资本收益不一定会带来麻烦。正是由于基金经理一直在设法限制应税收益分配，该基金才能积累大量未实现收益。但是，如果未实现收益较大的基金最近发生了基金经理变更或投资策略变更，或者大量股东一直在赎回基金，则需要谨慎行事。投资策略变更或基金经理变更可能意味着该基金将开始抛售现有持股并实现收益，这可能会带来沉重的税收打击。同样，如果股东赎回金额足够大，则基金经理可能会被迫出售股票以筹集现金，并在此过程中产生应税收益。

该怎样做

你可以通过电话、邮件或电子邮件索取招募说明书、附加信息说明书或年度报告。大多数基金公司还在其网站上提供了其基金文献。所有共同基金都必须向SEC提交招募说明书和股东报告（以及许多其他文件）。你可以在SEC网站上查看这些文件。

尽管我们建议你从这些文件开始进行基金评估，但不能到此为止。你需要寻找一些第三方的资源，例如：晨星公司，以帮助你将自己的基金放在可比较的环境中。将你的基金与其他同类基金进行比较。你需要查看其费用是否合理，其业绩是否具有竞争力以及是否能够补偿其所承担的风险。

Acknowledgments

致 谢

许多人在编写本书的第二版时发挥了重要作用。格雷格·沃尔珀（Gregg Wolper）、斯科特·贝里（Scott Berry）和布里奇特·休斯（Bridget Hughes），都是经验丰富的共同基金分析师和出色的编辑，他们为每一章提供了宝贵的编辑指导，并极大地提高了成书质量。产品经理阿拉·斯皮瓦克（Alla Spivak）保证了本书按计划修订，以她惯常的耐心和幽默协调了我们的作者、编辑和设计师团队的工作。晨星公司的设计师丽莎·林赛（Lisa Lindsay）花了很长时间修改了本书中的所有图表，而约瑟夫·纳斯（Joseph Nasr）帮助更新了图表中的所有信息。在修订本书时，晨星公司的基金分析总监库纳尔·卡普尔（Kunal Kapoor）和证券主管海伍德·凯利（Haywood Kelly）以及资深分析师克里斯托弗·特劳森（Christopher Traulsen）和杰弗里·帕塔克（Jeffrey Ptak）为我提供了宝贵的指导和精神支持。约翰·威利父子公司（John Wiley & Sons）的编辑大卫·普格（David Pugh）为素材提供了新的视角。

我还要感谢本书第一版的两位合著者彼得·迪特蕾莎（Peter di Teresa）和拉塞尔·金内尔（Russel Kinnel），这两位作者对于将复杂的投资概念转化为易于阅读的散文都颇具天赋。艾米·阿诺特（Amy Arnott）和埃里卡·摩尔（Erica Moor）自始至终地参与了本书的第一版，而屡获殊荣的晨星设计师杰森·阿克莱（Jason Ackley）在第一版中创作了图形和版式。斯科特·库利（Scott Cooley）和特里西亚·罗斯柴尔德（Tricia Rothschild）以及分析师兰登·希利（Langdon Healy）、杰弗里·帕塔克、香农·齐默尔曼（Shannon Zimmerman）、布里奇特·休斯和埃里克·雅各布森（Eric Jacobson）都为第一版提供了有价值的内容和编辑，我们也很幸运能够借鉴苏珊·朱宾斯基（Susan Dziubinski）在投资者教育方面的杰出著作。唐·菲利普斯（Don Phillips）不仅撰写了第一版和第二版中的前言，而且，作为晨星公司的第一位分析师，他为所有追随他的人设定了高标准。

晨星公司鼓励合作精神，可以公平地说，我们整个基金分析师团队都为本书做出了一份贡献。晨星公司创始人乔·曼斯威托为晨星公司和这本书树立了主旨精神，提倡应为所有投资者提供独立和客观的投资分析。同时，作为晨星个人投资者部门负责人的凯瑟琳·奥德博（Catherine Odelbo）贯彻了乔的愿景，一直鼓励晨星的分析师为所有经验水平的投资者创造最好的产品。她一直是将晨星公司"投资者至上"的宗旨付诸实践的关键。